U0512090

传 统 农 区 工 业 化 与 社 会 转 型 丛 书

传统农区工业化与社会转型丛书

丛书主编／耿明斋

转型背景下
传统农区的创新发展

——基于河南省的分析

宋　伟◇著

Innovation-driven Development of
Traditional Agricultural Areas
under the Background of Transformation:
the Analysis Based on Henan Province

社会科学文献出版社
SOCIAL SCIENCES ACADEMIC PRESS (CHINA)

　　本项研究与著作撰写出版得到了中原发展研究基金会、新型城镇化与中原经济区建设河南省协同创新中心、河南省高等学校人文社会科学重点研究基地中原发展研究院、河南省高校新型智库建设以及河南省发展和改革委员会与财政厅政府购买服务项目的资助。

　　如果不考虑以渔猎、采集为生的蒙昧状态，人类社会以18世纪下半叶英国产业革命为界，明显地可分为前后两个截然不同的阶段，即传统的农耕与乡村文明社会、现代的工业与城市文明社会。自那时起，由前一阶段向后一阶段的转换，或者说社会的现代化转型，已成为不可逆转的历史潮流。全世界几乎所有的国家和地区都曾经历或正在经历从传统农耕与乡村文明社会向现代工业与城市文明社会转型的过程。中国社会的现代化转型可以追溯到19世纪下半叶的洋务运动，然而，随后近百年的社会动荡严重阻滞了中国社会全面的现代化转型进程。

　　中国真正大规模和全面的社会转型以改革开放为起点，

农区工业化潮流是最强大的推动力。正是珠三角、长三角广大农村地区工业的蓬勃发展，才将越来越广大的地区和越来越多的人口纳入工业和城市文明发展的轨道，并成就了中国"世界工厂"的美名。然而，农耕历史最久、农耕文化及社会结构积淀最深、地域面积最大、农村人口最集中的传统平原农区，却又是工业化发展和社会转型最滞后的地区。显然，如果此类区域的工业化和社会转型问题不解决，整个中国的现代化转型就不可能完成。因此，传统平原农区的工业化及社会转型问题无疑是当前中国最迫切需要研究解决的重大问题之一。

使我们对传统农区工业化与社会转型问题产生巨大兴趣并促使我们将该问题锁定为长期研究对象的主要因素，有如下三点。

一是关于工业化和社会发展的认识。记得五年前，我们为申请教育部人文社科重点研究基地而准备一个有关农区工业化的课题论证时，一位权威专家就对农区工业化的提法提出了异议，说"农区就是要搞农业，农区的任务是锁定种植业的产业结构并实现农业的现代化，农区工业化是个悖论"。两年前我们组织博士论文开题论证时，又有专家提出了同样的问题。其实对这样的问题，我们自己早就专门著文讨论过，但是，一再提出的疑问还是迫使我们对此问题做更深入的思考。事实上，如前所述，从社会转型的源头上说，最初的工业都是从农业中长出来的，所以，最初的工业化都是农区工

业化，包括 18 世纪英国的产业革命，这是其一。其二，中国
20 世纪 80 年代初开始的大规模工业化就是从农区开始的，
所谓的苏南模式、温州模式不都是农区工业发展的模式么？
现在已成珠三角核心工业区的东莞市 30 年前还是典型的农业
大县，为什么现在尚未实现工业化的农区就不能搞工业化了
呢？其三，也是最重要的，工业化是一个社会现代化的过程，
而社会的核心是人，所以工业化的核心问题是人的现代化，
一个区域只有经过工业化的洗礼，这个区域的人才能由传统
向现代转化，你不允许传统农区搞工业化，那不就意味着你
不允许此类地区的人进入现代人的序列么？这无论如何也是
说不过去的。当然，我们也知道，那些反对农区搞工业化的
专家是从产业的区域分工格局来讨论问题的，但是要知道，
这样的区域分工格局要经过工业化的洗礼才会形成，而不能
通过阻止某一区域的工业化而人为地将其固化为某一特定产
业区域类型。其四，反对农区工业化的人往往曲解了农区工
业化的丰富内涵，似乎农区工业化就是在农田里建工厂。其
实，农区工业化即使包含着在农区建工厂的内容，那也是指
在更广大的农区的某些空间点上建工厂，并不意味着所有农
田都要变成工厂，也就是说，农区工业化并不意味着一定会
损害乃至替代农业的发展。农区工业化最重要的意义是将占
人口比例最大的农民卷入社会现代化潮流。不能将传统农区
农民这一占人口比例最大的群体排除在中国社会的现代化进
程之外，这是我们关于工业化和社会发展的基本认识，也是

我们高度重视传统农区工业化问题的基本原因之一。

二是对工业化发生及文明转换原因和秩序的认识。从全球的角度看，现代工业和社会转型的起点在英国。过去我们有一种主流的、被不断强化的认识，即中国社会历史发展的逻辑进程与其他地方——比如说欧洲应该是一样的，也要由封建社会进入资本主义社会，虽然某一社会发展阶段的时间起点不一定完全一致。于是就有了资本主义萌芽说，即中国早在明清乃至宋代就有了资本主义萌芽，且迟早要长出资本主义的大树。这种观点用另一种语言来表述就是：即使没有欧洲的影响，中国也会爆发产业革命，发展出现代工业体系。近年来，随着对该问题研究的深入，提出并试图回答类似"李约瑟之谜"的下述问题越来越让人们感兴趣，即在现代化开启之前的1000多年中，中国科学技术都走在世界前列，为什么现代化开启以来的最近500年，中国却远远落在了西方的后面？与工业革命联系起来，这个问题自然就转换为：为什么产业革命爆发于欧洲而不是中国？虽然讨论仍如火如荼，然而一个无可争议的事实是：中国的确没有爆发产业革命，中国的现代工业是由西方输入的，或者说是从西方学的。这一事实决定了中国工业化的空间秩序必然从受西方工业文明影响最早的沿海地区逐渐向内陆地区推进，不管是19世纪下半叶洋务运动开启的旧的工业化，还是20世纪80年代开启的新一轮工业化，都不例外。现代工业诞生的基础和工业化在中国演变的这一空间秩序，意味着外来的现代工业生产方式和与此相应

的经济社会结构在替代中国固有的传统农业生产方式和相应的
经济社会结构的过程中，一定包含着前者对后者的改造和剧烈
的冲突。而传统农耕文明历史最久、经济社会乃至文化结构积
淀最深的传统农区，一定也是现代工业化难度最大、遇到障碍
最多的区域。所以，将传统农区工业化进程作为研究对象，或
许更容易发现两种不同文明结构的差异及冲突、改造、替代的
本质和规律，从而使得该项研究更具理论和思想价值。

三是对我们所处的研究工作环境和知识积累的认识。我
们中的很多人都来自农民家庭，我自己甚至有一段当农民的
经历，我们工作的河南省又是全国第一人口大省和第一农民
大省，截至 2008 年末，其城市化率也才不到 40%，也就是
说，在将近 1 亿人口中，有近 7000 万人是农民，所以，我们
对农民、农业、农村的情况非常熟悉，研究农区问题，我们
最容易获得第一手资料。同时，我们这些土生土长的农区人，
对该区域的现代化进程最为关注，也有着最为强烈的社会责
任感，因此，研究农区问题我们最有动力。还有，在众多的
不断变化的热点经济社会问题吸引相当多有抱负的经济学人的
情况下，对事关整个中国现代化进程的传统农区工业化和社会
转型问题进行一些深入思考可能是我们的比较优势。

我个人将研究兴趣聚焦到农区工业化上来始于 20 世纪
90 年代中期，进入 21 世纪以来，该项研究占了我越来越多
的精力和时间。随着实地调查机会的增多，进入视野的令人
感兴趣的问题也越来越多。与该项研究相关的国家社科基金

重点项目、一般项目以及教育部基地重大项目的相继立项，使研究的压力也越来越大。值得欣慰的是，该项研究的意义越来越为更多的学者和博士生及博士后研究人员所认可，研究队伍也越来越大，展开的面也越来越宽，研究的问题也越来越深入和具体。尤其值得一提的是日本大学的村上直树教授，他以其丰厚的学识和先进的研究方法，将中国中原地区的工业化作为自己重要的研究方向，且已经取得了重要进展，并打算与我们长期合作，这给了我们很大的鼓舞。

总之，研究对象与研究领域已经初步锁定，研究队伍已聚集起来，课题研究平台在不断拓展，若干研究也有了相应的进展。今后，我们要做的是对相关的研究方向和研究课题做进一步的提炼，对研究队伍进行优化整合，对文献进行更系统的批判和梳理，做更多的实地调查，力争从多角度来回答若干重要问题，比如：在传统农业基础上工业化发生、发育的基础和条件是什么？工业化究竟能不能在传统农业的基础上内生？外部的因素对传统农区工业化的推进究竟起着什么样的作用？从创业者和企业的行为方式看，工业企业成长和空间演进的轨迹是怎样的？在工业化背景下，农户的行为方式会发生怎样的变化，这种变化对工业化进程又会产生怎样的影响？县、乡等基层政府在工业化进程中究竟应该扮演何种角色？人口流动的方向、方式和人口居住空间结构调整演进的基本趋势是什么？这是一系列颇具争议但又很有研讨价值的问题。我们将尝试弄清楚随着工业化的推进，传统农业和乡村文明的经济社会结构逐步被破坏、被改造、被替代，以及与现代工业和城市文明相适应的经济社会结构逐步形成的整个过程。

按照目前的打算，今后相当长一个时期内，我们的研究都不可能离开传统农区工业化与社会转型这一领域，我们也期望近期在若干主要专题上能有所突破，并取得相应的研究成果。为了将所有相关成果聚集到一起，以便让读者了解到我们所研究问题的全貌，我们决定编辑出版"传统农区工业化与社会转型丛书"。我们希望，随着研究的推进，每年能拿出三到五本书的相关成果，经过 3 ~ 5 年，能形成十几乃至二十本书的丛书规模。

感谢原社会科学文献出版社总编辑邹东涛教授，感谢该社皮书出版分社的邓泳红，以及所有参与编辑该套丛书的人员，是他们敏锐的洞察力、强烈的社会责任感、极大的工作热情和一丝不苟的敬业精神，促成了该套丛书的迅速立项，并使出版工作得以顺利推进。

耿明斋

2009 年 6 月 14 日

◄ 前　言

改革开放三十多年来，中国创造了经济增长奇迹，从一个传统农业国发展成全球第二大经济体，走出了一条独具特色的现代化道路，经济社会总体面貌出现了翻天覆地的变化。但是，快速发展的同时，中国广袤的大地上呈现明显的区域不平衡：东南沿海地区现代化起步较早、发展较为成熟，已经率先实现现代化；而广大中西部地区则相对落后，面临的困难和问题也较多，发展的任务仍然较重。正是由于发展不平衡、所处发展阶段不同，后发的中西部地区现代化不可能也没有必要重复东部沿海地区走过的发展道路。本书将聚焦传统农区，总结发展经验，分析发展态势，在中国转型发展大背景下对其经济社会创新发展路径进行总结和展望。作为全书起点，此部分主要是在界定核心概念的基础上提出要研究的问题，并介绍全书的整体结构安排。

一 研究对象界定

传统农区的概念最早源于耿明斋对"平原农业区"的界定，他提出：平原农业区是指我国中部包括黄淮平原、华北平原及东北平原在内的广大地区，从行政区划上看包括安徽北部、河南东部、山东西部、河北中南部以及辽宁、吉林、黑龙江的中西部地区。这些地区的共同特点是：①土地面积广阔且平坦，气候温和，降雨适中，农业生产条件较好；②缺乏矿产资源（极个别地方如安徽的淮南、淮北除外）；③农业至今仍是最重要的经济活动；④乡镇企业十分薄弱；⑤地处内陆，距离沿海沿江开放地区和经济高度发达的大城市比较远，相对封闭，交通、通信等基础设施建设滞后；⑥意识落后，小农意识仍是居主导地位的意识。经过多年发展，上述区域的工业化取得了较大进展，工业经济在整个经济当中已经处于主导地位，但在全国范围内这些区域仍处于相对落后的状态，现代化的任务仍然较重。

在我国经济总体发展中，传统农区具有举足轻重的地位，它不仅是最重要的农产品资源供应地和劳动力供应地，而且地域广阔、人口众多、发展潜力巨大，是我国现代化由东向西、由南向北次第推进的接力点，其现代化的持续推进势必将中国经济的整体发展水平推向一个更高的层次。反过来说，如果没有这一区域的现代化，中国整体上的现代化将是无法想象的，实现全面小康的任务也无法完成。

本书要研究的传统农区，是对上述"传统平原农业区"的进一步扩展，但并不对其空间范围进行界定，而是特指中国中部具有如下经济社会特征的区域。

一是农耕文化深厚。中国中部传统农区"居天下之中"，是华夏文明和中华民族的发源地。由于气候温和、地势平坦、土地肥沃，千百年来中华民族的先祖们一直在这片辽阔的大地上繁衍、耕种，积淀了深厚的农耕文化，成为全国农业与乡村文明积淀最为深厚的区域，也促成了传统农区在传统农业时代的优势地位，为传统农区经济社会发展打上了深深的"农"字烙印。但工业文明与城市文明是现代文明的标志，工业化与城镇化是传统农区实现现代化的必由之路。深厚的农耕文化使传统农区经济社会发展在"农"字方面产生了一定程度的思维定式与路径依赖，增加了传统农区通过城镇化改造传统农业社会的难度与复杂性，使如何科学、有序地摆脱传统农耕思维的羁绊成为传统农区在制定城镇化发展战略时必须研究与解决的重要课题。

二是人口密度大，劳动力资源相对丰富。传统农区是人口居住密集的地区，虽然本地工业发展不足，但受工业文明的影响，农业的耕作方式尤其是机械化水平有了很大提高，大量劳动力从农业生产中解放出来。这些从农业生产中解放出来的劳动力大部分流动到城市和东南沿海发达地区务工，剩下的由于非农就业机会不足仍然滞留在农业生产中。虽然近年来中国劳动力供求状况发生变化，劳动力供给不足成为中国各区域面临的共同问题，但传统农区的劳动力供应状况相对来说是最好的。

三是城镇化与社会发展相对滞后。传统农区人口众多，工业发展不足，本地非农就业机会少，城镇化水平较低，人口居住分散，第三产业、公共基础设施和生活设施均发展滞后，提高人们生活水平和转变消费结构的任务仍然繁重。

中国中西部地区具有以上经济社会发展特征的区域都属于本书研究的传统农区，因为制约这些地区现代化的很多禀赋条件是相同的，其面临的困难和机会也是比较相似的。

二　本书对"转型"与"创新发展"的理解

（一）本书中"转型"的内涵

在本书中转型有两个层面的含义。

一是历史意义上的传统农区经济社会现代化转型，即传统农区从传统的农耕和以乡村文明为主体的经济和社会形态转向以现代工业和城市文明为主体的经济和社会形态。传统农区经济社会现代化转型的起点和动力是工业化，即随着工业的发展，更多劳动力从农业转向非农产业，非农产业成为主导的经济形态逐步高级化。在产业结构升级的同时，产业空间结构和人口空间结构从分散走向集聚，大量农村人口向城镇流动和迁徙，其生活方式从传统转向现代。而随着农村人口减少、农业经营规模扩大，农业转向现代耕作方式，实现农业现代化。所以，本书理解的转型发展就是欠发达国家和地区通过工业化、城镇化、农业现代化和相应的制度变革，实现经济社会的现代化转型。

二是中国经济转型发展现实。经过三十多年的高速增长，中国经济进入中高速发展的新常态，传统的粗放型、大规模资源要素投入驱动型的高速增长难以为继，向以提升技术水平、提升质量效益、提升全要素生产率为主要动力的中高速增加转型成为中国经济增长的主题，这是传统农区经济社会发展必须面对的现实，传统农区经济社会发展战略和具体发展策略的选择必须主动适应中国经济转型发展的大趋势、大背景。

（二）本书对"创新发展"的理解

本书对创新发展的理解不是狭义的技术创新，而是广义的包括发展战略、发展路径、制度体系等的全方位创新。正如著名经济学家熊彼特的描述，创新就是要通过"生产要素的重新组合""建立一种新的生产函数"，实现生产活动优化和经济持续发展。改革开放以来，中国经济增长奇迹的创造就在于不拘泥任何发展理论、不拘泥于西方现代化和其他任何国家单一的发展经验，根据自身所处的发展阶段、自身的资源禀赋条件，结合自身独特历史文化传统，在经济社会发展路径和制度体系方面不断创新，选择最适合自己的发展道路。中国改革开放不断推进的过程，就是创新发展的过程。由于幅员辽阔、东中西发展差异巨大，中国内部不同地区的发展同样也要根据国内外宏观环境、自身禀赋，从总体发展战略、工业化路径、城镇化路径、社会制度体系等方面全方位创新。这就是本书对创新发展的理解。

本书将基于河南省的发展现实，研究传统农区如何在中国经济转型发展大背景下选择适合自身发展现实的战略和具体策略，持续推进工业化、城镇化，对社会管理、公共服务体系和土地制度进行适应性变革。

三　本书的结构安排

从具体内容看，本书可以分为四大部分，即发展战略部分、城镇化部分、工业化部分和土地制度部分，每部分具体安排如下。

第一部分主要分析传统农区总体发展战略，包括第一章、第二章和第三章。第一章为深度转型背景下传统农区发展的战略选择，主要分析新常态、新时期中国经济深度转型背景下，传统农区的总体发展战略应如何调整。第二章为河南全面融入"一带一路"的思考，以河南为例分析传统农区应如何适应国家对外开放的调整，通过深度融入"一带一路"，以更高水平的开放引领现代化进程。第三章为传统农区"三化"协调发展路径分析，主要是基于传统农区的发展现实和所处的发展条件，分析传统农区如何协调工业化、城镇化、农业现代化，使三者相互促进，融合发展。

第二部分聚焦传统农区的城镇化，包括第四至七章。第四章为传统农区新型城镇化的路径选择，主要分析在新时期传统农区应选择何种城镇化发展路径，避免走东部先行地区城镇化所走的弯路，实现土地城镇化与人口城镇化协调发展、工业化与城镇化协调发展。第五章为传统农区城镇化过程中的人口空间演化。以河南省为例分析传统农区城市空间格局的演化趋势，为科学规划城镇体系提供参考。第六章为传统农区产业与城市协同发展思考，主要通过城市与产业发展关系的分析，提出传统农区产业发展应强调城市导向，通过城市、城市群与产业的互动，厚植发展优势，实现工业化城镇化协调发展，实现经济社会可持续发展。第七章是城镇化背景下的城乡教育差异，主要分析中国基础教育的区域和城乡差异，提出优化教育资源配置的政策思路。

第三部分聚焦传统农区的工业化，包括第八至十一章。第八章为传统农区产业空间演化，分析在工业化初期传统农区企业村庄选址、分散布局的现状与原因，以及逐步实现空间集聚发展的路径。第九章为河南产业聚集区发展思考，以河南为例，分析传统农区产业空间集中的方向、产业的选择和结构优化。第十章为"互联网＋"背景下的传统农区产业转型升级，分析互联网发展为传统农区产业转型升级带来的机遇和技术手段，就传统农区如何利用"互联网＋"实现产业转型升级提出政策建议。第十一章为航空经济背景下的现代服务业发展，分析航空经济的概念及其对现代服务业发展形态的影响，以及传统农区如何在航空经济形态下发展现代服务业。

第四部分对传统农区农村宅基地退出进行系统研究，包括第十二至十七章，分别对传统农区农村宅基地退出的重大意义、退出现状、制度变革的尝试、退出意愿进行分析，从各行为主体利益均衡视角提出农村宅基地退出和补偿的制度设计思路。

目 录

Contents

发 展 战 略 篇

工业化篇

土地制度篇

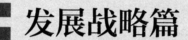

发展战略篇

第一章　深度转型背景下传统农区
发展的战略选择

新常态下中国经济进入深度转型期，消费需求、技术路径、产业结构、增长动力等方面均面临深层次调整，区域发展差异将进一步扩大并引致经济活动密度与人口格局的区域分化。传统农区应顺应深度转型背景下中国经济发展新趋势，将发展重心向大城市与重点区域集中，更加强调城镇化的综合支撑作用，全方位支持创业创新，努力提升产品性能品质、走向中高端，通过提升发展层次抓住发展机遇、拓展新的发展空间。

一　新常态下中国经济进入深度转型期

（一）需求变化：传统需求萎缩与新需求供给不足

新常态的实质是30多年高速增长之后，中国经济经过持续量变积累实现了部分质变，进入新的发展阶段。需求结构的深刻变化是新阶段最显著、最基本的特征之一，对新常态下中国经济发展路径具有根本性影响。

中国过去 30 多年的发展具有两个显著特点：一是投资与出口占比过高、消费占比过低，二是服务业占比低、发展水平低。消费和服务业发展水平是由消费规模决定的。作为一个发展中国家，人均收入水平低、消费层次低、消费能力弱，虽人口众多消费总体规模有限，但这是长期以来消费和服务业发展水平低的客观原因，是经济整体水平的正常体现。由于收入水平低、消费要求低，长期以来多数中国消费者希望购买"价廉物美"的消费品，重其形而不重其质，生产企业也顺应消费者需求通过"山寨""模仿"将"价廉物美"做到极致。但从经济学角度看，"价廉"很难做到"物美"，价廉的背后一定是品质差、档次低，以次充好，甚至安全性无法保证的消费品屡见不鲜。

经过 30 多年高速增长，居民收入水平有了显著提高，尤其值得注意的是中国已经拥有了数量庞大的中产阶层群体。国内外权威部门估计中国中产阶层家庭人口总量已达 3 亿，虽占全国人口比重不足 30%，但绝对数量已足够庞大（接近美国人口总量，超过世界上绝大多数国家总人口）。与低收入家庭不同，中产阶层家庭消费能力强、消费需求旺盛，注重提高生活品质，希望购买高性能、高品质、安全可靠的消费品，希望购买更多生活服务以获得闲暇、享受生活。近几年中国公民海外消费强劲增长，及"互联网＋"背景下中国生活服务业快速发展都是在此背景下发生的，是中国中产阶级消费能力快速释放的具体体现。以日益庞大的中产阶级群体为主体，对高性能、高品质、安全可靠消费品和优质生活服务日益增长的需求就是新常态下的新需求。当然，对高性能、高品质、安全可靠消费品和优质生活服务的消费需求过去并不是没有，但过去需求人群小、需求总量小、在总需求中占比小。当低收入人群数量占绝对优势时，以低收入人群为主体的传统消费需求是主流；新常态下中国中产阶级人群达到了较大规模，以中产阶级人群为主体的新需求在总需求中的重要性大大提高，且目前消费增量以新需求为主。

　　综上，随着中国消费者发生部分质变，以低收入人群为主体的传统消费需求不断萎缩，新需求崛起并已成为消费增量主体。这种消费结构的深刻变化在中国历史上前所未有，不但对中国经济结构、发展模式产生新要求，由此产生巨大的消费需求，也为新常态下中国经济持续发展提供强大动力。但现实情况是供给结构并没有顺应需求结构变化而及时跟进，一方面传统供给过剩，另一方面与新需求对应的新供给供应不足，不能满足新需求的快速增长，供需错配问题十分突出，不但不利于广大人民群众生活水平的适时提高，也使新需求蕴藏的巨大发展潜力得不到充分释放。在需求结构发生深刻变革的背景下，传统农区消费品生产企业在产品升级、转型发展方面面临前所未有的压力（要么升级，要么逐步被淘汰），只有通过提高生产工艺与组织管理水平、尽快提升产品性能品质、不断向细分行业拓展，满足消费者不断升级的个性化需求，才能适应新的竞争、求得新的生存发展空间。

（二）技术变化：从同一技术层面的低水平竞争转化为多维层面的差异化竞争

改革开放以来，中国产业发展走的是"开阔地推进"的"平推式"路径，即利用后发优势，在技术层面上进行"低成本替代"式的模仿性创新，通过"山寨""模仿"大规模生产具有较高性价比的产品，迅速进入市场空间大的产业占据市场份额。充分利用低成本优势的大规模生产，使中国制造业生产能力快速膨胀，迅速成为全球制造业中心，但这样的技术路径导致了中国企业产品技术空间狭窄、差异性小，大量企业在同一技术层面上进行低水平竞争，替代性非常强，利润率不高。新常态下消费需求萎缩、"产能过剩"严重、生产成本上升，产业技术空间狭窄的低成本低利润模仿型排浪式生产难以为继，大量企业生产经营困难。

在传统产业举步维艰的同时，"互联网＋"推动的新技术革命在全球风起云涌，移动互联、物联网、智能制造、云计算、大数据等核心技术已经渗透到生产与生活的方方面面，促生了新一轮的产业革命，新兴产业、新业态、新商业模式大量涌现。生产小型化、智能化、专业化的趋势越来越明显，工业化道路越来越"立体化"，新技术不但催生了新产业，而且也在迅速改变传统产业，使其生产模式、商业模式发生颠覆性变革。传统产业在同一技术层面上的同质竞争已经式微，在传统产业与新业态同时进行的多维层面差异化竞争成为技术竞争、产品竞争的主流。对于企业来说，只有不断地进行技术深耕，推动技术持续升级，才能为产品拓展新的市场和发展空间。对于区域来说，只有在多维技术空间上拓展，经济发展的战略空间才能更为开阔。传统农区只有顺应新常态下技术变化的要求，抢抓新技术革命带来的机遇，积极拥抱"互联网+"，在开拓新业态的同时不断改造传统产业，提升产业综合竞争力，才能适应新的发展形势。只有努力发展教育科技，不断提高创新能力，才能支撑未来长期持续发展。

（三）结构升级：中国制造业将从中低端转向中高端，成为全球高端产业主要承接地

能源原材料工业和中低端制造业支撑了中国过去 30 多年的快速发展，但其在国内的发展空间越来越小：一是随着劳动年龄人口绝对减少、劳动力成本上升，中国低成本比较优势发生了转化，传统中低端制造业的成本优势正在丧失；二是在出口需求萎缩的同时，随着经济发展总体水平提高与消费结构升级，国内能源原材料工业和中低端制造业已呈刚性过剩、需求持续萎缩已成定势。一方面，通过供给侧改革去产能，淘汰"僵尸"企业，盘活资产已成共识；另一方面，

通过"走出去"降低生产成本，到"一带一路"沿线市场供应紧张、消费需求旺盛、劳动力成本低廉的发展中国家寻找新的市场成为国内能源原材料工业和中低端制造业持续生存发展的良策。

随着总体发展水平提高、经济规模扩大和消费结构升级，中国服务业和中高端制造业需求旺盛。由于市场规模和潜力巨大，发达国家高端制造业和高端服务业竞相进入中国寻找发展机会。未来一段时期，中国将以承接发达国家高端制造业和高端服务业转移为主。也就是说，中国的崛起与"一带一路"的实施将催生新一轮全球产业重构，中国在承接发达国家高端制造业和高端服务业转移的同时将传统低端制造业转向"一带一路"国家成为本轮全球产业重构的重要特征。传统农区人口密集、劳动力资源丰富，但劳动力成本也在不断上升，随着"一带一路"的推进，传统农区在技术含量较低的劳动密集型制造业方面的竞争优势将逐步丧失，低端制造业生存与发展的时间已经不多了，估计也就三五年的时间。因此要认清形势，增强紧迫感，一方面要迅速升级传统的劳动密集型制造业，提升产品性能品质、形成集群优势，否则将面临淘汰。另一方面要更注重承接与发展高端制造业和高端服务业，加快产业转型升级。

（四）发展动力变化：从资源要素投入转化为经济要素高密度集聚形成的综合能力

中国经济过去 30 多年的高速增长主要依赖于"有水快

流"和"靠山吃山,靠水吃水"式地大量投入资源要素。各地区都从发挥资源和区位优势入手,通过矿产采掘、房地产开发、工业区建设等方式迅速增加资源要素投入,很快形成巨大的生产能力,实现经济规模的迅速扩张。资源的大量投入尽管可以获取"一次性"盈利、带来快速增长,却不一定能有效转化为产业层面的竞争力和区域经济发展的持续推动力。目前一些资源大省、一些前些年主要靠投资拉动增长的地区,能源资源供大于求、房屋空置、工业区招商困难,发展动力明显不足,充分说明过度依赖快速、大量资源要素投入的发展模式在深度转型背景下越来越难以为继。

目前,中西部传统农区许多依赖快速、大量资源要素投入快速扩张的地级城市、县级城市,以及那些土地利用效率较低的新城区、开发区,普遍面临"缺人气"问题。有些地区(城市)为了达到规划人口规模,只能靠扩大辖区面积、合并周边市县或者把更多的县(市)变为城市的"区",形成人口众多的"大市"表象,但并没有解决要素集聚程度低、经济活动密集程度低、缺乏产业竞争力等实质问题。形成鲜明对比的是,东部发达地区及中西部大城市经过多年发展,形成了优势产业集群及良好的产业发展环境,城市功能不断完善,形成了资金、技术、人才、管理经验等要素高密度集聚的发展空间与全面发展优势,在产能过剩、经济下行压力下,其闪展腾挪空间大、调结构能力强,已经率先摆脱困境,开始企稳向好。这些事实说明新常态下中国经济发展动力已经发生了变化，直接通过大量投入资源要素实现快速增长的路子走不下去了，在资源要素投入基础上形成的产业优势与较为完善的城市功能，以及资金、技术、人才、管理经验等要素高密度集聚形成的综合能力才是区域发展的持续推动力。反过来看，只有具备了一定的产业优势、完善的城市功能和高密度的要素集聚，才能支撑高端制造业和高度服务业的发展，在新一轮产业重构中赢得先机。传统农区要适应这种变化，从大规模投资、规模扩张为主的粗放增长方式，转向更加注重产业集群培育、更加注重提升产业竞争力、更加强调通过产城互动完善城镇功能，通过集聚经济要素提升综合能力，打造经济要素高密度集聚的经济空间、提升可持续发展能力。

（五）区域分化：东部发达地区及中西部大城市获得更大发展空间

上述需求、技术、结构、动力等方面的系列变化将加剧中国的区域分化。随着需求、技术的变化，国内各区域都面临产业产品升级、技术升级的压力，东部发达地区具有良好的发展基础，其产业趋于就地升级，向中西部转移的必要性和动力均在下降。这意味着国内发达地区与欠发达地区之间基于产业转移的合作将减少，跨区域产业转移的频率和重要性下降，基于产业产品升级与技术升级的竞争将加剧。经济要素高密度集聚形成的区域综合能力使东部发达地区及中西

部大城市在产业升级的竞争中居于绝对优势地位，改革开放
以来形成的区域经济布局及相应的劳动力布局将被强化与固
化，加快中国区域分化和城市化进程。

产业转型升级中的优势地位意味着东部发达地区及中西
部大城市发展能力更强，并将产生更多、更高层次的就业机
会，吸纳更多的人口。这样，长期以来在东部发达地区及中
西部大城市务工的大量劳动力（流动人口）及其家庭成员在
其就业地就近城市化的可能性大大增加，从而迈出中国城镇
化过程中的重要一步——现代化意义上的人口空间重构。其
结果是东部发达地区及中西部大城市获得更大发展空间，成
为中国经济活动高密度集聚与人口高密度集聚区域，而其他
区域发展的战略空间相对缩小，经济活动与人口密度降低。
在区域分化和强化大城市趋势下，传统农区应主动调整，将
发展重心向中心城市、优势城市群集中，吸引产业与人口向
优势区域集聚，打造高密度、高层次经济空间，积累竞争优
势。

二　新常态呼唤优化供给结构为主的新改革，实现新发展

（一）中国经济仍有巨大发展空间

新常态下中国经济增长减速是经济发展阶段变化，是结
构性矛盾造成的，并非发展空间不足。实际上我国内需潜力

巨大,而且正在快速释放。一是消费需求潜力正在释放。国内外权威部门估计中国中产阶级家庭人口总量已达 3 亿,虽占全国人口的比重不足 30%,但绝对数量已足够庞大(接近美国人口总量、超过世界上绝大多数国家总人口)。中国已经成为全球最大的消费市场,而且正在从中低端消费为主的结构向中高端升级。二是新型城镇化潜力巨大。我国常住人口城镇化率刚刚达到 56%,户籍人口城镇化率不到 40%,尚有 3 亿以上人口需要城镇化,不但在城镇基础设施和公共服务方面仍存在大量投资机会,而且城镇新增人口旺盛的消费需求将使已经庞大的消费需求进一步扩大。所以,我国投资和消费的空间仍然巨大,经济增长的关键是真正优化供给结构,提供更多更好的产品,满足人民群众已经升级的消费需求。需求结构升级已经发生,等待不是出路。只有顺应需求结构变化,摆脱"速度情结"和"换挡焦虑",扎扎实实、一步一个脚印地提高产品质量,大力发展中高端产品、提高产业层级、优化供给结构,从高强度要素投入为主导转向提升综合竞争力为主导,才能真正适应新常态、引领新常态,实现长期可持续发展。

(二)新改革将进一步释放改革红利、促进新发展

我国过去 30 多年的高速增长,在于改革开放消除了一部分妨碍资源配置的体制性障碍,释放出大量改革红利。但目前政府干预过多的现象仍然普遍存在,扭曲要素配置的政策

和制度安排仍然存在，仍有大量改革红利有待释放。人口红利方面，由于劳动力供给关系发生变化、供应趋紧，绝对数量方面的人口红利已经式微，但粗放的发展方式仍未根本改变，劳动参与率、劳动力素质提高空间仍然很大。通过推进供给侧改革，进一步完善市场机制，矫正要素配置扭曲，激发市场主体活力，必将进一步释放改革红利，使劳动参与率、劳动力素质得以提高，产业层级得以提升，供给结构得到优化，从而将巨大发展潜力内化为发展动力，实现新的发展。

（三）新发展将是更加高效、更有质量的发展

发展潜力内化为发展动力必须优化供给结构、必须走向中高端，但中高端产品需要面临更高层级的竞争。市场层面看，出入境便利化、海外代购和跨境电商等新业态的快速发展，使国内消费者可以通过出国、境内实体店、跨境网购等多种方式购买海外消费品，国内中高端消费品市场已经直接面临全球竞争，没有全球竞争力就无法占领国内市场，奶粉等产品国内市场失守就是典型的例证。技术层面看，全球竞争意味着要走在全球前列而不再是"跟随""模仿"，意味着必须要从成本价格竞争转向性能品质竞争，需要面向未来进行技术深耕，打造具有全球竞争力的创新产品、精工产品。所以，新发展应该而且必须面向未来，在技术与产品等方面全面培育全球竞争力，实现更加高效、更有质量的发展。

三 新常态下传统农区发展的战略选择

新常态下中国经济进入增速换挡的新阶段，需求、技术变化将驱动技术多元化与产品升级，动力、结构变化将驱动产业结构升级并导致区域分化，经济发展空间将进一步向优势区域集聚。传统农区应顺应新常态下中国经济发展的新趋势，强化供给侧改革，扫除资源流动的障碍，支持、鼓励、引导更多资源转向新供给，推动新供给发展。更加强调城镇化的综合支撑作用、引导经济发展重心向大城市与重点区域集中，抢抓经济空间格局调整带来的发展机遇。产业方面应聚焦提升综合竞争力，大力推进"互联网＋"，加快改造传统劳动密集型制造业，着力提高产品性能品质，着力培育集群优势，同时注重承接与发展高端制造业和高端服务业，从传统制造业为主的结构向出口加工及先进制造业、现代服务业转型。

（一）强化供给侧改革，推动新供给发展

加快发展新供给是经济结构调整的必然方向。但供给自身具有惯性、具有路径依赖。一些传统企业习惯了传统的生产方式、商业模式，对市场需求的变化缺乏深刻认识，而且其竞争优势也在传统的生产方式和商业模式上，所以在熬、在等而不是转。一部分从事传统供给的国有企业，产能过剩

严重、持续亏损、经营困难，但其体量大、影响大，在各级政府的扶持下也在熬、在等；另一部分从事传统供给的大型民营企业，也是持续亏损、生存艰难，但背负大量融资，金融机构不希望甚至害怕它们倒下，所以也在熬、在等。在上述多种因素作用下，我们看到的是大量过剩产能、僵尸企业无法淘汰。

不可否认传统供给也有需求，在一定时期内也会长期存在，但从发展趋势上看传统供给注定不断萎缩。更为重要的是，在经过多年发展形成传统经济结构的过程中，劳动力、资本、土地等大量资源已经被传统企业占用，如果这些资源退不出、不能转向新供给，就会有较大一部分变成无效资源。社会总资源是有限的，在传统供给企业占有大量无效资源不能顺畅退出情况下，可供新供给企业使用的资源变得非常有限，毫无疑问会影响新供给的发展。所以，新供给要求供给侧改革，扫除资源流动的障碍，营造良好的制度环境，支持、鼓励、引导更多资源转向新供给，推动新供给发展。

具体来看，传统农区应从如下主线推进供给侧改革：①停止对僵尸企业、过剩产能的保护，利用资产重组、坏账处理等多种方式，该淘汰的淘汰、该重组的重组，释放经济资源；②进一步加大简政放权力度，调整财税政策，降低创新创业成本，引导更多资源转向新供给；③切实加快户籍制度改革，增加教育、医疗、交通等民生领域优质公共服务供给，以公共服务撬动生活服务快速发展，构建良好生活服务体系，实现房地产和人口城镇化良性互动发展，为新供给发展构筑坚实基础；④进一步强化市场监管、规范市场秩序，消除商品市场、服务市场、股票市场上"劣币驱逐良币"的制度根源，营造崇尚质量竞争、崇尚价值竞争的市场环境，为新供给发展保驾护航。

（二）强化城镇化的综合支撑作用

发展层次越高，城镇化对产业发展的支撑作用越明显；经济社会发展总体水平越高，城镇化水平低的地方的发展机会越少。如前所述，新常态下直接通过大量投入资源要素实现快速增长的路子走不下去了，优势产业与资金、技术、人才、管理经验等经济要素高密度集聚的形成综合能力才是区域发展的持续推动力。与东部发达地区相比，传统农区城镇化水平较低，与城镇化水平密切相关的经济要素集聚度不高，所以大多陷入竞争力下降、经济下行压力加大的困境。要摆脱当前的困境，更为了未来的长期发展，传统农区必须将城镇化放到更加突出的位置，不断提高城镇化水平、完善城镇功能，以城镇化水平提升支撑与促进产业层次与人口素质的提高、人力资本的积累，提升产业与产品的竞争力。

为科学提升城镇化水平，传统农区应做到以下几点。①在指导思想上强调集聚而不是分散，承认并接受不平衡发展的现实，集中优势力量加快发展大城市和优势区域。②科学规划城镇体系。新常态下人口将成为区域竞争热点，传统农区大量外出务工劳动力在东部发达地区就地城镇化的可能性大大增加，将导致传统农区常住人口大量减少，随着户籍制度改革的推进，其户籍人口也会减少。传统农区产业布局与城镇化布局均应考虑这种可能的变化，不宜不切实际地贪大，形成空城空屋。③公共资源配置应适应人口城镇化要求，适度向城镇集中，解决"大班额"等城市公共服务供给严重不足现象，用优质的公共服务吸引农村人口向城镇集中。④深化户籍及相关制度改革，扫除农民进城的制度障碍，大力推进农民工市民化。

（三）经济发展重心向大城市与重点区域集中

如前文分析，新常态下国内发达地区与欠发达地区之间基于产业转移的合作将减少，基于产业产品升级的竞争将加剧，强者更强的"马太效应"将进一步凸显。优势突出的区域将更快发展，不具优势区域将被边缘化。传统农区只有聚焦大城市及具有区位优势与产业优势的重点区域，才能抢抓机遇，获得提质转型发展的时间与空间。具体来看就是要在发展基础好、综合支撑能力强的中心城市、优势城市群区域重点发展，集中人才、土地、资金、政策等各种优势，尽快形成优势产业集群，培育综合竞争优势，打造并强化经济要素高密度集聚的战略空间。

对于发展趋势不明朗、发展潜力不足的非重点区域、边缘区域，产业区与城镇的空间扩张应适可而止，重点转向提高规划区、建成区现有土地利用效率。通过产城互动发展，促进产业区与城区高度融合，按照合适的人口规模配备相应的基础设施和公共服务，完善城市功能、提升城镇化水平，打造生态宜居小城市。

（四）全面提升产品性能品质

面对新常态下消费升级的趋势，应鼓励、支持、引导传统农区消费品生产企业顺应消费者对高性能、高品质消费品不断增长的需求，不断提高生产工艺与组织管理水平，全面提升产品性能品质。①加强教育培训，让企业家、企业主全面认识经济发展新态势，认识消费者需求升级趋势，提高其提升产品性能品质的自觉性。②要进一步加强与优化职业技能培训体系，培育高素质产业工人，把粗放型劳动力转变为能够生产高性能、高品质产品的精细化劳动力，将传统农区的人口优势转化为适应新常态要求的劳动力优势。③设立产业产品提升基金，对企业提高技术、改进装备给予一定的财税、金融支持。④加强市场监管，规范市场行为，为企业提升产品性能品质营造良好的社会环境。

（五）强化承接高端产业转移

新常态下中国将成为发达国家高端制造业、高端服务业最重要的转移地与目标市场，传统农区应抢抓这一机遇，在承接高端产业转移方面更上一层楼。①重点突破。国内各区域在承接高端产业转移方面面临激烈的竞争，传统农区不能遍地撒网、一哄而上，同样要以中心城市、优势城市群为主，充分利用自身的人口优势及市场优势，全力承接与发展新能源、新材料、高端装备、生物制药、电子信息等高端制造业及电子商务、现代物流、互联网金融等高端服务业。②差异化竞争。对于传统农区而言，要找到自身的比较优势，根据自身比较优势选择合适的、能够实现可持续发展的产业，差异化发展。③强化产业集群。集群是制造业重要的空间特征，高端制造业同样如此。产业配套能力差是传统农区的弱点，在承接高端制造业转移时一定要有集群发展意识，从规划之始就应充分考虑产业的空间集聚、考虑产业配套能力的提升，把承接高度产业转移和产业集群培育结合起来，并积极利用互联网推进产业集聚在线化，打造基于互联网的线上产业生态。

（六）全方位支持创新创业

随着新常态下技术竞争从传统产业的同一技术层面转向传统行业与新业态同时进行的多维层面，创新、智力型创业对经济发展的重要性大大提升，但创新和智力型创业均需要人才、平台与机制，需要强大的城市功能与优质创新环境的支撑。面对新技术革命带来的机遇，传统农区同样应集聚省会城市、优势城市群等重点区域，调整发展思路，打造创业创新平台，完善创投机制，创新人才政策，集聚高端创新资源，推动大众创业、万众创新。①坚定不移地把企业作为创业创新主体来培育，落实国家鼓励企业研发创新的有关财税政策，允许研发费用提前从成本摊销，或从所得税额扣除，或从税前收益中扣除。②充分利用鼓励科技创新的各项政策，以成果转让费、持股、利润分成等多种形式加大科研人员在创新性成果所获收益中的分成比例，激励科研人员创新创业。③顺应"互联网＋"时代智力型中小微企业、创业团队大发展要求，适时调整发展与招商思路，转变招商方式，变招商引资为招商引智，将招商指导思想从注重大项目、大资本转向注重智力型、精细化的中小微企业和创业团队，注重服务业与新兴产业。④在中心城市集中力量构建一批创新与创业相结合、线上与线下相结合、孵化与投资相结合的高品质创业平台与创业空间，为创新活动、智力型创业者提供低成本、便利化、全要素的工作空间、网络空间、社交空间和资源共享空间。

第二章 河南全面融入
"一带一路"的思考

"一带一路"是中国首创、高层推动的国际倡议,契合了沿线国家的共同需求,提供了国际合作新平台。因此,在全球经济增长动力不足的背景下,"一带一路"倡议一经推出,国际社会应者云集。对中国来说,其最大意义在于可以为经济发展注入新动力、拓展新空间。这也为新常态下面临稳增长、调结构双重压力的河南经济发展提供了难得的历史机遇。河南必须在全面认识"一带一路"倡议的基础上,结合自身实际,创新思维、准确定位、科学谋划,全面深度地融入"一带一路"倡议,争取更多资源、开拓新的市场,为河南全面建成小康社会加快现代化建设赢得新机遇、打开新空间。

一 全面认识和谋划河南在"一带一路"
倡议中的定位

2015 年 3 月 28 日国家发改委、外交部、商务部联合发布了《推动共建丝绸之路经济带和 21 世纪海上丝绸之路的愿景与行动》（以下简称《愿景与行动》），其中第六部分"中国各地方开放态势"明确了国内各地区对外开放的优势及在"一带一路"倡议中的定位和发展方向。然而，《愿景与行动》颁布后出现了一种观点，认为除《愿景与行动》中提及的 18 个省份之外的省份被边缘化了，河南省一些干部和群众也因此感到失落和纠结。课题组认为，上述看法是没有深入研读《愿景与行动》和真正理解"一带一路"倡议所致。只有全面认识、深刻领会"一带一路"倡议，紧密结合河南省现实，才能找准河南省在"一带一路"倡议中的定位，为经济社会长远发展打开更为广阔的空间。

（一）"一带一路"倡议的实质是跨区域经济合作，通道是基础，经济合作是核心

首先，"一带一路"倡议的目的是跨区域合作，必须有超越国家界限的政策和基础设施通道。加强政策沟通、增强政治互信、达成合作共识、化解政策障碍，是建设"一带一路"的基本前提。加强交通、能源、信息等通道建设，实现区域间人流、物流、资金流、信息流畅通，是"一带一路"建设深入推进的基本条件。

其次，"一带一路"倡议的实质是加强经济合作，核心内容是贸易、投融资和产业等领域的合作。只有在政策沟通、设施联通的基础上发挥各自优势，在贸易、投融资、产业等

领域进行广泛合作，才能促进共同发展、实现可持续的共同繁荣。

（二）"一带一路"倡议不能被局限为国家向各省份分蛋糕，更重要的是要各自做蛋糕

"一带一路"倡议是一个开放性系统工程，其目的是合作共赢。参与"一带一路"建设不能仅理解为国家向各省份分蛋糕，更重要的是要各自做蛋糕，发挥各自优势，提升竞争力，实现合作共赢。

1. 市场主体深度融入"一带一路"倡议归根到底是由企业自身的技术优势和产品竞争力决定的

研究《愿景与行动》第六部分发现，中央对相关省份的定位，其主要考量在于各个省份的地理位置。比如福建凭借沿海地区的优势，要建设成为 21 世纪海上丝绸之路核心区；广西凭借与东盟陆海相邻的独特优势，要形成 21 世纪海上丝绸之路与丝绸之路经济带有机衔接的重要门户；云南凭借面向南亚和东南亚的区位优势，将重点推进国际运输通道建设，打造大湄公河次区域经济合作新高地，成为面向南亚、东南亚的辐射中心；新疆凭借紧邻中亚、西亚等国的独特区位优势，要打造成为丝绸之路经济带核心区；等等。可见，区位优势对参与"一带一路"建设是一个重要的条件，但在信息化、网络化和航空经济快速发展的今天，市场主体能否深度融入"一带一路"倡议，区位并不是决定性条件，能否充分

发挥企业的市场主体作用，提升企业自身的创新能力，形成技术优势和产品竞争优势，这才是最根本的因素。

2. 通过深化合作做出"美味且富有营养的大蛋糕"，才是对"一带一路"倡议最好的把握

对于各个省份来说，参与"一带一路"经济合作、实现长远可持续的合作共赢，更重要的是通过深化合作各自做"蛋糕"。哪个省份能够做出理想的"大蛋糕"，归根到底还是由各自的基础条件、采取的合作策略以及产业特色、产业优势、产业互补性等决定的。因此，河南当务之急是要对"一带一路"倡议及沿线国家进行深入研究。一是要结合自身优势找准战略定位，通过争取政策空间、加强通道建设等努力优化融入"一带一路"的基础条件；二是要根据沿线不同国家经济发展水平、投资环境、合作意愿及省内企业前期与相关国家合作的状况，支持省内优势产业和企业采取合适的方式积极"走出去"，同时吸引国外高端产业"走进来"。

（三）《愿景与行动》对河南的定位聚焦在郑州，不仅具体而且富有深意

1.《愿景与行动》对河南的定位聚焦在打造郑州内陆开放型经济高地

《愿景与行动》明确提出要利用内陆纵深广阔、人力资源丰富、产业基础较好等优势，依托中原城市群，推动区域互动合作和产业集聚发展，打造郑州内陆开放型经济高地。

要打造中欧班列品牌，建设沟通境内外、连接东中西的铁路运输通道和口岸通关协调机制。要支持郑州建设航空港、国际陆港，加强内陆口岸与沿海、沿边口岸通关合作，开展跨境贸易电子商务服务试点等。

很明显，《愿景与行动》对河南的定位主要是聚焦郑州，无论是利用河南广阔腹地还是依托中原城市群；无论是航空港、国际陆港等枢纽建设还是中欧班列、跨境贸易、通关等通道建设，最终都指向郑州，落脚到打造郑州内陆开放型经济高地。因此，发挥郑州这个龙头的辐射带动作用是融入"一带一路"的关键。

2. 《愿景与行动》对河南的定位更强调通道建设，具有强烈的问题指向

《愿景与行动》对郑州的定位是基于郑州独一无二的综合交通优势做出的，具有很强的针对性。发展与"一带一路"沿线国家的合作，河南确实没有新疆、广西、云南等沿边省份的地缘优势，但郑州有独特的综合交通优势，只有进一步打造并利用好郑州的这一优势，形成便捷高效的人流、物流通道，河南才能有效推进"走出去"与"引进来"，才能更好地融入"一带一路"。

3. 打造内陆"一带一路"国际物流中心、客运中心与贸易中心是《愿景与行动》从国家层面对河南省委省政府建设大郑州战略的认可与拓展

近年来，河南正在大力建设郑州航空港经济综合实验区、打造国际物流中心、推进内陆开放高地建设，这与《愿景与行动》对郑州的定位高度契合。更重要的是在《愿景与行动》中，郑州建设内陆开放型经济高地已经上升至国家层面，发展方向也得到进一步延续、扩展，从国际物流中心拓展到国际客运中心、国际贸易中心，从而为河南、中原经济区乃至整个内陆地区深度融入"一带一路"提供了战略支点，成为郑州的新定位。郑州将不仅是郑州人的郑州、河南人的郑州，而且是全国乃至世界的郑州。

4. 进一步强化郑州的龙头地位是中央审时度势对河南经济社会长远发展做出的深度指引

中心城市综合实力不足、辐射带动能力不够强是多年困扰河南经济社会发展的关键因素。在河南全省区域格局中，郑州是毋庸置疑的中心，郑州的产业层次、城市综合影响力就是河南的上限与最高水平，由此也决定了河南的产业层次及在全国的综合影响力。但是，作为河南省的中心城市，郑州在全国大中城市的综合实力和影响力远远低于河南省在全国各省份经济总量中的排位。《愿景与行动》对郑州的定位，是希望河南利用"一带一路"倡议带来的机遇打一个漂亮的翻身仗，把郑州建设成为实至名归的内陆开放型经济高地，成为影响力超出河南、超出中原经济区，覆盖整个内陆地区的"一带一路"国际物流中心、客运中心与贸易中心，并在此基础上进一步形成内陆"一带一路"金融及综合服务中心。通过提升郑州的综合实力与影响力，带动河南全省综合实力与影响力再上一个新台阶。

（四）发挥郑州市的"战略核心支点"作用，实行"郑州—中原城市群—河南省—中原经济区"辐射拓展策略，打造"一带一路"的核心腹地

河南不仅与古丝绸之路有重要的历史渊源，而且具备深化与"一带一路"国家经济贸易合作的现实条件。河南市场纵深广阔，人力资源丰富，产业基础较好，已经形成一批现代优势产业和有竞争力的特色产业，而且与"一带一路"沿线国家形成了较为紧密的经济合作关系。如河南省黄泛区实业集团在乌克兰开办农场项目，河南贵友实业集团在吉尔吉斯斯坦建设养殖项目，河南科技学院、河南省国际科学技术合作协会、商丘天一生物技术有限公司与吉尔吉斯斯坦国立斯克里亚宾农业大学在吉尔吉斯斯坦联合开展农牧业科技示范推广项目，均取得了良好成效。但总体来看，河南省与"一带一路"沿线国家的合作还不够深入。河南省要全方位审视自己，充分发挥郑州"战略核心支点"作用，逐步在中原城市群形成一批参与"一带一路"建设的重要节点城市，进而辐射带动全省乃至整个中原经济区深化与"一带一路"沿线国家的产业合作和经济贸易发展，形成"一带一路"的核心腹地。

二　河南全面融入"一带一路"
倡议的思路与对策

河南融入"一带一路"倡议，要把握好"聚力郑州"

"拓展全省""全面合作""风险防范"四个关键点。聚力郑州主要是集聚政策、通道优势，提升综合能力，抢占战略制高点；拓展全省即以郑州为龙头，以中原城市群为依托，向全省辐射拓展，带动各省辖市全面融入"一带一路"；全面合作即放眼全省，发挥优势，注重互补，优势产业"走出去"与高端产业"引进来"并重；风险防范即要正视并有效防范各类国际风险。

（一）聚力郑州，集聚政策、通道优势，提升综合能力，抢占战略制高点

1. 争取河南自贸区尽快落地，理顺跨境贸易电子商务相关政策，化解政策瓶颈

首先，要力争河南自贸区尽快落地，完善国际合作载体和平台。作为内陆省份，河南省开放程度不够高，在国际投融资、跨境贸易及国际物流运作、海关监管等方面存在的一些政策限制已经成为河南省深度融入"一带一路"倡议的重大障碍。河南省应顺应"一带一路"倡议的需要，力争河南自贸区尽快落地，参照国际通行标准推进贸易、物流、投融资、监管、产业合作等方面的便利化。一要抓紧落实 28 项在全国推广、6 项在海关特殊监管区推广复制的改革试点经验；二要完善跨境电商、保税展示交易、大宗商品贸易和期货交割、国际贸易金融等综合运营平台，对接国际贸易新体系，探索促进生产消费、生活消费便利化新机制；三要创新国际

投资合作方式，推动互联网经济下投资贸易方式变革；四要探索放管结合、流程优化、运作规范、高效便捷的全天候通关通检新机制与国际物流运作管理新模式。

其次，打造跨境贸易电子商务政策高地，促进国际商流物流汇聚。郑州是全国首批跨境贸易电子商务试点城市，起步早、发展较快。但是，由于思想不够解放、理念不够超前，在通关通检、跨境支付等关键环节和重点领域仍然存在政策瓶颈。面对"一带一路"倡议带来的新机遇，应进一步解放思想，对人、费、管、检、关、税、汇等各环节和领域进行全面梳理，打通瓶颈、优化流程，形成方便快捷的跨境贸易通道，降低跨境电商运营成本，建设跨境贸易电子商务政策高地，为从规模与综合水平方面实现真正意义上的"买全球、卖全球"目标提供政策保障。

2. 加快航空港、国际陆港、"米"字形铁路等通道建设，打造内陆"一带一路"国际物流中心、客运中心

一是打造内陆"一带一路"物流中心。综合交通枢纽地位是河南融入"一带一路"的独特优势。郑州机场已成为中国内陆国际货运航线最为密集的机场，郑欧班列的辐射范围也远远超出河南省（省外货源占80%左右）成为中欧班列运营的成功典范。要加快郑州航空港、国际陆港建设，开通更多郑州至"一带一路"沿线国家的货运航线，打造"郑欧班列"品牌，形成沟通境内外、连接东中西的陆空运输通道和口岸通关协调机制。

打造内陆"一带一路"物流中心不仅要依托"铁公机"综合交通枢纽，利用郑州中部地区首家多式联运海关监管中心的政策优势，加快物流园区建设，利用移动互联、云计算、机器人等现代技术与装备，从集散、分拨、仓储、物流、冷链等方面全面提升多式联运转换能力，创新国际物流运作管理模式，培育多式联运的营运主体，同时，还要进一步完善河南物流网络与国内外其他物流网络的对接，形成按照国际化标准运行、内陆最具竞争力的"一带一路"多式联运物流中心。

二是打造内陆"一带一路"客运中心。随着国际化进程的深入，中国与"一带一路"沿线国家的人员交往将日益频繁。郑州在发展国际客运方面具有内陆其他城市不可比拟的优势，要抓住机遇，适时将郑州的功能定位从国际物流中心扩展到国际客运中心，加快"米"字形铁路建设速度，开通更多通往"一带一路"沿线国家的国际客运航线，使郑州成为内陆"一带一路"国际客运中心。

3. 加快郑州大都市区建设，提升郑州综合实力，打造内陆"一带一路"贸易中心、金融中心及综合服务中心

郑州要成为内陆"一带一路"核心节点，仅依靠政策优势、人流物流的通道优势是远远不够的，关键是要依托广阔的腹地，提高郑州的综合实力。一要有效利用通道优势带来的人流物流，大力发展贸易、金融期货、数据信息等综合服务，并延展到航空、电子信息、精密制造、高端装备、创意创新产业等高端制造业。二要从交通、信息化、生态、人文等方面全面提升城市功能，形成高端制造与高端服务均衡发展，产业层次、城市功能、城市品位、综合服务能力全国一流的大都市区，成为内陆"一带一路"贸易中心、金融中心及综合服务中心。

（二）以郑州为龙头，以中原城市群为依托，带动各省辖市及对外开放重点县（市、区）全面融入"一带一路"

在融入"一带一路"的过程中，虽然河南省各个省辖市和对外开放重点县（市、区）自身条件不同，各自发挥的作用也不同，但都应该强化机遇意识，争取有更大的作为。一方面，郑州要发挥龙头作用，不仅要带动中原城市群尽快形成一批"一带一路"节点城市，还要辐射带动全省其他省辖市和对外开放重点县（市、区）。另一方面，其他省辖市和对外开放重点县（市、区）也要找准定位，积极谋划，发挥优势，主动与郑州市对接，与中原城市群互动合作。

1. 加快中原城市群核心圈一体化进程，打造一批"一带一路"节点城市

中原城市群是国家级城市群，也是全国范围内特点较为突出的城市群，尤其是核心圈郑、汴、洛、焦、新、许各地产业互补性强、发展程度接近、空间格局紧密，是河南省"一带一路"建设优势的重要体现，也是郑州打造内陆开放

型经济高地的重要支撑。在以中原城市群为依托打造"一带一路"节点城市的过程中：一方面，应在"米"字形高铁基础上积极拓展，尽快实现郑、汴、洛、焦、新、许各城市之间城际铁路、快速通道的互联互通；另一方面，应推动郑、汴、洛、焦、新、许各城市之间交通、通信、物流、贸易、金融、产业等方面的深度融合，打造一批富有竞争力的"一带一路"节点城市。

2. 加快全省范围物流网络与信息平台建设，强化政策沟通与合作交流，为省内各地全面融入"一带一路"提供顺畅通道

一是完善多式联运，实现省内无缝链接。加快全省快速铁路建设，实现快速铁路通达全部省辖市；加快省内支线机场和通用机场建设，形成覆盖各省辖市、对外开放重点县（市、区）及重要旅游景区的省内航空网络；加快省内干线公路升级改造；结合洛阳、商丘、南阳等区域级流通节点城市建设，全面提升物流能力。

二是加强"一带一路"信息平台建设，在全省范围实现政府层面"一带一路"相关信息共通共享，清除信息障碍。

三是加强政策沟通与渠道建设，形成各省辖市与省内海关、保税物流中心、郑州航空港、郑州国际陆港及即将获批的河南自贸区之间的无缝对接，在物流、通关通检、国际投融资、跨境贸易等方面为各省辖市全面融入"一带一路"打造顺畅通道。

（三）放眼全省，优势产业"走出去"与高端产业"引进来"并重，深度融入国际分工体系

1. 支持优势产业"走出去"

首先，要支持农业优先"走出去"。河南是农业大省，农业生产及技术优势十分突出，特别是农产品加工方面拥有6个全国农产品加工示范基地、11家全国农产品加工示范企业，16家涉农企业在境内外上市。而"一带一路"沿线的多数国家农业不发达，尤其是中亚五国地广人稀，仍处于传统农业阶段，具有提高农业生产效率的强烈愿望。所以，河南与"一带一路"沿海国家开展农业合作的空间很大。目前河南农业"走出去"虽然已经具备了一定的基础，其中与中亚等国在良种繁育、畜禽养殖领域已经有了一定的合作基础，共同实施过一些重大项目，但现有项目多为农业技术交流合作和示范项目，农业产业链还远未形成。

建议尽快统筹制定农业"走出去"的顶层设计和整体规划。一要依据省内资源优势，结合"一带一路"沿线国家的市场需求情况以及农业上下游产业链的投资需求，尽快制定阶段性发展目标和合作重点。二要在建立农业科技园区的基础上，扩大合作范围，鼓励省内企业向加工、物流、仓储等资本和技术密集环节以及种子、研发等科技含量较高的关键领域投资，尽快培育出具有国际竞争力的大型跨国农业企业集团。

其次，支持能源、原材料工业"走出去"。能源、原材料是河南省传统优势产业，目前已经集聚了大量产能，且在建设与营运方面已经形成了技术、队伍和管理优势。不可否认，河南省能源、原材料工业有一部分产能已经落后，但大部分产能都是非常先进的，只是由于国内资源和能源储备有限以及市场需求萎缩使发展空间受到制约。"一带一路"沿线不少国家拥有丰富的资源和能源储备但开发能力有限，并且基础设施非常落后，对能源、原材料的需求潜力较大。支持能源、原材料工业"走出去"，不仅能为现有产能开拓市场，更重要的是可以发挥省内企业的技术和管理优势与沿线国家进行合作开发，实现合作共赢。

再次，支持轻工、装备制造业"走出去"。河南的轻工、装备制造等行业优势突出，特别是大型矿山设备、超特高压输变电装备、公路客车等行业技术装备全国领先。"一带一路"沿线不少国家不但基础设施落后，国内工业体系也很不完善，随着"一带一路"的推进，其基础设施建设和工业化水平提升会加速，对机械设备、汽车等产品的需求量会迅速增长。一些地区尤其是中亚地区轻工业不发达，使当地轻工业品供应短缺且物价高昂，这意味着河南省轻工业产品也是其急需的。河南省的轻工、装备制造企业要抓住机会，通过出口或产业转移与相关国家展开合作。

2. 加强高端产业"引进来"

随着"一带一路"的推进和国内产业结构的升级，在原有传统低端制造业向"一带一路"国家转移的同时,"引进来"将以承接发达国家高端制造业和高端服务业转移为主。河南在融入"一带一路"过程中要顺应这一趋势,不仅要"走出去",更要强调高端产业"引进来"。

河南省应积极利用自身的综合交通优势、人口优势及市场优势,聚焦郑州大都市区和中原城市群一体化区域,重点突破,全力承接高端装备、高端材料、汽车、电子信息等高端制造业及电子商务、现代物流、互联网金融等高端服务业。同时,对"一带一路"沿线不同国家"引进来"应确定相应重点。比如,从欧洲"引进来"的重点应是精密机械、高端装备、汽车制造、发电设备、飞机制造等领域的先进企业、先进技术;从东南亚地区引进来的重点应是电子产品、医药卫生、机械制造、金融、保险业等。

(四) 正视及有效规避风险

鼓励省内企业参与"一带一路",必须引导企业正视可能存在的各种风险。从国内看,尚未建立跨地域、跨部门的协调机构,而且海外投资的保障保险机制、境外经贸争端解决能力、境外护商能力等都还比较脆弱;从国外看,与"一带一路"沿线国家合作存在安全、政治互信、政策冲突、信贷违约、文化认同等一系列的风险。因此,加强风险防控是深化与"一带一路"沿线国家合作必须重视的问题。建议从以下方面采取措施。

1. 发挥政府和企业两个积极性，从整体风险和类别风险两个层面做好风险评估预警

"一带一路"沿线国家的运营风险相差悬殊，强化风险意识，构建风险管理体系是实施"走出去"战略的关键。应从政府和企业两个层面入手完善对外投资企业国际化经营的风险防范机制和境外投资管理制度化建设。政府方面应以中央政府为主、省政府为辅，从安全风险、政治风险、信贷风险、基础设施风险、认同风险、收益风险、体制和制度风险等方面对"一带一路"沿线国家进行全面系统的风险评估，及时发布有关信息，建立健全风险预警应急机制。企业在进行海外投资前应及时了解政府部门发布的相关风险信息，熟悉东道国的投资环境，对国外市场做详尽的调查，分析可能出现的风险以及自身的应对能力，完善风险管理机制和风险应对方案。

对各类国家存在风险的认识和评估都需要从整体风险和类别风险两个层面进行。以安全风险为例，一个国家的整体安全风险包括安全局势、法律及监管、政府效能、政治稳定性和基础设施等在内的十大类风险，有些国家整体安全风险很高如长期处于战火中的阿富汗和伊拉克，与这一类国家发展经济贸易合作特别是企业对外投资应该十分警惕。有一些国家，虽然整体安全风险不高，但类别风险并不低。以泰国为例，其整体安全风险不算高，甚至宏观经济风险还比较低，但政府效能风险很高，政府部门的繁文缛节很多。

调研发现，前期省内一些企业如河南国际矿业开发有限公司、河南国际合作集团在"走出去"的过程中都遭遇过各种风险。在发达国家遭遇的风险主要是由所有权、安全、技术标准等方面的因素引起的，在发展中国家遭遇的风险主要是由东道国战乱、政变、民族纠纷等因素引起的。有针对性地做好国别风险评估预警，对省内企业扩大与"一带一路"国家合作十分重要。

2. 引导企业抱团"走出去"，增强企业应对风险的能力

调研发现，企业应对风险能力弱是制约企业"走出去"的一个重要因素。以工程承包企业为例，要增强河南企业在"一带一路"沿线国家承包工程的能力，当务之急是要解决工程承包企业过度分散、资金实力较弱的问题。建议采用三种方式。一是利用各种优惠政策鼓励大型工程承包企业兼并中小企业，推进现有对外承包工程企业的结构调整与战略改组，组建一批大型企业集团，采用总承包等方式去承揽大型工程项目，中小企业主要为龙头企业提供配套服务，或者从龙头企业那里分包部分工程项目。二是鼓励大型对外工程承包企业利用自身积累的自有资金与银行相互参股或由银行牵头组建对外工程承包企业集团，实现银行资本与产业资本的融合，增强对外承包工程企业的资金实力。三是引导已经"走出去"和准备"走出去"的企业结成联盟或协会一类的组织，加强相互间的信息沟通，提高优势资源的利用效率，避免自相竞争，共同应对可能出现的风险。

第三章 传统农区"三化"协调
发展路径分析

"三化"协调是河南省委省政府从 2009 年第四季度开始酝酿的一个区域发展战略，基本思路是：河南作为农业和粮食大省，承担着国家粮食安全的责任，既不能丢掉传统比较优势，也不能忘记国家责任，所以不能不把农业发展，尤其是保证耕地面积不减少放在很重要的位置。此外，河南又是全国第一人口大省和经济发展相对滞后的省份，发展的压力尤其是提升居民收入水平的压力很大，发展水平上不去，居民收入上不去，不仅不符合社会主义国家的基本目标、对不起 1 亿河南人民，也会拖全国现代化的后腿，推迟全国全面小康社会实现的时间，同时，仅依靠农业、依靠粮食生产是无法实现经济社会发展和提升居民收入水平之目标的。要达到致富的目的，就必须加快工业化和城镇化进程，而推进工业化与城镇化必然要增加土地占用，河南工业化、城镇化的推进与保农业、保粮食、保耕地之间确实存在某种程度的矛盾，解决矛盾的途径就是努力在不牺牲农业（主要是确保耕地面积不减少）的前提下加快工业化和城镇化步伐，使工业化、城镇化和农业现代化"三化"协调发展。随着信息化越来越重要，其对工业化、城镇化、农业现代化的影响也越来越重要，"三化"协调的提法被"四化"同步所取代。笔者认为，信息化与其他"三化"本质上不是一个层次的问题，工业化、城镇化、农业现代化更多的是一种发展过程，而信息化不但是一种发展过程，更多的是一种技术、一种手段，能够促进工业化、城镇化、农业现代化的发展，改变工业化、城镇化、农业现代化的形式，但不会改变工业化、城镇化、农业现代化之间的相互关系。作为传统农区的典型代表，河南的问题也是整个传统农区面临的普遍问题，河南需解决好"三化"协调发展的问题，传统农区同样需要解决好"三化"协调发展问题。那么，制约传统农区"三化"协调发展的真正障碍在哪里？如何才能实现"三化"协调发展呢？

一 "三化"协调发展的学理分析

（一）刘易斯模型与"三化"协调

世界著名发展经济学家、诺贝尔经济学奖得主刘易斯描述了一个"三化"协调发展的经典框架，也是一个发展中国家如何实现从落后的传统农业社会向发达的现代工业社会转变的框架。刘易斯认为实现上述转变的基础是工业发展，没有工业发展就没有现代工业社会的产生，没有现代城市的产生，更不会有农业现代化的出现。而工业发展至少会带来两件事：一是工业消费品供应的增加，二是劳动力需求的增加。工业发展需要的劳动力来自哪里呢？恐怕只能来自农业或者说来自农村剩余劳动力的转移。在发达国家的工业化过程中，伴随农村剩余劳动力向工业转移的同样有两件事：一是劳动者收入的提高，也就是通过非农就业得到比从事农业高得多的收入；二是城镇化，也就是在实现非农就业、提高收入的同时，农村劳动力及其家庭的永久居住地随着就业地点的变化而迁入城市。这两种变化会产生一个结果，就是这些城市新增人口旺盛的消费需求使工业消费品的市场需求扩大，成为支撑与带动工业进一步发展的需求动力。于是工业会得到更大的发展机会，并进一步产生劳动力需求，继续吸纳农村剩余劳动力向非农产业转移，并在收入提高的同时实现城镇化，再产生新的消费需求，形成完整的"刘易斯循环"。随着"刘易斯循环"的不断推进，农业与农村的人口持续减少，农村人均耕地增加，土地经营规模随之增加，农业现代化程度不断提高。只要农村还存在剩余劳动力，理论上说"刘易斯循环"会继续推进，直到农村不再有剩余劳动力，这样一来，工业因为找不到剩余劳动力而无法持续发展（只能在工业部门之间竞争劳动力，工资水平会因此提高），消费品生产因为没有新增市场需求无法持续扩大（农村没有剩余劳动力意味着城镇化完成，农村人口城镇化产生的市场需求释放完毕），经济发展的人口红利消失，整个社会完成从落后的二元经济向稳定发达的一元经济的转变，不但工业化完成了，而且农村不再有剩余劳动力与多余的人口，农业的劳动生产率、农业人口的收入水平与工业相同，城镇化与农业现代化也完成了，在这样的一条路径下"三化"是协调的。

与刘易斯模型描述的"三化"协调的发展路径相比，我国的发展过程中出现了一些断裂，也就是刘易斯描述的某些环节没有发生或者说被阻断了，即户籍及相关制度造成农村劳动力向非农产业转移时，并没有同步实现城镇化，劳动者就业空间与其家庭永久居住空间是不一致的。这种不一致使我国在工业化与城镇化快速推进的过程中，逐渐暴露出建设用地供应紧张、内需不足、农业现代化徘徊不前等难题。

（二）劳动者就业空间与其家庭永久居住空间相异是实现"三化"协调发展需要解决的核心问题

劳动者就业空间与其家庭永久居住空间的不一致至少造成以下四个方面的问题。

1. 建设用地供应不足

理论上说，工业化与城镇化不但不应该造成耕地减少，还会由于土地利用率的提高而增加耕地。众所周知，城镇单位土地所能容纳的人口远远高于农村，单位工业用地所创造的财富和就业机会也是农业的十几倍甚至几十倍，所以与传统农业社会的生产与居住方式相比，工业化与城镇化显然能够更集约、更高效地利用土地。现实中造成我国耕地减少的原因不在于工业化与城镇化本身，而在于工业化与城镇化过程中农民工就业空间与其家庭永久居住空间不一致，农民工在城镇与农村"双重占地"。特殊的国情与户籍政策使我国的农民工具有双重身份：从就业看，他们已经在城镇实现了非农就业，他们中的每一个人在城镇就业时都会或多或少地增加建设用地的占用；而从户籍与其家庭永久居住空间上看，他们的身份还是农民，他们的户籍还在农村，更重要的是他们的家庭人口还生活在农村，因此所占用的农村宅基地没有减少。也就是说，在城镇建设用地增加的同时，农村建设用地（主要是宅基地）不但没有相应减少甚至还在增加，以至于占用耕地成为增加建设用地供给的主要甚至唯一渠道，这样一来，不但工业化城镇化集约使用土地的效应显现不出来，反而单方面呈现耕地减少。所以，造成耕地保护与增加建设用地供给这一矛盾如此突出的原因不是工业化与城镇化本身，而是工业化与城镇化在空间上的不协调，是劳动者就业空间与其家庭永久居住空间的不一致的一个方面。

劳动者就业空间与其家庭永久居住空间不一致的另一个方面是农村空巢现象严重。由于大量劳动力外出务工，农村住宅的空置现象非常普遍，这实际上是一种浪费，既是资金的浪费，也是建设用地的浪费。农村住宅的空置实际上意味着其所占用的建设用地处于闲置状态，使农村建设用地闲置与城镇建设用地供应紧张同时存在。无论是过去的新农村建设，还是现在的农村社区建设，其实都没有解决好或者是没有认真地考虑过这一问题。因为，不管是新农村还是新型农村社区，农村大部分劳动力不在本地就业，他们全年大部分时间也不在新建的社区居住，将来也不大可能到这些新社区居住（产业的发展趋势是空间集聚，向各级城镇集聚，农村人口逐步减少是不可逆转的趋势）。所以，不具备产业基础的新型农村社区有可能成为新的空巢村，造成新一轮的重复建设与资金、土地的浪费。

2. 内需不足

若在农村劳动力向非农产业转移时，没有同步实现城镇化，刘易斯模型中的一个链条就会断裂，即农村剩余劳动力虽然实现了非农就业，收入水平也得到了提高，但是他们的家庭永久居住地还在农村，所以他们在城市很少消费，将所赚的绝大部分钱寄回农村。虽然不少外出务工人员在农村盖了新房，但房子里的东西与城市是显然不同的，因为农村基础设施条件不足以支持他们购买现代化的生活消费品。这样，农村非农就业家庭的消费能力不能充分释放，突出表现为储蓄多、消费少，结果是明显的内需不足。在这样的情况下，过去30年中国经济之所以能够快速增长是因为我们的产品大量出口，靠国外市场来吸纳我们生产的消费品，并因此成为世界工厂。但当我们把全世界的需求都满足了的时候，金融危机出现并持续，外部市场需求难以扩大，这就是我们目前遇到的困难。解决这一困难要靠扩大内需，而扩大内需只能靠城镇化，靠将实现了非农就业的劳动力举家迁移到城镇居住与生活，使劳动者就业空间与家庭永久居住空间趋于一致。

3. 限制了劳动力供给的增加

城镇化滞后还限制了劳动力供给的增加。目前，我们一方面面临广泛的用工荒，另一方面农村还有大量富余人口。就传统农区来说，虽然男性青壮年劳动力在农村基本上已经不多了，但 30 岁以上的女性劳动力还很多。由于家里的男性劳动力都外出了，这些女性劳动力在家带孩子、照顾老人。但在城市不是这样，城市里一家两口都上班，孩子送托儿所、幼儿园，照顾孩子的工作基本上可以在工作之余完成。这是因为城市里有一套社会化服务体系，有一些人专职从事照顾孩子、老人的工作，通过分工产生了规模效应，所以城市的劳动力利用率比农村要高得多。通过城镇化就可以把农村大量 30 岁以上的女性劳动力释放出来，增加劳动力的供应。

4. 制约了农业经营规模的提高

劳动者就业空间与家庭永久居住空间不一致，不但造成建设用地供给不足与耕地减少，而且还意味着大量可以转向城市的农村人口滞留在了农村，造成农村人口没有随着工业化的推进而相应减少。以河南为例，全省 2600 万农民工及其家庭的城镇化至少可以使全省减少 3000 万以上的农村人口，农村人均耕地至少会因此增加 1 倍，农业经营规模也会随之扩大。所以,劳动者就业空间与家庭永久居住空间不一致也制约了农业现代化的推进。

二 传统农区"三化"协调发展的现实路径

从传统农区的角度看,在省外务工的农村劳动力及其家庭向务工城市永久性迁移无疑对区域"三化"协调发展是一个巨大的帮助,但这不是传统农区自身能够左右与解决的问题,因为这主要取决于国家的宏观政策与其他省份尤其是发达省份吸纳务工人员融入与落户的政策。那么,传统农区需要从哪些方面入手,通过"三化"协调实现可持续发展呢?笔者认为至少应该有以下三个方面需要注意。

(一)用"三化"协调的理念,对产业、人口、城镇等的空间布局通盘考虑、科学规划

现在传统农区经济发展中对"三化"协调重视不够,或者说认识不够、不深刻,往往是就工业讲工业,就城镇化讲城镇化、就农业现代化讲农业现代化。这种割裂地看待工业化、城镇化、农业现代化的做法,最终总会面临空间不足、无法持续发展的问题,也就是土地不够用的问题。

在占用耕地必须严格保障"占补平衡"的背景下,靠将大面积的耕地转变为建设用地的时代可以说已经过去了(虽然这在一定程度上对传统农区是不公平的,但讨价还价的余

地已经很小或者说基本上已经没有，所以只能承认现实）。从五年、十年甚至更长的时间来看，将来传统农区每一个县的工业化与城市化水平都会大幅度提高，如城市化率为50%、60%甚至更多，这必然也要求更多的产业支撑，对建设用地的需求也会不断增加。如果不是未雨绸缪，对县域范围内产业、人口、城镇等的总体布局进行通盘考虑，做出长远的规划，而是今天在这儿找块地发展工业，明天在那边找块地扩大城镇，最终必然会走向死胡同。反过来，如果从三化协调的角度，将工业化、城镇化与人口迁移作为一个有机的整体来考虑，土地制约问题就可以迎刃而解。

比如未来十年某一个县（市）城镇化率要提高15个百分点，假设这个县有100万人，那么意味着有15万农村人口要转变为城镇人口，这15万人口中的大部分（比如10万）会进入县城，那么县城就要从现在开始对将来这10万人在哪儿居住有一个清晰的规划，否则肯定是混乱不堪。除了居住以外，这10万人还要工作（当然是非农就业），那么县城及周边要有这10万人（意味着5万劳动力）的就业机会，否则就支撑不起这个城市化率。为5万劳动力提供就业机会的当然是产业，进而又涉及发展什么产业、把产业摆放在什么地方的问题，这既是一个工业发展的问题，又是一个空间问题，同样需要长远考虑与科学规划。

城镇化率提高15个百分点还有一个问题是农村人口的减少（同样按100万人的县计算农村人口要减少15万），不但大部分行政村的人口要减少，部分乡镇镇区的人口同样要减少。这 15 万农村人口的减少至少有两方面的意义。

一是农村居民点（宅基地）占地要减少，也就是说一部分农村建设用地要腾出来，可以复耕后通过占补平衡成为县城可以使用的新增建设用地指标，从而就可以解决城镇化率提高所需要的建设用地问题。农村建设用地整理的空间很大，目前户均 1 亩，保守估计可以节约出 3/4 以上用于建设用地。按照这个比例，如果能够有效统筹工业化与城镇化，也就是在工业化与城镇化推进时同步减少农业人口，确实可以在保证耕地不减少的情况下满足工业与城镇发展对建设用地的需求，甚至会反过来增加耕地。这样，建设用地供给不足的情况在县域空间内就可以有效解决。

二是大部分乡镇镇区的人口要减少。道理很简单，县城人口增加了 10 万，肯定是从各行政村与乡镇镇区转移过去的，一些没有产业基础的乡镇吸纳人口的能力十分有限，在目前的情况下其人口减少的可能性远远大于增加的可能性，也就是说没有产业基础的乡镇的人口会减少甚至在数年之后会完全消失。因此，对县域内产业、人口、城镇布局进行规划时就要考虑发展的不平衡，不能规划每个乡镇镇区都做大。但目前每个乡镇自己都是规划主体，肯定每个乡镇都要做大做强，恐怕没有哪一个乡镇做发展规划时说将来自己的镇区与人口会萎缩。但这在逻辑上是有问题的，县城要做大，每个乡镇要做大，城镇化率都要提高，哪来那么多人口呢？将来在传统农区的县域结构中，恐怕是50%以上的人口在县城，再有30%左右的人口在几个大的乡镇镇区，其他镇以及大部分农村都是要消失的。所以县域规划时一定要考虑产业与人口集聚的趋势，考虑发展的不平衡性，否则就会不可避免地造成无谓的建设、浪费，如前面提到的新型农村社区的建设，甚至也包括某些乡镇镇区的建设。

所以，工业发展、人口集中、城镇化是密切相关的问题，如果把三者紧密结合起来通盘考虑，给出长远的规划，使三者协调发展，不但有利于三者的持续推进，土地制约也可以迎刃而解。反之，如果不能通盘考虑，只是就工业谈工业、就城镇化谈城镇化、就农业谈农业，就会不可避免地陷入混乱，最后走进建设用地供应不足的死胡同。

综上，从可持续发展角度看，充分考虑经济社会发展的趋势，并结合本区域实际对产业、人口、城镇等的总体布局进行通盘考虑，进行长远规划是实现"三化"协调与可持续发展必须要做的一个基础性工作。

（二）壮大产业基础，用产业发展来支撑"三化"协调战略有效推进

产业是支撑"三化"协调发展最根本的力量：有了产业才能有收入，才有钱才能建城市，城镇化才能推进；有了产业才能有就业，有了就业人口才能向城镇转移；在非农就业与城镇化的基础上农村人口才能减少，农业经营规模才能扩

大，农业现代化才能实现。所以要把以上描述的"三化"协调发展的美好蓝图变成现实，关键是要有产业发展作为基础支撑。具体来说就是发展哪些工业、怎么发展的问题。

1. 根据本地比较优势对产业发展方向进行明确定位

目前不少县市对产业发展的方向并不是很清楚，突出表现为招商工作中"眉毛胡子一把抓""挖到篮子都是菜"，短期来看这种做法是可以理解的，但是长远来看这是不科学的，也是不成功的。

从投资者的角度来看，其投资的目的很明确，就是要赚钱，如果一个县市的条件不适合他们所投资行业的发展，或者说在他们所投资的行业没有比较优势，企业落地后就不容易生存与发展。这样，精明的投资者就不会来这里投资，即使来了由于很难赚到钱最终还会走。同样的道理，从地方经济社会发展的角度看，如果确定的产业发展方向不符合本地比较优势，产业不容易生存与发展，那么发展的速度肯定相对要慢得多，这样本地经济社会发展就达不到应有的效率与速度。

从地方政府的角度来看，如果产业发展方向很明确，各级干部在开展招商工作时自然会目的明确、有的放矢。如果在出去招商之前已经明确自己要引进哪些行业，就可以搜集国内外哪些地区有自己所引进的行业、哪些地区的先进、哪些地区的落后、哪些地区的需要转移，自己在承接方面具备什么优势，这样就可以知道自己要和哪些投资者沟通，并在知己知彼的基础上与其进行深入的交流，招商成功的可能性就会大大提高。反过来，如果产业发展方向不明确，招商工作就很难有针对性，陷入广泛撒网——到处参加各种各样的招商活动，虽然很热闹，但很难与投资者进行深入的交流，真实的收获自然有限，最终是"欲速则不达"的窘境。

所以，在本地真实比较优势基础上合理确定产业发展方向，不但有利于产业的生存与发展，增强对企业的吸引力，而且还有利于增强招商针对性、降低招商工作的难度。

那么，每个县市的比较优势是什么呢？这是需要根据每个县市的自然资源、地理位置、历史传统、人口、产业基础等具体分析的，不同的县市肯定不同。但是可能有些县市与兄弟县市相比确实找不到自己的优势，这是有可能的，此时可能有两种发展前途：一是虽然没有自己独特的优势，但本县市各种要素自身还是有差别的，依托自己最有竞争力的要素确定产业发展方向，虽然比别人慢但还是会逐步发展起来；二是走向衰落乃至消失。前文提到过，有些乡镇会消失就是因为经济发展是一个不平衡的过程，人口、产业向发展条件更好的地方集聚是一个客观规律，如果一个地方真的不具备发展条件，那么其人口与生产要素就会向相对有优势的地方转移，最后成为一个单纯农业区的可能性也是有的。其实这也不是什么坏事，因为最后这里的人口也少了，这小部分人口单纯依靠农业是可以过上幸福生活的。

2. 用"集群"与"集聚"的理念布局产业，培养集聚优势与规模效应

在明确产业方向的同时，还要明确产业的空间布局。最近我们在河南省鹤壁市进行了细致的调研，发现同类与关联产业的集聚发展对促进鹤壁工业的快速发展起到了一个非常重要的促进作用。鹤壁虽然是一个地级市，但市域及人口规模比一个规模较大的县（市）大不了多少。总体来看，鹤壁市域内自然环境多样，既有适宜耕种的优质平原，又有浅山坡地、丘陵，还有矿山与丰富的地下矿藏。基于各县区资源禀赋的差异性，鹤壁产业空间布局非常明确：平原地区的黎阳产业集聚区重点发展食品加工、纺织服装；市区内工业基础较好的金山产业集聚区重点发展金属镁深加工、电子信息与汽车零部件；位于浅山坡地的石林陶瓷产业园集中发展占地多、大进大出的建筑陶瓷；等等。这样，由于产业空间布局明确，招商引进的产业就会向既定的空间点集聚，逐步形成规模效应与集聚优势，从而吸引更多有实力的同类或相关配套企业进入，形成产业发展的良性循环。

对于传统农区大多数区域来说，同样要用"集聚"的理念布局产业，因为只有集聚才能逐步培养良好的产业发展环境与配套能力，才能逐步形成产业的区域竞争优势，产业的发展才会有持续性。反过来，如果没有产业的集聚，在某个产业只有一两个大企业，那么发展的持续性就很成问题。因为不管多大的企业，都面临较大的风险与不确定性，包括决

策风险、管理风险、市场风险等，这其中的任何一项风险都可能造成企业经营困难，甚至倒闭，所以某个产业在一个区域的持续发展只依赖一两个大企业是不行的。恐怕不少县市都有这样的经验：通过招商引进了某些行业的大个头企业，但过不了几年企业经营就会出问题，这个产业在当地也就消失了。如果不是只有一两个大企业，而是集聚了一批同类或者相互关联的企业，那么某一两个企业由于经营不善而倒闭对区域内整个产业的影响不会太大，因为它的市场份额很快会被区域内的其他企业所取代，甚至它的机器设备与员工也容易被其他企业所吸收。

产业集聚发展其实并没有想象的那么难，它与产业发展方向之间有着非常密切的关系。对于一个县（市）来说，如果产业发展方向明确了，那么产业具体的空间布局肯定也差不多了，从这个意义上说产业空间上的集聚发展与产业定位是一回事。现在传统农区每个县（市）基本上都有工业园区，这为产业集聚发展打好了基础，实际上关键问题还是产业定位，要把这个定位坚持好。

3. "定点""坐地"，科学招商

目前对于传统农区的多数县（市）来说，工业发展的内生力量还是比较弱的，加快发展还是要靠招商引资、承接发达地区的产业转移。所以，在产业定位明确、空间布局明确之后，如何采取切实有效的办法，把企业引进来、投资者招过来是最为关键的问题。现在看来比较成熟的经验是"定

点""坐地"。

"定点"招商是指要确定招商工作要在哪个区域展开。如前所述,如果一个县(市)明确了要引进哪些产业、引进后要放在哪里,那么在出去招商之前就可以搜集国内外哪些地区有自己所要引进的行业,哪些地区的先进,哪些地区的落后,哪些地区的需要转移,这样就可以大致锁定招商工作要在哪些区域展开,而不是漫无目的地到处招商,也不是到处参加跟自己目标产业无关的招商活动。

"坐地"招商是指在"定点"之后把招商作为一个延续性的工作与长期性工作来经营,避免招商工作成为"一锤子"买卖而最终流于形式。企业异地投资是一个复杂的过程,需要时间,更需要双方的深入了解。通过在"定点"地设置常驻机构与人员即"坐地",与有投资意向的企业进行不间断的沟通,企业的想法、企业的顾虑与需求,甚至通过长期的交往(有的一两年,长的可能达到三年)与有投资意向的企业家做朋友,让企业家对在本县(市)投资的优势与可能面临的困难与问题均有较为充分的了解。在持续交往基础上建立的了解与信任,不但能够吸引投资者投资,而且更有利于企业落地后的发展,可以最大限度地实现外来投资者盈利与本地经济发展的双赢。

(三) 按照工业化城镇化同步推进的原则,创造条件让实现非农就业的农民工及其家庭进城安家落户

前文提到,过去30多年我国"三化"不协调最重要的

原因是户籍及相关制度造成农民工的就业空间与家庭永久居住空间分离，造成城镇化滞后于工业化。那么我们现在要实现"三化"协调发展，就要解决非农就业农民工就业空间与家庭永久居住空间分离的问题，而且在县域范围内这一问题已经具备了解决的条件。

1. 什么样的农民进城

实现非农就业的农民进城，这也是工业化与城镇化协调发展的应有之义，也是三化协调发展的重要内容。那么，实现了非农就业，农民工有没有能力进城呢？现在看来已经有了条件，一个突出的证据是县城的房地产开始发展了，而且势头良好，有不少农民工已经开始在县城买房了。我们可以算一笔账，目前用工紧张的局面在传统农区也比较普遍了，工资上升的趋势也已经比较明显，大部分县城的工资超过2000元。一家三口若有两个劳动力，一个月4000元，县城生活成本低，一家人一个月开销按1500元计算，每个月有2500元的净收入，年收入30000元，而县城的房价大概是3000元，80平方米总计是240000元，首付30%是72000元，三年的收入基本上就可以付得起首付款。目前农村自己在家建一处住房也要20万元左右。所以，实现非农就业的农民工在县城安家落户的能力应该是有的。

2. 农民进城要解决哪些问题

（1）户籍与社会保障问题

农村户口转为城镇户口本身没有什么障碍，传统农区各省的相关政策早就做出了明确的规定。以河南省为例，《中共河南省委河南省人民政府关于加快城镇化进程的决定》《中共河南省委河南省人民政府关于进一步促进全省城镇化快速发展的若干意见》《河南省城镇化十一五规划》等文件均明确规定在全省实行以实际居住地登记户口的政策。在城镇只要有合法固定的住所，并在此居住的居民，均可根据个人意愿在居住地登记为城镇居民户口，享受当地城镇居民的同等待遇。但这些政策没有真正落到实处，原因是地方政府担心为转户进城农民提供与城镇居民相同的社会保障会增加财政负担。笔者调研发现，这种看法是想当然的。城镇居民享受的养老、医疗、工伤、失业、生育五大社会保障中，除医保外，养老、工伤、失业、生育其他四个保障，城镇职工是职工与企业负担保费享受保险相关待遇，城镇居民是自己缴费享受保险待遇，地方政府不需要负担。只有医保政府要出资，但地方政府新农合出资比例比城镇居民更高，所以这些方面不会增加地方政府的负担。一个可能要政府出钱的方面是低保，农村保障标准低并且没有做到应保尽保，城市保障标准高并且要求做到应保尽保，但是如果规定在城镇有稳定工作（也就是实现非农就业）的农民能够进城的话，那么也不一定会增加政府负担，因为有稳定工作的人一般不应该是低保对象。

（2）承包地与宅基地的处理问题

在农民进城落户享受城镇居民同等权利的同时，保留其在农村的土地承包经营权。土地承包经营权如何处理是影响农民进城最为关键的因素。土地承包经营权是历史形成的，是农民的固有权利。过去，城镇居民享有的权利远远多于农村居民，为此农民为中国工业化与城镇化做出了较大的牺牲，拥有土地承包经营权是对其牺牲的一种补偿。随着改革的不断深入，现在农民进城所享受的城镇居民权利在含金量上与过去已经有很大不同，而且大都是自己掏钱买的，基本不需要政府财力的支持，所以没有理由在农民进城后把其土地经营权收回。退一步讲，即使将进城农民的土地承包经营权收回，收回后交给谁经营也是一个复杂的问题，也不一定能处理好，因此完全没有必要在农民转户进城后将其土地经营权收回。也就是说，收回转户进城农民的土地经营权只是想当然而已，实际操作起来可能比不收回更难，所以既不合理也没有必要。反过来，如果在农民进城落户后保留其在农村的土地承包经营权，那么农民就没有了后顾之忧，土地承包经营权就不会成为农民进城的障碍。而且，一旦农民进入城市定居，自己耕种的成本会增加，他们自己就会想办法将其流转出去。土地流转虽然会造成农业收益减少一部分，但从农民土地上彻底脱离出来后也能够增加务工收入。

宅基地是比土地承包经营权更重要的一个问题，因为在占用耕地必须"占补平衡"的条件下，属于建设用地性质的农村宅基地是工业与城镇建设用地指标的最主要的来源，升值空间较大，如果与农民进城落户挂钩，农民可能就不愿进城了。这时，要与农民进城落户分开处理，对其宅基地进行确权，并建立一个能够变现的渠道，让农民能够将之交易，帮助他们更好地融入城市。

所以，在促进农民转户进城的过程中只有把宅基地与承包地与农民进城落户分开处理、不挂钩，才能更好地吸引农民进城落户。

（四）在工业化城镇化推进的过程中适度提高农业经营规模、改善农业生产组织形式，稳步推进农业现代化

目前，制约中国的农业现代化尤其是制约传统农区农业现代化的关键因素是经营规模，而农业经营规模是由农村的人地关系决定的。如果农村与农业人口仍很多，那么经营规模就不可能太大，因为农业是一个规模收益不明显的行业，也就是说经营规模的扩大不会对农业产出的增加产生显著影响。比如：当1亩地由一个农户单独经营时，单产是1000斤小麦、1200斤玉米；当这1亩地由一个经营100亩的规模经营者来经营时，单产仍是1000斤小麦、1200斤玉米，即使有增加也不会太大。在这样的情况下，农村土地流转就会面临一些困难：由于耕地是承包到每一个农户家庭的，他们对耕地有完全的收益权，在他们自己经营才可以每亩收获1000斤小麦、1200斤玉米的情况下，只有放弃经营才可以得到高于1000斤小麦、1200斤玉米的收入，他们才会将土地流转

出去。按照这样的逻辑，农户把他们所经营的土地流转出去的情况有以下四种。

一是有人愿意提供比 1000 斤小麦、1200 斤玉米更高的价格。这对于拿到土地仍然用于种植粮食作物的规模经营者没有吸引力（因为没有钱赚），对于种植经济作物的规模经营者可能会有吸引力，但目前我国耕地中的绝大部分是要用于种植粮食作物的，用于种植经济作物的比例不可能太高，所以种植经济作物的规模经营行为没有普遍意义。

二是农户家里没有能够种地的劳动力时，他们会把土地以低于 1000 斤小麦、1200 斤玉米的价格流转给别的经营者，具体分成比例取决于双方的讨价还价。那么就传统农区来说，哪些农户家里没有能够种地的劳动力呢？目前的实际情况是由于机械化水平的大幅度提高，平原地区农业生产的劳动强度大大降低，劳动时间也大大缩短，只要家里还有具备一定劳动能力的妇女或老人，就可以把地种好，所以那些青壮年劳动力外出务工，但家里还有具备一定劳动能力的妇女或老人的家庭不符合条件，真正符合条件的只有那些完全没有劳动力的孤寡家庭。

三是农户家里还有劳动力，但这些劳动力在本地实现了非农就业，将种地所需时间投入非农工作能够得到更多收益。这样的农户也会把土地以低于 1000 斤小麦、1200 斤玉米的价格流转给别的经营者，具体分成比例同样取决于双方的讨价还价。

四是已经全家迁出农村的家庭。如果他们回家种地需要付出的交通与误工成本高于种地收入，那么他们也会把土地以低于1000斤小麦、1200斤玉米的价格流转给别的经营主体，具体分成比例也取决于双方的讨价还价。

综上：第一种情况（土地流转后用于种植经济作物）的比例不能太高，不是发展方向；第二种情况（孤寡家庭）所占的比例不可能太高，不具有实质意义；第三种情况（本地非农就业）现在所占比例不高，将来比例能否提高取决于本地工业化与城镇化的发展水平，这是一个发展方向；第四种情况（已经全家迁出农村的家庭）现在所占比例也不高，将来比例能否提高取决于在外务工的劳动力及其家庭能不能彻底迁入城市，根据以上分析这也应该是一个发展方向。所以，农村土地流转规模能不能扩大、农业经营规模能不能提高，包括最终农业现代化能够发展到什么水平，实际上取决于工业化与城镇化的发展能够将多少农业与农村人口彻底迁入城镇，这也决定了传统农区只能随着工业化与城镇化的推进适度提高农业经营规模、改善农业生产组织形式，稳步推进农业现代化。

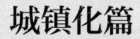

城镇化篇

第四章　传统农区新型城镇化的
路径选择

　　中国先行发展地区城镇化推进过程中出现了半城市化、耕地减少与城市空间无序无限扩展等典型问题，不利于城镇化的持续推进与健康发展。传统农区不能重走传统城镇化的老路。面对农耕文化深厚、土地与环境压力趋紧等现实约束，传统农区应通过科学规划城镇体系、不断完善城镇功能来提高城市承载力，通过制度设计构建农民进城顺畅渠道，走出一条人口工业化与人口城镇化紧密结合的新型城镇化道路。

一　先发区域城镇化推进过程中出现的
典型问题及其成因

　　改革开放以来我国城镇化取得了巨大的进步，城镇化率从 1979 年的 19% 提高至 2016 年的 57%，年均增长率超过 1%。但从区域视角来看，中国城镇化发展成果更多地体现在东部发达地区与中西部地区大城市等先行发展地区，其他区域的发展相对缓慢。就先行发展地区而言，受指导思想、发展理念、户籍制度等方面的限制，其城镇化推进过程中出现了一些典型问题。

（一）半城镇化现象突出，农民工及其家庭的生活方式没有与生产方式同步转变

半城镇化，就是农村人口虽然进了城市但并没有完全成为城市居民（市民）的现象。一般说来，农村剩余劳动力转移出来，进入城镇有两种模式：第一种模式是农民工通过自我改变适应城市，第二种模式是农村人在城市中重建乡村社会的生活环境和文化模式。我国当前的半城镇化突出地表现为农民工既不能完全从农村和农业中退出，也不能完全融入城市。

我国先行发展地区城镇化过程中农民工进城受到传统制度的约束。一是户籍制度约束。进城农民不能自动或自愿取得城市户籍，人进城了，身份还是农民。二是社保制度约束。进城农民不能自动或自愿享受城市社会保障方式。人进城了，医保、养老、低保等均与城市原居民不同，进城农民成为城市中的另外一个人群。此外，就业方面，在先行发展地区务工的农民工大都集中于不稳定部门就业，进入正规部门取得稳定工作的进程十分缓慢。农民工往往集中于脏、累、险、重、苦、差的非正规部门，与城市居民形成就业互补。在劳

动力市场分割的情况下，非正规部门由于工作岗位激烈的竞争和缺乏相关法律的保护，就业往往不稳定，并且难以培养正规部门所形成的职业技能、职业道德、职业精神。在农民工待遇问题上，农民工承受着"同工不同酬""同工不同时""同工不同权"的不公待遇。一方面表现为城市"取而不予"，农民工没有享受到城市居民所享有的子女教育、医疗卫生、计划生育、社会救助等公共服务；另一方面，企业"用而不养"，农民工在劳保、工资、社保、福利、培训以及劳动力市场信息服务等方面受到亏待。

由于上述原因，在先行发展地区务工的农民工虽然实现了职业的转变，但面对城市高昂的生活成本，他们往往选择单独外出，造成农村家庭分离、夫妻分居和老者、儿童留守，农民工及其家庭的居住与生活方式没有随着其生产方式的转变而相应转变。

经过30多年的发展，农民工阶层内部也开始出现分化，出现新生代农民工与老一代农民工两个差异较大的群体。老一代农民工在发展过程中面临素质的退化，有所谓农民工"40岁现象"。他们接受的正规化教育程度比较低，而且在就业过程中企业往往压低雇用成本，极少对他们进行在职培训，导致人力资本的积累极其缓慢。因此，除了体力之外他们就没有任何其他资本可以交换。随着年龄的增加，老一代农民工"青春红利"逐渐折耗，素质不断退化，不得不"20定出山，40必收山"。不同于他们的父辈，新生代农民工是改革开放后出生的，年龄一般在 30 岁以下。新生代农民工群体是"回不去农村，融不进城市"的农民工，他们大多名下没有承包地、没有务农经历，也不再适应农村生活。他们在城市介于"生存者"与"生活者"之间，流动动机在很大程度上已由谋求生存向更高的追求平等和追求现代生活方式转变。由于接受了正规的义务教育、高中教育或者中等职业教育，新生代农民工素质相对较高，也更贴近城市的生活方式和思维方式。所以，老一代农民工仍然是典型的传统农民的思维方式，融入城市的愿望并不强烈；新生代农民工的思想观念已经远离土地和农业生产且更贴近城市的生活方式和思维方式，对城市表现较多的认同感，融入城市的愿望非常强烈。

（二）工业化城镇化集约节约使用土地的作用没有体现，在工业化城镇化快速推进过程中耕地大量减少

与传统农业社会的生产与生活方式相比，工业化与城镇化是更集约节约使用土地的生产与生活方式，但现实恰恰相反，我国工业化城镇化的快速推进并没有实现集约节约使用土地，反而是耕地面积不断减少，耕地保护的压力越来越大。

造成上述局面的原因是农民工的半城市化。全国 2.6 亿农民工绝大多数在东部发达地区与中西部地区大城市等先行发展地区务工，但他们中的绝大多数没有实现市民化，而是具有典型的两栖身份：他们个人全年大部分时间在先行发展

地区的城镇就业、居住与生活，但是他们的家还在农村，家庭其他人口还生活在农村。一方面农民工在城市就业、居住和生活，虽然他们中的绝大部分在城市租房或者住集体宿舍，人均居住用地较少，但是他们中的每一个人在城市生产与生活时都会或多或少地增加城市建设用地；另一方面，他们家庭其他人口还生活在农村，尤其是他们在农村的住宅还在，所以在农村所占的建设用地一点也没有减少。农民工的两栖身份造成其在城市与农村双重占地，结果是工业化城镇化集约节约使用土地的作用无法体现，在工业化城镇化快速推进过程中耕地大量减少。

（三）自发集聚的城镇化道路造成城市无序发展，城市形态及功能没有与城市规模同步发展与完善

改革开放初期先行发展地区尤其是珠三角地区城镇化具有典型的自发集聚特征，工厂建在哪里，城市就建到哪里，由于缺乏系统规划，虽然土地城市率很高，但城市综合水平低下、功能很不完善。珠三角地区自发聚集的城镇化过程能够发生，是由于劳动力和资本（物质资本和货币资本）这两种要素的空间流动已经自由化，流动增值被劳动者和资本所有者所认识，流动和聚集成为基本趋势。在改革开放政策的引导下，资本和劳动力这两种要素向先行发展地区集聚，聚集的结果是这些区域的乡村变成了城市。但这样的城市完全是劳动力及资本要素在空间上自发聚集形成的，而不是在规

划引导下有序聚集的结果。聚集没有受到系统的规划引导，是因为在集聚的过程中一个要素即土地的计划使用方式没有变，要实现规划聚集，就要层层审批规划，尤其是层层审批土地利用方式的改变时间成本太高，不能满足工业化城镇化快速发展的需要。由于资本和劳动力聚集需求强度大，意向聚集空间的土地升值幅度大，这些土地掌控者利益变现的诱惑大，在当时中央层面土地监控政策相对宽松的背景下聚集欲望强烈的资本所有者和利益诱惑较大的土地使用权掌控者之间就容易达成转变土地使用权、改变土地用途的交易。但这种转变不属于"阳光"操作，而是村级单位通过各种"迂回"措施绕过现行政策进行的小规模操作，无法在镇、县、市等更大的行政区域内统一进行、统一规划，从而造成了自发聚集现象。

当然，珠三角地区自发集聚的城镇化道路之所以能够发生也得益于当时特殊的经济社会发展环境与政策背景。一是改革开放初期整个国家面临的主要问题是快速发展工业，通过快速工业化提高生产能力和经济总量，耕地保护的意识和紧迫性不强。所以当时的政策更容易被局部地区快速发展的态势所激励，在自发聚集所带来的土地使用浪费和土地使用方式转换引出的问题尚未对整个经济社会结构格局造成明显的负面影响时，对基层的违规行为"高抬贵手"，甚至视而不见。二是先发地区发展速度快、违规成本低。珠三角等率先走上工业化的地区，基层政府受到快速发展愿望的强烈驱使，来不及考虑资本究竟在哪里落脚聚集更优，也等不及层层审批的漫漫征程，所以，干脆纵容甚至是推动在现有制度框架下低成本土地使用权及使用方向转换方式下的自发聚集过程，从而在短时间内快速实现要素聚集，并带来迅速增长的利益和显著的政绩。三是各级管理者尤其是基层管理者对城镇化规律和发展趋势的认识水平及驾驭能力有限，可能不懂得规划发展的意义和价值，也就没有规划发展的紧迫性和自觉性，同时实现就地城镇化的城镇居民当时对高水平、高质量的公共服务体系需求尚不强烈。

正是基于上述原因，我国先行发展地区尤其是珠三角地区的城镇化呈现一高一低的特征："一高"是土地城市化率很高，如深圳、东莞等地基本上已经没有耕地，区域内土地都建成了城市与工业区；"一低"是城市水平低，除了中心城区以外的大部分村镇及工业区的城市建设水平并不高，功能也不完善，成为"脏乱差"的城中村，甚至成为"黄赌毒"的温床。这样的城市形态显然不利于人民群众享受现代城市文明的生活方式，但要通过拆迁改造提高完善此类城镇的功能又必须付出非常高昂的代价。

二　传统农区城镇化面临的现实约束

（一）农耕文化深厚

传统农区"居天下之中"，是华夏文明和中华民族的发源地。由于气候温和、地势平坦、土地肥沃，千百年来中华民族的先祖们一直在传统农区这片辽阔的大地上繁衍、耕种，积淀了深厚的农耕文化，使传统农区成为全国农业与乡村文明积淀最为深厚的区域，也促成了传统农区在传统农业时代的优势地位，为传统农区经济社会发展打上了深深的"农"字烙印。但工业文明与城市文明是现代文明的标志，工业化与城镇化是传统农区实现现代化的必由之路。深厚的农耕文化使传统农区经济社会发展在"农"字方面产生了一定程度的思维定式与路径依赖，增加了传统农区通过城镇化改造传统农业社会的难度与复杂性，使如何科学、有序地摆脱传统农耕思维的羁绊成为传统农区在制定城镇化发展战略时必须研究与解决的重要课题。

（二）土地约束趋紧

与先发地区经济"起飞"时相比，当前传统农区发展面临的土地政策约束强度倍增。随着耕地面积不断减少，中央把保障国家粮食安全看得很重，规定了18亿亩耕地红线及相应的"占补平衡"政策，并用现代化的技术手段严格监控，形成一条名副其实的"高压线"。在这样的背景下，传统农区建设用地约束非常紧，建设用地指标成为其发展的重大瓶颈，不仅需要集约地使用土地，更重要的是通过城乡建设用地增减挂钩来挖掘潜力。

（三）环境压力加大

一方面，改革开放以来的粗放发展使我国自然生态环境急剧恶化，影响了生产，更严重的是影响了人民群众的生活，尤其是水源污染与空气质量下降已经威胁到广大居民的生活质量乃至生命安全。另一方面，全球气候变暖等方面的压力使得减少碳排放成为世界性话题，中国的减少碳排放方面肩负着相应的责任。所以，国家国内总体发展环境的变化、公众环保意识的增加以及提高人民群众生活质量的发展目标均使得传统农区在经济社会发展中必须更加注重环境保护，不能重走以牺牲生态与环境为代价的老路。

三　传统农区新型城镇化的路径选择

农耕文化积淀深、土地约束趋紧、环境压力加大等现实约束条件决定了城镇化成为传统农区破解发展障碍的因素。只有通过加快城镇化进程，才能更好地用现代城市理念破解农耕与乡村文化传统，为现代化开辟道路；只有通过加快城镇化进程，促进农业转移人口市民化，实现工业化与城镇化的协调发展，才能破解土地约束趋紧、环境压力加大的难题。所以，历史与现实决定了传统农区必须积极探索一条新型城镇化道路，不能重走先行发展地区所走的传统城镇化道路。

笔者认为，传统农区新型城镇化路径选择中最为关键的问题是如何把人口的工业化与人口的城镇化紧密结合起来，实现全面城镇化。要做到人口的工业化与人口的城镇化紧密结合，必须解决两个方面的关键问题：一是要提高城市的承载能力，使城市能够为进城农民提供足够的居住空间、生活空间，能够为城市化人口提供相应的公共服务；二是农民要有进城的顺畅渠道，既愿意进城又能够进城。

（一）提高城市承载能力

1. 根据人口流动与迁移的规律，科学规划城镇体系

通过科学规划城镇体系，为进城农民提供居住与生活空间是城市承载能力的核心内容，而科学规划城镇体系的关键是了解人口流动与迁移的规律、顺应人口流动与迁移的规律。决定人口流动与迁移方向的主要因素是就业与发展的机会，所以规划城镇体系时要根据农民的就业地点规划其居住生活空间。以河南为例，目前河南有 2600 万农民工，一个农民工往往代表一个家庭（个别家庭有 2 个以上的农民工），所以保守估计河南至少有 2000 万个农村家庭的就业方式已经实现了非农化，也就是说农村绝大多数家庭已经程度较深地卷入了工业化浪潮。我们常说农村的"3859"现象，也说明农村绝大多数劳动力都已经实现了非农就业，但是他们的就业地点在哪里呢？据国家统计局发布的《2016 年农民工监测报告》，2016 年在中部地区就业的农民工有 70% 以上是在县级以上城市就业。所以，实际上绝大多数农村青壮年劳动力均已实现非农就业，只是他们的就业地点大多是在县级以上城镇。更重要的是，在开放程度越来越高、市场竞争日趋激烈、

产业的技术门槛与规模门槛越来越高的今天，产业向县级以上城镇集聚是一个基本规律，与之相对应，就业人口也会随着产业的集聚向县级以上城镇集聚，这就是人口流动与迁移的基本规律。因此应当顺应人口与流动迁移的趋势与方向，科学规划城镇体系，不能片面强调就地城镇化。相反，县级以上城镇才是人口集聚的方向，这样才有利于提高城镇化的水平和质量，提升传统农区的综合竞争力。

2. 提高和完善城市的功能

在科学规划城镇体系的同时，还要努力提高和完善城市功能。目前，传统农区各级城镇，包括省会城市，城市功能还很不完善，交通体系、污水处理、生态体系甚至水电气暖等基础设施，以及教育、医疗等公共服务体系，还满足不了现有城市人口的需要，更谈不上满足新增城市人口的需要，所以各级城市在基础设施与公共服务体系方面的投资缺口很大。而且，很多城市基础设施与公共服务方面的项目是有盈利空间的，民间资本具有强烈的投资意愿，只是因为存在进入障碍而投不了，此外财政投资心有余而力不足，所以需要进一步加大开放力度。客观来看，城市基础设施和公共服务体系的投资，既是民生项目又是扩大投资需求，乃至促进经济增长的重要潜力之所在。

（二）构建农民进城的顺畅渠道

目前，农民进城的渠道还不畅通，主要是农民不愿放弃在农村的权利。根据河南省公安厅的调研报告，截至 2016 年底河南省户籍城镇化率只有 30% 左右，比按常住人口统计的城镇化率低了差不多 15 个百分点，2001～2010 年河南农转非的总量只有 700 万（平均每年只有 70 万），其中郑州市农转非人口中有很大一部分是为了解决孩子的入学问题。此外，很多农村籍的大学生开始不愿把户籍转到学校所在地，甚至有不少已经将户籍转出的大学生重新把户口转回农村。上述数字和现象告诉我们现在越来越多的人不愿放弃农村户籍，究其原因是农村户籍的含金量高于城镇户籍，也就是说转为城市户籍所得到的少于放弃农村户籍所失去的。

通常所说的农民进城无法享受城市居民的各种社会保障的说法越来越站不住脚。目前城镇人口的社会保障分两类：一类是城镇职工的社会保障，有养老、失业、医疗、工伤、生育五大项，参保方式是用人单位与合同就业人员各缴纳一部分，参保对象是在各类企事业单位就业的人员。也就是说，只要在城镇各种企事业单位工作，并签订正规的劳动合同，不论是否有城镇户籍均可以参保。另一类是城镇居民社会保障，包括城镇居民合作医疗与城镇居民养老保险两项，针对的是城镇无业人员。与农村居民新型合作医疗和农村居民养老保险相比，城镇居民合作医疗与城镇居民养老保险并无优势。所以从基本社会保障来看，城镇户籍并无优势，相反，农村户籍人员有粮食直补、良种补贴等各种补助，城镇居民却没有，所以农村户籍的含金量已经高于小城镇乃至中小城市，再加上城镇职工的社会保障与户籍无关，所以不少已全家迁入城镇，并能在城镇安家乐业的农业户籍人口也倾向于不将户籍转入城市。

影响农村居民农转非的另一个关键因素是农村居民拥有的承包地与宅基地。承包地收入虽然不多，但也是一笔稳定的收入。更为重要的是宅基地，在"占补平衡"这一耕地保护政策下，农村建设用地成为城市建设用地的主要来源，其升值的空间也越来越大，如果不能有稳定的变现渠道，农民将越来越不愿意放弃农村户籍，在农村与城市双重占地的现象可能越来越普遍，非常不利于人口城镇化的推进。目前，国家政策开始倾向于让农民带着利益进城，就是在保留农村承包地与宅基地权利的同时使农民获得城市户籍与相关权利，这一政策指向是非常正确的，因为城镇化不应剥夺农民已有的权利，而是应让农民分享经济社会发展成果，分享工业化城镇化发展成果。在这样的政策背景下，传统农区应该尽快对农民的承包地与宅基地权利进行确权，并构建其流通变现的合理渠道，让农民能够获得合理的土地增值收益，增加其放弃农村户籍的动力，这样新型城镇化目标才能顺利实现。

第五章　传统农区城镇化过程中的
人口空间演化

　　城镇化的核心是人口城镇化。从经济学的视角看，城市规划、建设、管理的核心目标应是用尽可能少的土地、资金要素投入，使在其中生产生活的人群能够以合理成本获得尽可能多、尽可能好的基础设施、公共服务及其他生产生活服务。城市空间范围及相应的基础设施和公共服务建设如果超出可能的人口规模就会造成浪费且难以维持，如果低于人口规模就会供应紧张并造成混乱。因此，根据人口流动规律和迁移趋势对未来（城镇化趋于完成、城市人口达到稳态时）城乡人口格局给予合理判断，是城镇化科学推进的基础性条件。对一个快速发展的区域来说，对各层级城市未来人口格局的合理判断是城镇体系规划的前提和基础；对每一个具体城市来说，对未来人口规模的合理判断是城市规划、建设的前提和基础。本章将以河南省为例，根据统计数据和实地调研情况对传统农区各级城市人口演化历程及其原因进行分析，并在此基础上结合当前经济社会及城镇化演进态势，对传统农区各层级城市人口格局进行战略判断，为城镇化科学推进提供参考。

一　河南各级城市城区人口演化进程及原因分析

（一）2002 年之后郑州市、地级市、县级城市均进入城区人口快速增长期，但增速发生分化

1. 2002 年以后县级城市城区人口进入快速增长期

2002 年以前河南县级城市城区人口增长缓慢，2002 年左右进入快速增长期（其中 1999 年、2000 年、2005 年等年份的数据缺失，但不影响对演进趋势的总体判断）。1990～2002 年县级城市城区人口从 452 万增长至 670 万，年均增长只有约 18.2 万，每年县均增长只有 1750 人；2002～2013 年县级城市城区人口从 670 万增长至 1784 万，年均增长约 101.3 万，每年县均增长达到 9557 人，是 1990～2002 年均增速的 5.6 倍，见图 5－1。

笔者对平舆、固始、长垣等县的实地调研也印证了上述判断。2004～2014 年上述三个县级城市城区人口均有 2 倍以上的扩张，其中平舆县城区常住人口从 7.5 万增长至 24 万，固始县城区常住人口从 18.8 万增长至 40 万，长垣县城区常住人口从 13 万增长至 33.8 万。

2. 2002 年以后地级城市城区人口增长也明显加快，但其增速远低于县级城市

与县级城市相似，2002 年以后地级城市城区常住人口增速也明显加快，但其增长速度远低于县级城市。纵向看，1991 ~ 2002 年，17 个地级城市城区常住人口从 488 万增长至 841 万，年均增长约 32.1 万；2002 ~ 2013 年 17 地市城区常住人口从 841 万增长至 1293 万，年均增长约 41.1 万，增速明显加快。横向看，2002 ~ 2013 年 17 地市城区常住人口增长了约 53.7%，而同期县级城市城区人口增长了约 165.9%，地级城市城区人口增速远低于县级城市（详见图 5 - 1）。

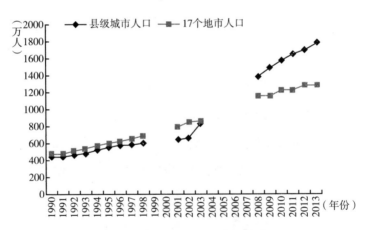

图 5 - 1　1990 ~ 2013 年部分年份县级城市与 17 地市
城区常住人口增长趋势

3. 2002 年以来郑州市城区人口增长速度远高于地级城市，略高于县级城市

作为河南省独一无二的中心城市，郑州市城区人口增长速度最快。2002～2013年郑州市城区常住人口从228万增长至617万，增长了约170.6%，远高于同期地级城市城区常住人口53.1%的增幅，也略高于县级城市城区常住人口165.9%的增幅。

综上，2002年以后郑州市、地级城市、县级城市均进入了一个城区人口快速增长期，但三者的增速发生了分化，郑州市、县级城市城区常住人口增速远高于地级城市，郑州市又略高于县级城市。

（二）2002年以后郑州市、地级市、县级城市人口快速增长且增速分化的原因

1. 本地工业发展及产生的就业岗位对县级城市城区人口增长有一定推动作用，但不足以支撑目前的城市规模

（1）2002年以来县域工业发展速度较快，但本地工业产生的就业有限，不足以支撑目前县级城市的规模

2002年以来尤其是2008年产业聚集区建设以来河南县域工业快速发展。但从调研的平舆县、固始县来看，县域制造业产生的就业岗位为2万～3万个，不足以支撑县城城区30万常住人口的规模。即使长垣县这样河南省制造业较为发达的县，制造业创造的就业岗位也不超过4万个，而目前长垣县城区常住人口为33.8万人，按劳动力占常住人口一半计算是16.9万劳动力，理论上需要16.9万个就业岗位，所以本地工业和相关就业远不足以支撑长垣县的城市规模。

总体来看，目前河南省106个县级城市城区平均人口规模为

16.5 万人，理论上需要 8.25 万个就业岗位，而目前河南各县制造业创造的就业岗位是 3 万个左右，所以整体来看河南县级城市本地工业及相关就业不足以支撑其目前的城区人口规模。

（2）近年来招商引进的外来企业根植性不强，县域产业"客卿经济"特征明显，对城镇化的支撑力度较弱

除了产业和就业规模不足以外，河南县级城市现状中制造业多属于近几年招商引进的外来企业，具有典型的"客卿经济"特征，本地根植性不强，员工缺乏归属性、流动性大，对城镇化的支撑力较弱。笔者在新郑调研的两家企业白象方便面和达利食品形成鲜明对比：从经营状况看达利食品比白象方便面要好得多，但是达利食品是 2011 年引进的福建企业，员工流动性很大，在本地购房置业、安家落户的极少；而白象方便面是本地成长起来的企业，已有十几年的发展历程，已经深度融入当地社会，其员工在本地购房置业、安家落户的比例要比达利食品高得多。县域对比来看，长垣县城镇化水平之所以相对较高也是因为其本地制造业发展较好，对城镇化支撑力强。

综上，虽然本地工业发展及产生的就业对河南县级城市城区人口增长有一定推动作用，但由于本地制造业创造的就业岗位有限，而且缺乏本地根植性的外来企业比重较大，对城镇化支撑力度较弱，制造业及相关就业不足以支撑当前县级城市城区人口规模，不是推动县级城市城区人口增长的主要力量。

2. 公务员队伍（包括教师）是支撑县级城市城区人口增长的重要力量

县城是县域政治中心，长期以来县域城市功能与公共服务是围绕县城这一政治中心配置的。2002 年以来，县级城市城区常住人口快速增长的过程也是县域经济社会现代化转型的过程，随着城区人口增加、城市功能与公共服务提升，从事城市管理与公共服务的公务员队伍（包括教师）快速扩大，目前河南省中等人口的县一般拥有 1 万余名公务员队伍和 2 万名左右的教师队伍。其中县直部门公务员队伍绝大多数驻在县城，乡镇公务员在县城居住的比例逐步提高，且随着教育资源向城区集中，教师在城区居住的比例也在逐步提高。并且，与一般务工人员不同，公务员与教师个人素质相对较高，就业与收入相对稳定，在本地县城城镇化的意愿和能力均比较强。所以，公务员队伍（包括教师）是县级城市城区人口膨胀的重要支撑力量。

3. 人口外流积累的财富效应是县级城市城区人口快速增长的主要推动力

河南属于传统农区，现代化的真正起点不是本地产业的发展，而是人口外流。大量劳动力外出务工，其中一部分人经过奋斗，积累了可观的财富，熟悉、眷恋的故乡县城是其财富配置、投资的重要选择，这些人成为县城膨胀过程中重要的投资者、购房者。更多的外出务工人员，不一定积累了很多财富，但其收入较务农有大幅度提高，尤其是近年来农民工工资大幅增长，在其收入尚不足以帮助其融入务工城市的情况下，家乡县城是其购房、家人城镇化的过渡性选择甚至是第一选择。最初可能是送孩子到县城上学分享优质教育资源，以推动县城常住人口增长。随着县城常住人口增长、医疗和优质商业发展、居住环境改善，县城购房成为时尚，县城迎来了房地产发展热潮。随着房价上涨、土地升值，土地出让金和地方财政快速增长，基础设施和公共服务投入进一步增加，导致房产和土地进一步增值，形成房地产和城市建设共进的循环，推动县城人口规模、空间规模迅速膨胀。

笔者所调研几个县的具体情况也证明了务工收入提高后，县域人口对优质教育、医疗、商业居住环境等公共服务的需求是县城迅速膨胀的重要因素。固始、平舆、长垣三县均是劳动力输出大县，一部分外流人口经过多年闯荡积累了可观的财富是三县的共同特征，所以回家乡投资置业人数较多，从而推动县城房地产发展、城市空间快速扩张、城市常住人口快速增长。教育方面，平舆县城在校生总数已经为县域在校生人数的一半以上，固始县、长垣县也在40%以上，进城就读的学生连同陪读人员构成县城人口的重要部分，并由此引发对县城商品房的需求，形成对县城人口增长的稳定支撑。

综上，河南绝大多数县级城市（典型的资源型县城除外）城区人口增长不仅是本地工业化的产物，而且是中国工业化与现代化整体推进的结果。中国工业化与现代化的深度推进将河南传统农区绝大多数劳动力卷入了工业化浪潮，外流人口收入水平提高所积累财富效应的释放成为县级城市城区人口快速增长的最主要推动力。

4. 人口外流所积累财富效应的释放也是河南地级城市城区人口增长相对较慢及郑州市城区人口增长较快的主要原因

如前所述，2002年以后郑州市、地级城市、县级城市均进入了一个城区人口快速增长期，但郑州市、县级城市城区人口增速远远高于地级城市，其中郑州市增速又略高于县级城市。人口外流所积累的财富效应的释放同样可以解释上述增速差异。

地级城市城区人口之所以增长较慢，主要是因为河南外流人口一般对家乡县城具有强烈的归属感且与家乡地级城市联系较少，其投资创业、购买房产要么选择家乡县城，要么选择省会郑州，选择地级城市的比例较少。由于外流人口贡献较小，本地产业、本地就业是支撑地级城市城区人口增长的主要因素，但河南多数地级城市制造业优势并不特别突出，所以，2002年以后地级城市城区常住人口增长速度反而低于县级城市。

郑州市城区常住人口增长态势则与地级城市完全不同。郑州是河南的政治、经济、文化中心，是全省人口集聚地，各县外流人口虽大部分选择在本地县城投资创业、购买房产，但也有一部分（而且这部分人口能力较强）会选择郑州，虽然各县外流人口选择郑州的比例不是很高，但全省积累起来就是一个庞大的数字。所以，全省人口外流所积累的财富效应的释放对郑州城区常住人口的增长作用最大，故在 2002 年以后的全省城市人口快速增长期郑州市城区常住人口增速最快。

所以，不仅河南县级城市城区常住人口快速增长是中国工业化与现代化整体推进的结果，郑州市、地级市的快速发展同样受中国工业化与现代化深度推进的影响。作为人口大省、劳务输出大省，中国工业化与现代化的深度推进将河南绝大多数劳动力卷入了工业化浪潮，外流人口收入水平提高产生的财富积累效应的释放强力支撑河南城镇化、现代化的快速推进，并引致城市常住人口增长的层级差异。

二 2030 年河南各级城市人口格局演变趋势

(一) 县级城市发展趋势

1. 县级城市城区常住人口增速变化趋势：快速增长期趋于结束，进入增速放缓的内涵式发展期

（1）人口外流所积累的财富效应对县级城市膨胀的支撑主要是通土地收入实现的

2002 年以前，河南绝大多数县级城市没有商业地产，土地收入非常有限，能用于城市维护建设和市政固定资产投资的资金非常少。2001 年全省 106 个县级城市维护建设和市政固定资产投资总额只有 31.8 亿元，县均只有 2944 万元。

2002 年以后，随着商业地产快速发展，土地收入随之增加，县级城市固定资产投资意愿和能力快速提升。2012 年全省 106 个县城市维护建设和市政固定资产投资总量达到 278.2 亿元，县均 2.58 亿元，是 2001 年的 9 倍（见图 5-2）。

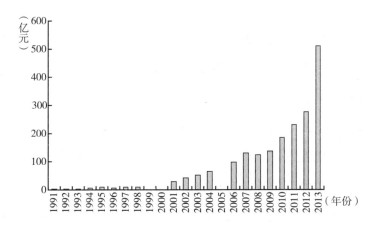

图 5-2 1991~2013 年河南省县级城市维护建设和市政固定资产投资总额

实地调研也印证了上述趋势。2002 年以后随着商业地产逐步发展起来，土地相关收入成为县级城市的主要财源，城市建设资金多来自房地产及卖地相关收入。不但平舆、固始县级财政直接和间接来自房地产的比重为 60% 以上，长垣县这种制造业发达、年财政收入达 12 亿~16 亿元的富县，也是吃饭财政，城市建设同样主要靠土地出让金。

（2）人口外流所积累的财富效应的释放对河南县级城市发展的推动作用趋于结束，土地收入支撑城市快速膨胀的模式难以为继

如前所述，河南县级城市膨胀主要不是靠本地产业与就

业支撑，而是靠人口外流所积累的财富效应的释放，是通过"县城商业地产发展—土地升值—城市空间扩张"这一链条实现的。但从调研情况看，当前各县房地产发展状况均不容乐观，销售低迷，2015 年不少县甚至已经供不出地。

市场是最好的判断标准。卖不出房、供不出地的深层原因是经过十多年的快速发展，外流人员中有意愿、有能力在县城购房的已经购买了，剩下的基本都是不愿或没能力在县城购房置业的家庭，这意味着外流人员收入水平提高所积累的财富效应在家乡县城的释放趋于结束，意味着主要依靠土地收入支撑城市快速膨胀的模式难以为继。

（3）本地制造业竞争力与发展动力不足，县级城市将进入增速放缓的内涵式发展期

随着外流人员收入水平提高所积累的财富效应的释放趋于结束，河南县级城市的持续发展不可避免地要转向主要依靠本地产业与就业支撑。但中国经济进入新常态后整体增速下降，产业转型升级压力加大，传统制造业规模扩张速度下降甚至开始萎缩，发达地区传统制造业更多趋向于就地转型升级、向中西部地区转移的放缓趋势，所以河南县级城市通过工业区扩张、承接传统产业转移的路子也不好走了，制造业的竞争力和发展动力不足的问题已经凸显。也就是说，无论是城区还是工业区，单纯通过大量投入实现规模快速扩张的路子已经很难走了，河南县级城市将普遍面临增长拐点，发展趋势应是从规模快速扩张转向内涵式发展，建设重点应

转向提高建成区城市功能、完善建成区公共服务，加强管理，在生态、宜居、宜学等方面做文章，吸引人口集聚，实现可持续发展。

2. 县级城市城区人口规模发展趋势：20 万 ~ 40 万人，多数不超过 30 万

（1）县级城市城区人口增长速度与县域人口总规模呈高度正相关

由于外流人员收入水平提高所积累的财富效应的释放是县级城市城区常住人口增长的主要推动力，而县级城市外流人口数量主要取决于县域人口总规模，所以县级城市城区常住人口增长速度与县域人口总规模高度正相关。截至 2013 年底：①河南全省城区常住人口超过 30 万人的县级城市共 11 个，全部为人口大县，11 个县平均县域人口为 126 万，其中没有一个县域的人口低于 80 万；②城区常住人口在 20 万 ~ 30 万的县级城市共 14 个，平均县域人口为 102 万，其中只有 4 个县县域人口低于 80 万，没有一个县县域人口低于 60 万；③全省 25 个县域人口 100 万以上的县，平均城区常住人口 25 万，其中没有一个县城区常住人口低于 10 万，只有两个县城区常住人口低于 15 万，90% 以上城区常住人口高于 15 万，60% 以上城区常住人口超过 20 万；④全省 81 个县域人口低于 100 万的县，平均城区常住人口只有 15 万，其中只有 12% 的县（10 个）城区常住人口超过 20 万，88% 以上城区常住人口低于 20 万；⑤全省 30 个县域人口低于 60 万的县

中，没有一个县城区常住人口超过 20 万，80% 以上城区常住
人口低于 15 万（见表 5 - 1）。

表 5 - 1　2013 年全省县级城市县域人口及城区人口数量结构

单位：人

城区人口总量	县域人口总量				
	100 万以上	80 万 ~ 100 万	60 万 ~ 80 万	60 万以下	合计
30 万以上	8	3	0	0	11
20 万 ~ 30 万	7	3	4	0	14
15 万 ~ 20 万	8	10	10	5	33
10 万 ~ 15 万	2	7	9	12	30
10 万以下	0	1	4	13	18
合　计	25	24	27	30	106

　　从个例看，孟州是全省范围内产业基础非常好的县级市，
城区建成区和人口规模（2013 年孟州市建成区面积只有 15
平方公里，城区常住人口只有 15 万人）却远远低于平舆、
固始等工业并不发达的县（市），就是因为其县（市）域人
口总量较少（只有 38 万人）。

　　（2）由于产业发展潜力有限，持续膨胀动力不足，县级
城市城区人口难以超过 40 万

　　从实际调研情况看，面前河南除郑州以外的其他县级城
市多数面临房卖不出、地供不出之困境，唯独郑州及郑州周
边的新郑、中牟等县发展势头仍然较好，原因就是河南全省
人口多，郑州是河南省产业基础最好、城市功能最完善、公
共服务最齐全、综合竞争力最强的城市，吸纳人口的能力超

强。放眼全国，中国城市化的总趋势是大量农村人口持续向产业基础好、城市功能完善、综合竞争力强的东部发达地区与中西部大城市集聚。所以，综合来看河南县级城市城区常住人口快速增长期已经过去，目前河南城区人口超过30万的县只有10%（11个），其他90%的县城区人口低于30万（平均城区人口只有15万），所以到2030年，除了目前城区人口超过30万的11个县城区人口有可能达到40万（固始、邓州等县域人口超过170万的人口大县可能达到50万），其他绝大多数县级城市30万城区人口是一大关。

（3）从规模经济角度考虑县级城市城区人口应超过20万

从实际情况看，如果城区人口低于20万，难以形成规模效益，城市功能、基础设施与公共服务水平的提高会受到限制。根据前文分析，河南县级城市是县域人口集聚中心，以本县人口集聚为主，吸纳外县人口的能力不强。县级城市城区人口增长速度与县域人口总规模呈高度正相关，意味着县域人口较多的县城区人口容易扩大，而如果县域人口较少，县城城区人口将难以达到较大规模。

因此，为实现县级城市较优的城市规模，提高资源配置效率，更好地服务于县域发展，建议对县域行政区划进行适当调整，使县域人口总量增至100万以上，这样县级城市城区人口较容易增至20万以上，从而实现城市发展的规模效应。

（二）2030年河南各级城镇人口规模基本判断

从世界各国城镇化发展的一般规律来看，城镇化率达到

70%后城镇化速度将大大下降，可以将城镇化率达到70%视为城镇化趋于完成，城乡人口格局进入相对稳定状态。从河南的现实情况看，截至 2016 年底，河南城镇化率达到 48.5%，按照年均提高 1.5 个百分点计算，2030 年河南城镇化率将达到 70%。所以，2030 年达到 70% 城镇化率可视为河南城镇化趋于完成、城乡人口格局进入相对稳定状态，对 2030 年各级城镇人口规模的判断对河南城镇体系规划具有重要参考价值。

1. 2030 年县级城市城区人口总规模为 2250 万

如前所述，县级城市城区常住人口将进入增速放缓的内涵式发展期，应据此对 2030 年河南省县级城市城区常住人口进行预测。河南省县域人口超过 100 万的县共 25 个，目前其县均城区常住人口为 24.5 万，2030 年按县均 30 万计算共计 750 万；其他 75 个县域人口低于 100 万的县（从 81 个县域人口低于 100 万的县中去掉郑州市五市一县），县均城区常住人口为 15 万，到 2030 年，按县均 20 万计算，共计 1500 万。二者总计 2030 年全省县级城市城区人口总规模应为 2250 万。

但是，目前全省 106 个县级城市规划面积总和已达 6794 平方公里，按照 1 平方公里 1 万人计算，可容纳的人口规模达到 6794 万，远远超过我们预测的人口规模。因此，县级城市的规划建设应适当控制规模扩张，除了极少数建成区已经非常接近规划区的县城外，其他绝大多数县城规划建设应在已规划区、建成区上做文章，按照适度的人口规模建设相应水平的基础设施与公共服务，不断提高生态、宜居、宜学水平，吸引人口集聚，实现可持续发展。

2. 2030 年 16 个地级城市城区人口总规模为 1686 万

由于地级城市城区常住人口增长主要依靠本地产业、本地就业支撑，外流人口积累的财富效应的释放对其影响相对较小，所以在外流人口积累的财富效应释放趋于结束、县级城市城区常住人口增长速度大幅下降的情况下，地级城市受影响较小。而且，与县级城市相比，地级城市人口规模较大、城市功能相对完善、集聚产业能力相对较强，所以我们判断地级城市城区人口增长速度虽也会有所放缓，但放缓的幅度会比较小，基本能够维持稳定增长。

根据统计资料综合计算，2002～2013 年 16 个地级城市（开封成为郑州大都市区重要组成部分，列入郑州大都市区计算）城区人口年均增长 2.96%（见表 5-2）。

表 5-2　2002～2013 年 16 个地级城市城区人口年均增速

单位：%

城市	洛阳	南阳	商丘	平顶山	焦作	新乡	安阳	漯河
增速	3.35	6.66	0.93	1.24	2.08	1.84	1.8	2.85
城市	信阳	许昌	濮阳	驻马店	鹤壁	三门峡	周口	济源	平均
增速	1.25	2.72	4.44	5.69	1.85	4.07	4.9	1.75	2.96

在 2002～2013 年年均 2.96% 增幅基础上略微下调，按年均增速 2% 推算，2013～2030 年 16 个地级城市城区常住人口将累计增长 40%，至 2030 年合计达 1686 万人（详见表 5-3）。

表 5 – 3　16 个地级城市常住人口预测

单位：万人

年份	洛阳	南阳	商丘	平顶山	焦作	新乡	安阳	漯河
2013	253	154	96	93	77	76	72	56
2030	354	215	135	130	106	106	100	78

年份	信阳	许昌	濮阳	驻马店	鹤壁	三门峡	周口	济源	总计
2013	49	49	47	46	45	33	31	27	1204
2030	69	68	65	65	64	46	43	38	1686

与县级城市类似，目前上述 16 个市级城市规划面积总和已达 2843 平方公里，按照 1 平方公里 1 万人计算，可以容纳的人口达到 2843 万人，也已远超我们预测的人口规模。因此，地级城市的规划建设同样应适当控制规模扩张，主要在已规划区、建成区上做文章，按照合理的人口规模适度提高与完善基础设施与公共服务，提高人口和要素集聚密度，提升综合能力，打造区域中心城市。

3. 2030 年郑州大都市区人口规模超过 1500 万

如前所述，河南全省多数县级城市已经开始面临房卖不出、地供不出之困境，唯独郑州市及其周边的新郑、中牟等县发展势头仍然较好，原因就是河南全省人口众多，郑州是河南省产业基础最好、城市功能最完善、公共服务最齐全、综合竞争力最强的城市，吸纳人口能力超强。目前，河南全省只有郑州大都市区仍处于城区人口快速增长期，不但郑州所辖五市一县全部人口、开封市区人口将被卷入，成为郑州大都市区重要组成部分，而且全省其他县市人口向郑州大都市区集聚的趋势仍在加强。目前郑州市区、开封市区、郑州所辖的五市一县总人口为 1169 万人（见表 5-4），可以预见，2030 年郑州大都市区人口将超过 1500 万。

表 5-4　2013 年郑州大都市区城市常住人口

单位：万人

项目	郑州市区	开封市区	巩义市域	荥阳市域	新密市域	新郑市域	登封市域	中牟县域	合计
常住人口	617	89	83	66	88	75	71	80	1169

与县级城市、地级城市不同，目前郑州市区、开封市区、郑州五市一县总规划面积仅有 823 平方公里，远远小于郑州大都市区 1500 万人 1500 平方公里的规划需求。除了规划面积不够，郑州大都市区内各行政单元的规划建设基本各自为政，缺乏有力的统筹协调。建议从省级层面对郑州大都市区进行具有较强约束力的整体规划，根据实际情况将区域内各行政单元规划为定位明确、功能区分的城市组团，一张蓝图绘到底，力争 2030 年形成组团发展、分工合理、功能完善、优势突出的全国一流都市区。

4. 2030 年县级以下重点镇人口总量为 314 万～514 万

目前河南常住人口 9400 万。从全国范围看，人口向东部发达地区和中西部中心城市转移的速度会加快，河南省外务工的 1100 多万农民工一部分会回流，但也有相当一部分农民工及其家庭人口会完成就业地城镇化，由于回流的是农民工自己，而在务工地城镇化的是一个家庭（至少三口人），所以河南常住人口总量仍会减少。以 2030 年河南常住人口总量 8500 万、城镇化率 70% 计算，城镇人口总量为 5950 万，去掉县级城市 2250 万、地级城市 1686 万、郑州大都市区 1500 万，剩下 514 万，如果郑州大都市区人口发展到 1700 万，剩下只有 314 万。这样县级以下重点镇人口总量应为 314 万 ~ 514 万，按照 100 个县计算，每个县重点镇人口应为 3 万 ~ 5 万。如果平均一个县形成两个重点镇，其平均人口为 1.5 万 ~ 2.5 万。显然，对县级以下重点镇的规划建设应该更加慎重，数量不宜过多，人口规模也不宜太大。

第六章　传统农区产业与城市
协同发展思考

一　城市与产业发展的一般关系

(一)　城市是产业发展的主要载体

　　城市是达到了一定规模和密度的各种非农产业的聚集地。城市因非农产业而生，是非农产业发展的平台。人类历史上最早的城市是农业发展到一定程度后出现的。当农民能够生产足够的食物，在养活家人之后还有剩余时就需要交换，为了能够便利地进行交换，农民自发地到某地集中交易，逐渐形成稳定的集市、店铺，集聚一定密度的人口，这就是人类最早的城市雏形。由于土地不可移动，农业本身也不可移动，无法实现空间集聚，所以农业本身无法形成城市，城市从产生伊始就是因非农产业而生，是非农产业的集聚地，利用生产要素空间集中带来的聚集经济为非农产业发展提供平台和空间，形成传统农业社会的生产生活服务功能，为农业生产、为农民生活提供服务，推动经济社会发展与繁荣。

真正意义上的现代城市是在进入工业社会以后产生的，其规模、功能、密集度是农业社会无法比拟的。本章分析的城市指的是现代城市，本章分析城市与产业的关系主要是分析现代工业与现代城市的关系。作为一种全新的生产方式，工业比农业的组织形式复杂上百倍、上千倍，需要水电气暖、交通通信网络、厂房、仓库、办公室、市场等一系列基础设施和生产服务体系的支撑。如果工业企业分散在农村，基础设施需要自己投资建设，那么由于成本高昂一般建设水平很低，保障程度差，更谈不上像样的生产服务体系，所以只有初创、层级较低、对基础设施与生产服务体系要求不高的工业才能在农村布局。随着企业发展水平的提高、产业层次的提升，工业有向城市集中的天然趋势。因为在城市集中布局，众多企业可以分享基础设施，降低了基础设施的分摊成本，每个企业可以用较低的成本享受高水平基础设施的保障，而且由于产业空间集聚带来的规模效应，通用设备行业得以专业化发展，企业不再需要购买使用频率低且需要大量投资购买的通用设备，通过租赁就可以方便、低成本使用；商务、会展、咨询、中介、金融等高端生产服务体系得到发展，企业发展得到全方位支撑，生产和运营成本大大降低。所以，正如迈克尔·波特所描述，集群发展是工业发展的空间规律，空间集聚得以形成更高水平的城市基础设施、更好的生产服务体系，获取分工与专业化基础上的规模经济，这是现代工业得以不断发展壮大的重要原因。反过来，现代城市也是工业发展推动起来的，没有产业支撑的现代城市也是不可想象的。现代工业和现代城市是一种相互促进的关系，通过循环因果关系相互作用，其中任一方面的变化都会导致另一方面发生变化，并通过累积因果关系产生加速度，推动区域经济向城市集聚并导致区域分化。

综上，城市与产业关系的一般分析告诉我们，工业发展离不开城市基础设施的支撑，讨论产业发展问题时不能忽略城市导向，作为产业发展的主要载体，城市的特色、以城市功能为主要标志的城市综合能力是区域产业能否健康发展的关键性因素。

（二）在经济发展不同阶段城市对产业发展的影响程度不同

虽然城市对产业发展有重大影响，但在不同发展阶段，尤其在工业化不同阶段，城市对区域产业发展的影响力是不同的。在工业化初期，产业结构层次低、加工度低、技术含量低，决定工业发展主要是资源要素投入的绝对规模，是一个区域能够动员多少资源投入工业生产中去，所以在一个国家或地区工业化初期，城市对产业发展的影响力小，城市发展水平低对产业发展的制约不太显著。随着工业化水平的提高，资源要素的投入对产业发展的重要性降低，产业结构升级及与之相伴的资源要素使用效率提高成为产业发展壮大的主要途径，这时只有技术进步、良好的人力资源和综合性生产服务体系等才能支撑工业技术水平提高、生产效率提升，而这些均与城市发展水平紧密相关，城市对产业发展的影响与制约充分显现。

对于不同发展阶段工业化与城市化的关系，联合国出版的《城乡人口预测方法》和美国城市学者诺瑟姆进行了实证分析。研究表明，一个国家和地区的工业化与城市化的关系可以分成 3 个阶段，即初期阶段、加速阶段和后期阶段。在城市化率低于 30% 的初期阶段，发展的主导力量是大规模资源要素投入，工业发展速度快，城市发展速度相对较慢，工业发展对经济发展的贡献大于城市发展，城市发展水平低对工业发展的制约不明显，工业在一定程度上脱离城市而发展。在城市化率处于 30%~60% 的加速阶段，工业化速度的加快推进使人口开始大量进入城市，城市人口快速增加，城市规模扩大、数量增多，城市化速度加快、城市对经济社会发展的综合作用超过工业，技术进步驱动的要素使用效率提高取代要素投入规模成为驱动经济发展的主导力量。城市化率超过 60% 进入稳定阶段，经济发展以第三产业和高科技产业为主导，工业化与城市化速度放缓，城乡差别越来越小，区域空间趋于一体化。

综上，城市对产业发展具有重大影响，但就一个具体区域来说，在其工业化的不同发展阶段，城市对产业发展的影响程度是不同的。在工业化初期影响相对较小，随着发展水平的提高，城市作为发展载体对产业发展的重要性越来越突出。

（三）新常态下中国产业发展已经进入城市主导阶段

改革开放以来中国经济实现了 30 多年的快速增长，但这 30 多年的高速增长主要依赖"有水快流"和"靠山吃山，靠水吃水"式的大量投入资源要素的方式。无论是前 20 年东部沿海地区，还是 21 世纪以来中西部地区的快速发展，均是基于政策、区位与人口优势，通过各种方式动员资源、迅速增加资源要素投入，快速形成巨大的生产能力，实现经济规模的迅速扩张。资源的大量投入尽管可以获取"一次性"盈利，带来规模快速膨胀，却不一定能有效转化为产业层面的竞争力和区域经济发展的持续推动力。目前，中西部与东北地区一些资源大省、一些前些年主要靠投资拉动增长的省份，依赖快速、大量资源要素投入快速扩张的地级市、县级城市，发展动力明显不足，充分说明过度依赖快速、大量资源要素投入的发展模式在深度转型背景下越来越难以为继。主要原因就是要素投入型的发展模式没有解决好要素集聚程度低、经济活动密集程度低、缺乏产业竞争力等实质问题。形成鲜明对比的是，东部发达地区及中西部大城市经过多年发展，形成了优势产业集群及良好的产业发展环境，城市功能不断完善，形成了资金、技术、人才、管理经验等要素高密度集聚的发展空间，能够支撑新经济、新业态的发展，已经率先摆脱困境，开始企稳向好。

事实说明新常态下中国经济发展动力已经发生变化，直接通过大量资源要素投入实现快速增长的路子走不下去了，在资源要素投入基础上形成的产业优势与较为完善的城市功能，以及资金、技术、人才、管理经验等要素高密度集聚形成的综合能力才是区域发展的持续推动力。反过来看，只有具备了一定的产业优势、完善的城市功能和高密度的要素集聚，才能支撑高端制造业和高端服务业的发展，在新一轮产业重构中赢得先机。新常态下中国产业发展已经进入城市主导阶段，真正进入由城市特色、城市功能为主要标志的城市综合能力来决定区域发展何种产业、承接何种产业，决定产业能否顺利落地，能否持续健康发展的新阶段。

二 传统农区应强化产业发展的城市导向

（一）将产业发展重点放到城市和城市群区域，集聚优质要素，厚植发展优势

长期以来，在主要依靠资源要素大规模投入实现高增长的发展方式下，传统农区在产业发展时对城市导向重视不够，尤其是承接产业转移时主要围绕廉价土地、投资和税收优惠进行竞争，造成各地产业落地无序，虽然通过短期投资效应

取得了区域经济总量的增长，但是以配套能力为主的产业发展环境没有真正形成，企业市场竞争力普遍不强，更谈不上形成可持续的区域经济空间格局。新常态下产能过剩问题凸显，产品竞争日趋激烈，中西部传统农区前些年通过承接产业转移形成的一些产业和企业，不少是前期投资刚刚完成但一投产就面临产能过剩，再加上配套差导致生产运营成本高，企业自身生存发展非常艰难，对于地方政府来说前期绞尽脑汁引进的项目不但不能带来税收、不能对区域经济发展带来正效应，甚至带来更多的债务负担和金融风险，成为发展的包袱。因此，传统农区应顺应产业发展新趋势，适时转变产业发展的思路，变片面强调速度、规模为效益、竞争力、规模、速度并重，尤其要强调产业发展的质量效益，强调产业竞争力与可持续发展能力的培育。在这样的背景下，强化城市、城市群的载体作用，将产业发展的重点放到基础设施较为完善的城市群、城市区域，推动产业向城市群、城市区域集聚，打造产业集群、集聚优质要素、优化产业发展环境、厚重发展优势成为一种必然。

（二）注重提高中心城市功能，优化城市群结构，通过空间布局和结构优化，提升城市群整体发展水平

第一，把产业承载能力最强的中心城市作为重点建设对象，发挥其核心带动作用，带动外围低梯度城市发展。传统农区应以省会城市为核心，带动优势城市群重点发展，集中

土地、资金、人才、政策等各种优势，努力提高这些城市的对外开放合作程度、市场吸引力、技术创新能力、产业配套能力、产业结构水平，形成优势产业集群，培育综合竞争优势，打造经济要素高密度集聚的战略空间。中心城市要加大开发开放力度，健全以先进制造业、战略性新兴产业、现代服务业为主的产业体系，提升要素集聚、科技创新、高端服务能力，发挥规模效应和带动效应。尤其是要集中力量构建一批创新与创业相结合、线上与线下相结合、孵化与投资相结合的高品质创业平台与创业空间，为创新活动、智力型创业者提供低成本、便利化、全要素的工作空间、网络空间、社交空间和资源共享空间，促进新经济、新业态发展，提升区域发展层次。城市群重要节点城市要完善城市功能，壮大经济实力，加强协作对接，实现集约发展、联动发展、互补发展。中心城市要适当疏散经济功能和其他功能，推进劳动密集型加工业向外转移，加强与周边城镇基础设施连接和公共服务共享，推进中心城区功能向半小时后、一小时交通圈区域扩散，培育形成通勤高效、一体发展的都市圈。

第二，依托中心城市的辐射带动能力，增加优势城市群内各城市与中心城市的联系强度，促进城市群内大中小城市的合理分工，提升城市群整体经济实力和产业发展能力。传统农区的一些城市群虽然已经形成良好基础和发展势头，但无论与国外成熟城市群相比，还是与国内长三角、珠三角等发达地区城市群相比，其城市群一体化程度较低，城市群内城市间的基础设施对接、要素流动、产业配套等方面均有较大差距，尚未形成紧密的产业联系和城市功能分享，亟须通过一体化交通通信基础设施、一体化要素市场、产品市场、金融市场和金融体系的培育等一系列强化一体化发展的举措，提高城市群发展质量。

第三，合理规划传统农区各个城市群的空间范围和城市群内城市的结构布局、规模和功能。虽然城市群正逐步成为支撑和带动城镇化与产业发展的重要载体和形式，但是城市群的发展和形成需要自然、经济和社会等各方面条件的支持和配套，对于群内城市的规模、功能、城镇化水平、经济发展水平具有一定要求，只有达到一定水平之后才有可能朝城市群方向发展，不可能短时间内全面铺开、遍地开花，数量和规模也不可能过多过大，也不宜随意、无休止、无原则地扩大城市群的空间范围。所以，应根据传统农区所处的发展阶段和城市群内各城市发展的实际情况，依托区域城镇体系规划和城市总体规划，科学论证分析城市群内各城市发展的规模和潜力、城镇等级结构和数量，确定城市规划区和建成区的合理边界，科学评估城市群建设的可能性和规模大小。

第四，充分考虑土地、水、环境容量等资源环境承载要素，充分考虑土地利用结构和潜力、资源环境承载能力，以此为基础确定城市群的人口规模、产业选择和城市数量，确保农业用地和生态用地的分布，严格控制建设用地的总量和增量规模，提高土地集约利用效率和效益，实现城市群可持续发展。

（三）推进基于比较优势的差异化发展战略，优化城市群内不同城市的产业选择，打造一批区域特色产业集群

首先，中心城市、优势城市主要发展高端产业。新常态下中国将成为发达国家高端制造业、高端服务业最重要的转移地与目标市场，传统农区应抢抓这一机遇，在承接高端产业转移方面更上一层楼。但是，由于高端产业是目前产业转移的竞争热点，传统农区各省不能遍地撒网、一哄而上，而是要以中心城市、优势城市群为主，充分利用自身的人口优势及市场优势，全力承接与发展新能源、新材料、高端装备、生物制药、电子信息等高端制造业及电子商务、现代物流、互联网金融等高端服务业。

其次，对于城市群内不同城市而言，要找到自身的比较优势，根据自身比较优势选择合适的、能够实现可持续发展的产业，通过差异化发展实现新的突破。尤其是对于产业配套能力仍然相对较差的区域来说，一定要进一步强化集群发展意识，自始至终都要注重产业的空间集聚、产业配套能力的提升，把产业发展和产业集群培育结合起来，并积极利用互联网推进产业集聚在线化，打造基于互联网的线上产业生

态，形成一批具有区域特色的产业集群。

　　再次，面对新常态下消费升级的趋势，传统农区在产业发展时应顺应消费者对高性能、高品质消费品不断增长的需求，引进与提升相结合，注重提升生产工艺与组织管理水平，注重提升产品性能品质。

第七章　城镇化背景下的城乡教育差异

中国快速工业化城镇化带来城乡之间大规模的人口流动，对传统的二元社会结构产生了巨大冲击，传统的二元户籍及与之相关的公共服务体系已经越来越不能适应城镇化快速发展的要求，尤其是城乡教育差异，对城镇化影响大、对经济社会发展的总体影响大。

一　人口流动背景下的城乡教育差异

（一）农村与城市之间教育发展差异仍然较大

随着对农村教育投入的增加，县域人均公共教育财政支出与中心城市的差距逐步缩小。2008 年县域人均公共教育财政支出是中心城市的 71%，2014 年达到 89%。单纯从人均公共教育财政支出来看，考虑到物价及生活成本等因素，县域人均公共教育财政支出与中心城市的差距已经不大了。但是，从数字上看县域人均公共教育财政支出与中心城市的差距虽然已经不大，由于县域广大农村地域广、人口分散、学校规模小，不具有规模效应，再加上中心城市对优秀人才、优秀教师的虹吸效应，县域教育水平与中心城市存在较大差距仍是不争的事实。

（二）省域之间公共教育财政支出差异较大

在县域与中心城市之间人均公共教育财政支出差距缩小的同时，省域之间的公共教育财政支出仍存在的较大差异。

从普通小学人均公共财政预算教育事业费来看，2014 年全国平均水平为 7681 元。三个直辖市北京、上海、天津居前 3 名，其中北京以 23442 元高居榜首，为全国平均水平的 3.05 倍。广西、河北、河南三省居后 3 位，其中垫底的为河南，只有 4448 元，仅为全国平均水平的 57.9%，北京是河南的 5.27 倍（见表 7 - 1）。

从普通初中人均公共财政预算教育事业费来看，2014 年全国平均水平为 10359 元。三个直辖市北京、天津、上海同样居前 3 名，其中北京仍以 36507 元高居榜首，为全国平均水平的 3.52 倍。广西、河南、贵州三省居后 3 位，其中垫底的为贵州，只有 6925 元，仅为全国平均水平的 66.8%，北京是贵州的 5.27 倍（见表 7 - 2）。

从普通高中人均公共财政预算教育事业费来看，2014 年全国平均水平为 9025 元。北京、上海、天津三个直辖市位居前 3，其中北京仍以 40748 元高居榜首，为全国平均水平的 4.52 倍。甘肃、安徽、河南居后 3 位，其中垫底的为河南，只有 5990 元，仅为全国平均水平的 66.4%，北京是河南的 6.8 倍（见表 7 - 3）。

表7-1 全国普通小学人均公共财政预算教育事业费

单位：元

地区	2000年	2001年	2002年	2003年	2004年	2005年	2006年	2007年	2008年	2009年	2010年	2011年	2012年	2013年	2014年
全国	492	645	813	932	1129	1327	1634	2207	2758	3358	4013	4966	6129	6902	7681
北京	1915	2438	2891	3348	4163	4620	5401	7316	10112	11662	14482	18494	20408	21728	23442
上海	2756	3612	4390	5341	6680	7941	9410	11499	13016	14793	16144	17398	18544	19518	19520
天津	1257	1623	1848	2386	2930	3519	4139	4956	6851	9131	11505	13398	14718	15447	17234
西藏	1110	1476	1852	1952	2172	2481	2662	4648	5062	6302	8164	10382	11728	12820	17906
江苏	618	827	1015	1240	1623	2033	2474	3680	4307	5820	7252	8480	9548	10585	11175
新疆	733	1010	1151	1259	1506	1722	2069	2573	3653	4421	5869	7640	9095	10463	11292
内蒙古	594	834	1083	1282	1595	1847	2294	2946	3800	5279	6692	8296	8896	9838	10181
陕西	323	477	599	698	846	1091	1523	2128	3072	4248	4724	5997	8747	9633	10197
吉林	566	768	980	1184	1349	1715	2114	3028	3993	4709	6221	7286	8694	9174	10193
黑龙江	852	1153	1497	1587	1847	2204	2781	3549	4296	4917	5485	6271	7894	8895	11063
浙江	786	1133	1455	1780	2233	2498	2940	3734	4528	5612	6732	7469	8198	8875	9812
海南	492	609	738	783	996	1289	1603	2175	2617	3892	5578	6573	7359	8347	8826
辽宁	583	715	901	1099	1435	1731	2221	2841	3761	4360	5174	6929	8067	8305	8354
青海	733	980	1153	1297	1488	1904	2114	2733	3396	4127	5012	6519	8037	8201	9438
福建	694	822	987	1127	1333	1575	1987	2587	3240	4023	4786	5767	6747	7523	8177

续表

地区	2000年	2001年	2002年	2003年	2004年	2005年	2006年	2007年	2008年	2009年	2010年	2011年	2012年	2013年	2014年
广东	644	769	979	1118	1256	1306	1580	2054	2470	2897	3487	4731	5681	6743	7738
山东	493	645	829	965	1154	1390	1645	2397	2909	3222	3936	5072	6095	6642	7254
山西	446	613	722	797	942	1257	1507	2058	2690	3431	4049	5058	5816	6517	7359
安徽	377	470	612	669	842	990	1264	1645	2083	2481	3192	4503	5587	6438	6658
重庆	369	490	586	608	734	874	1246	1758	2167	2963	3634	4773	6378	6309	7260
甘肃	422	555	675	743	857	1007	1363	1774	2476	2832	3306	4114	5372	6192	7289
云南	653	808	957	1059	1197	1275	1501	1799	2077	2773	3286	3705	4980	6145	6201
四川	370	504	617	662	749	848	1139	1681	2231	2825	3373	4164	6108	6822	7530
宁夏	581	792	964	816	939	1174	1391	1976	2956	3030	3819	4226	5312	6011	6470
湖北	293	394	547	647	834	982	1232	1921	2362	2937	3208	3670	4818	5408	7021
贵州	312	434	533	584	706	886	1055	1466	1853	2303	2759	3419	5038	5976	6790
江西	400	548	667	744	846	1004	1164	1667	1796	2142	2470	3731	4849	5817	6852
湖南	351	478	719	846	1078	1283	1480	1905	2328	2791	3014	3619	4893	5721	6363
广西	411	579	676	775	913	1039	1410	1829	2330	2673	3356	4003	4864	5472	5946
河北	387	503	712	858	1089	1441	1737	2272	2981	3343	3783	4234	4786	4937	5349
河南	261	354	469	516	654	744	949	1393	1640	1949	2186	2737	3458	3914	4448

表 7-2 全国普通初中人均公共财政预算教育事业费

单位：元

地区	2000年	2001年	2002年	2003年	2004年	2005年	2006年	2007年	2008年	2009年	2010年	2011年	2012年	2013年	2014年
全国	680	817	961	1052	1246	1498	1897	2679	3543	4332	5214	6542	8137	9258	10359
北京	2416	2840	3273	3681	4599	5516	7064	10358	13225	15581	20023	25828	28822	32544	36507
天津	1676	1872	1984	2328	2673	3525	4290	5538	7779	11083	14819	17716	20797	22841	26956
上海	2788	3411	4257	5386	6831	8422	10326	13123	15474	18224	19810	22076	23772	25445	25457
江苏	928	1096	1179	1256	1476	1823	2282	3596	4464	5904	8386	10175	12480	15141	16690
新疆	923	1219	1418	1382	1477	1815	2526	3272	4578	6342	7789	10183	12022	14549	14452
西藏	2391	2354	2856	2650	2657	2912	2949	4759	5966	7157	7243	9594	10633	12784	16632
浙江	996	1339	1716	2085	2729	3216	3799	4795	5710	6887	8382	10027	11500	12616	14205
辽宁	909	953	1140	1319	1668	2151	2769	3490	4632	5591	6978	9437	11489	11463	11163
吉林	782	938	1111	1133	1341	1669	2130	2917	4166	5315	6827	8443	10515	11451	12708
内蒙古	669	855	1070	1187	1473	1836	2269	3075	4517	6130	7684	9115	10207	11415	11955
陕西	510	656	733	748	893	1046	1476	2154	3403	4799	5257	7423	10503	11359	12331
青海	1080	1294	1398	1460	1573	2070	2258	2991	4052	5366	7423	8331	10062	10495	11950
福建	804	914	1066	1152	1338	1479	1946	2608	3525	4502	5716	7351	9232	10511	11544
山东	638	741	914	1095	1367	1804	2282	3387	4389	4907	6137	7762	9308	10171	11334
黑龙江	738	967	1090	1270	1475	1876	2452	3267	4270	4786	5594	6564	8689	10334	12188

续表

地区	2000年	2001年	2002年	2003年	2004年	2005年	2006年	2007年	2008年	2009年	2010年	2011年	2012年	2013年	2014年
海南	696	876	932	945	1143	1459	1660	2443	3040	4333	5802	7563	8851	10077	10595
湖南	467	551	757	810	1001	1342	1822	2661	3611	4509	4933	5941	8146	8835	10068
安徽	449	558	659	676	796	923	1205	1793	2528	3049	3964	5646	7457	8830	9211
湖北	552	642	790	817	967	1138	1423	2213	3031	4007	4514	5411	7328	8543	11348
宁夏	765	1044	1067	1102	1226	1562	1839	2623	4415	4608	6009	6903	7887	8479	9690
四川	509	628	721	726	816	924	1371	1995	2691	3439	4077	5210	7025	8337	9111
江西	464	569	675	727	843	1075	1321	2067	2513	3114	3375	4868	6536	7882	9003
山西	625	804	878	947	1064	1374	1687	2346	3225	4036	4739	5843	6638	7765	9017
重庆	524	651	772	797	897	1146	1500	2143	2802	3560	4298	5605	7423	7607	9225
广东	881	1032	1279	1486	1714	1807	2119	2743	3207	3419	3921	4907	6117	7509	9264
甘肃	596	729	828	829	952	1112	1550	2051	3093	3636	4130	5020	6411	7494	8378
河北	550	652	787	856	1062	1372	1704	2350	3524	4258	5227	6217	7252	7471	7749
云南	908	1020	1088	1154	1307	1451	1761	2209	2895	3716	4349	4872	6132	7190	7587
广西	484	638	782	826	944	1067	1498	2032	2991	3364	4300	5360	6361	6751	7361
河南	420	511	601	640	764	908	1195	1910	2436	2965	3410	4564	5762	6454	7140
贵州	441	557	580	671	778	1011	1191	1742	2311	2698	3204	4134	5403	6140	6925

表 7-3 全国普通高中人均公共财政预算教育事业费

单位：元

地区	2000年	2001年	2002年	2003年	2004年	2005年	2006年	2007年	2008年	2009年	2010年	2011年	2012年	2013年	2014年
全国	1315	1471	1565	1607	1759	1959	2241	2649	3209	3758	4510	6000	7776	8448	9025
北京	3524	3944	4422	4845	5859	6587	7788	9173	13870	16312	20620	28534	31884	36763	40748
上海	4044	4967	5411	6336	7156	8132	9586	11499	14965	16854	20347	23676	27271	30594	30819
天津	3109	3783	3835	4026	4941	5600	6011	6606	7945	10222	13234	15942	17667	21104	30090
西藏	3230	3581	4500	4173	4224	3837	3789	5105	5305	6127	7246	11422	13514	15316	20187
江苏	1652	1738	1867	1939	2140	2385	2594	3256	3744	4392	5595	7606	10793	12788	14642
浙江	1754	2136	2353	2688	3040	3377	3764	4562	5035	5675	6415	7684	9870	12193	13772
新疆	1561	1955	2027	1973	2155	2543	3047	3662	4366	5828	7249	9720	10853	11772	11992
青海	1659	1943	2106	1960	2196	2812	2886	2911	3976	5221	7984	9394	10635	11674	11727
内蒙古	1002	1168	1255	1444	1595	1803	2013	2450	3330	4417	5612	8083	10069	10671	10614
海南	1229	1525	1638	1590	1894	2220	2479	2912	3088	4185	6421	7335	10902	10306	12014
山东	1161	1233	1293	1279	1442	1842	2122	2572	3208	3949	5077	7122	8726	8973	9060
辽宁	1318	1400	1587	1594	1836	2088	2334	3010	3615	4105	5335	6951	8980	8960	8727
福建	1425	1611	1713	1799	1990	2108	2379	3008	3538	4366	5222	6319	7617	8718	9595
江西	865	943	965	957	1081	1225	1432	1909	2310	2674	3016	4992	7270	8587	9241
陕西	833	882	940	977	1058	1186	1523	1833	2593	3441	4491	6164	8303	8577	9120

续表

地区	2000年	2001年	2002年	2003年	2004年	2005年	2006年	2007年	2008年	2009年	2010年	2011年	2012年	2013年	2014年
宁夏	1034	1326	1281	1402	1559	2091	2377	3507	4849	5231	6672	7428	7771	8408	8623
黑龙江	1408	1630	1781	1754	1751	2004	2465	2860	3762	4614	4411	5261	7518	8217	9062
广东	1892	2133	2525	2804	3097	3220	3475	3778	4311	4834	5313	6419	7253	8028	8980
吉林	1034	1278	1433	1242	1298	1488	1924	2601	3593	3988	5104	5625	7583	7882	7940
重庆	940	1133	1128	1117	1211	1429	1685	2087	2841	3012	3607	5400	6981	7418	7793
山西	1054	1239	1233	1235	1374	1711	2113	2557	3112	3536	4245	5433	7358	7121	7405
河北	1151	1281	1281	1317	1444	1668	1891	2198	2917	3385	3998	4961	7041	7105	7748
云南	1644	1946	2023	2124	2150	2295	2627	2646	2909	3898	4316	5152	6475	6803	6796
广西	848	1040	1194	1282	1392	1500	1795	2176	2469	2723	3428	4682	6031	6713	6835
湖南	867	956	1019	1004	1124	1310	1704	1848	2327	2815	3288	4143	6143	6544	6800
贵州	843	1145	1100	1172	1311	1575	1714	2478	2775	2830	3317	4868	6185	6313	6820
湖北	830	939	1045	1000	1007	1119	1325	1653	1881	2193	2563	3424	5275	6278	7835
四川	983	1161	1178	1100	1123	1172	1405	1761	2056	2247	2591	4034	5882	6253	6956
甘肃	1085	1373	1379	1360	1430	1466	1738	2066	2754	3097	3798	4724	5869	7306	6678
安徽	987	1041	1124	1087	1235	1230	1395	1637	1970	2234	2817	4601	6685	7040	6669
河南	880	802	886	913	913	1052	1304	1627	1857	2205	2458	4026	5313	5618	5990

从变化趋势看，北京、上海、天津不但在普通小学、普通初中与普通高中3个阶段的人均公共财政预算教育事业费均稳居前3，而且这3个直辖市与其他省份的差距在不断扩大。作为全国经济总量最大的省份，广东省普通小学、普通初中与普通高中3个阶段的人均公共财政预算教育事业费增长速度均低于全国平均水平，2008年后其普通小学、普通初中两个阶段的人均公共财政预算教育事业费开始低于全国平均水平（其中普通初中阶段的人均公共财政预算教育事业费甚至居全国倒数第3位），2012年之后其普通高中阶段的人均公共财政预算教育事业费也开始低于全国平均水平。

面对如此大的教育支出省域差距，财政支出政策并没有进行有效的调整，其中明显的表现就是各省预算内教育经费占公共财政支出比例基本保持稳定，并没有根据人均教育经费的巨大区域差距进行调整。如北京2003年预算内教育经费占财政支出的比例为18.86%，2012年降为16.6%；而河南2003年预算内教育经费占财政支出的比例为22.99%，2012年降为21%，预算内教育经费占财政支出的比例是比较稳定的。这种趋势在图7-1中可以更清楚地显示出来，2003～2012年各省预算内教育经费占财政支出的比重基本稳定在15%～20%。在各省预算内教育经费占财政支出的比重比较稳定的情况下，北京、上海、天津等大城市，由于其总人口少、人均财政支出水平高，相应地其人均教育经费要远远高于其他省份。广东虽然经济总量全国最高，但其人均财政支出水平并不高，所以其人均教育经费占比在全国各省份反而比较靠后。

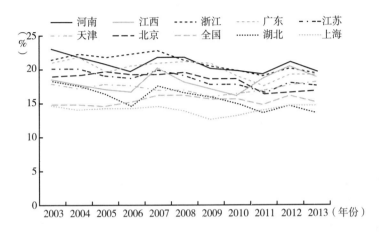

图 7 - 1　2003～2013 年各省份及全国预算内教育经费占公共财政支出比例

综合来看，目前我国公共服务资源配置政策仍具有静态特征，对人口大范围流动与迁移并没有给出明确的解决办法，造成省域之间、县域与中心城市之间、县域内城镇与乡村之间三个层次的教育资源配置差距，其实质是公共服务资源不能随着人口的流动与迁移充分流动与优化配置。

（三）农业转移人口子女到城市就读趋势明显

虽然各级政府加大农村教育投入，县域人均教育经费与本省中心城市的差距已经很小，农村学校基础设施水平也有了较大提高；但由于农村地域广、人口密度小、学校规模小、投入效益低，农村优秀人才与优秀教师流失越来越多，农村教育总体水平与城市的差距不但没有缩小反而仍在加大，农村学校对学生的吸引力下降，再加上城镇化背景下农村人口不断向城镇迁移，农村孩子进城入学的比例越来越高、数量越来越大，形成农村校园大、水平低、学生少的窘境。目前农村要解决的不是上学难的问题，而是要提高教学水平、上好学校的问题；但是由于投入效益低，即使投入远远高于中心城市的人均投入农村也很难达到与城市相似的教育水平。

此外，随着更多的农业转移人口子女进城入学，中心城市和毗邻中心城市的县域教育供不应求现象突出，大班额、上学难问题突出。根据前面的分析，农村要解决的主要不是上学难、学校数量问题，而是质量问题，是要上好学校的问题。而中心城市和毗邻中心城市的县域不但面临上好学校的问题，还面临上学难的问题，也就是说同时面临质量与数量问题，所以与农村相比中心城市和毗邻中心城市的县域教育缺口更大，需要更多的教育投入①。而且，中心城市和毗邻中心城市县域的教育缺口对务工人员子女影响更大，实际上是针对农村务工人员子女进城就学供应不足。解决县域教育问题特别是县域农村教育问题，不仅要加大对农村的教育投入，提高农村教育质量，更为重要的是增加对中心城市和毗邻中心城市的县域教育的投入、增加学位，让务工人员子女

---

① 根据教育部发布的《2015 年全国教育事业发展统计公报》，全国义务教育阶段在校生中进城务工人员随迁子女共 1367.10 万人。其中，在小学就读 1013.56 万人，在初中就读 353.54 万人。全国义务教育阶段在校生中农村留守儿童共 2019.24 万人。其中，在小学就读 1383.66 万人，在初中就读 635.57 万人。

根据自身情况自由选择就学地，有机会就地、就近接受城市高水平教育。

二　顺应人口流动趋势优化教育布局的对策思考

（一）顺应人口流动趋势针对常住人口设计公共服务政策体系，逐步消除公共服务的城乡及身份差异

教育是中国整个公共服务体系的缩影。由于传统计划经济和二元户籍制度的影响根深蒂固，中国公共服务政策体系的设计存在针对不同身份设计不同政策的路径依赖。在工业化城镇化快速发展的今天，人口在城乡之间、区域之间的流动已经成为常态，传统的通过户籍固化人口的居住与生活空间的人口管理模式已经失去了生存的土壤和现实意义。相反，只有支持与鼓励人口在城乡之间、区域之间自由流动与迁徙，才有利于提高人力资源、人力资本的配置效率，城镇化才能持续推进。因此，应当彻底转变针对不同身份而设计不同政策的思维模式，使公共服务政策与身份和户籍脱钩，直接将公共服务政策指向常住人口，即只要是中国公民，不论其户籍、身份、职业如何均能够在其日常生活与居住地平等地享受国家提供的各种基本公共服务。

（二）设计基于常住人口数量的财政支出尤其是中央转移支付政策体系，逐步消除教育的区域和城乡差异

在现代社会，包括教育在内的最基本的公共服务应该是人人平等的，既不应该有城乡差异、身份差异，也不应该有区域差异。但是，公共服务体系是需要相应的财政支出来保证的。表面上看教育的城乡及身份差异主要是由户籍制度造成的，其背后主要是区域财政支出的差异造成的。由于存在较大区域发展差异，北京、上海等大城市的人均财政支出比较高，所以其教育支出和发展水平远远高于其他区域。中央政府应统筹考虑人口流动与迁移的趋势，统筹考虑区域发展差距，以全国各省份教育人均支出水平的基本平衡为目标，设计基于常住人口数量的财政支出尤其是中央转移支付政策体系，逐步消除教育的城乡和区域差异，实现公共服务均等化。

（三）顺应城镇化背景下人口流动与迁移的趋势合理配置教育资源，提高资源使用效率

近年来，增加农村公共服务投入的呼声很高，政策导向也是财政投入要向农村倾斜，尤其是教育投入向农村转向的趋势非常明显，如每一个行政村都要建设标准的小学。在农村各种公共服务设施比较落后的情况下，增加农村公共服务投入的初衷是好的，也确实在改善农村教育方面发挥了一定

的作用。但是政策一刀切的现象也存在，尤其在增加农村公共服务设施投入时没有充分考虑我国城镇化快速推进的大背景。城镇化意味着农村人口大量向城市转移，农村人口正在减少，不少家庭已经长期不在村庄居住，这时就不能以固化的思维配置城乡教育资源，否则就会造成空置、空闲、浪费性建设。根据笔者的调研，很多村小面临生源短缺问题。由于资源分散，教学质量差，村里的孩子宁愿高价到城里、镇上甚至私立学校上学，也不愿意在村里上免费的学校。市场机制作用下资源的集中集约使用是城镇化的重要特征，但目前布局农村公共资源指导思想仍然具有计划的、分散的特征，这种撒胡椒面式的做法是完全与城镇化背道而驰的。

农村人口向城镇迁移是现阶段中国城镇化的本质，是不可阻挡的大趋势，公共资源一定要顺应这种趋势而不是相反，考虑到更多农村人口会到更高级别城市、中心城市和毗邻中心城市县域享受公共服务的趋势，同时增加农村和城市的教育投入。

远离中心城市的农村要尊重农村人口会减少、农村生源会减少的趋势，充分考虑更多农村孩子会到更高级别城市、中心城市和毗邻中心城市县域就学的趋势，考虑如何通过增加教育投入、优化空间布局、创新办学模式使让留下来的孩子接受更好的教育。城市要尊重更多农村人口会进城、更多农村孩子会进城上学的趋势，增加教育投入、扩大办学规模、提高办学水平，让城市孩子和所有愿意进城就读的农村孩子都能便利地接受较好的教育，彻底解决大班额、上学难问题。通过增加教育投入、优化教育资源空间配置，让农村孩子可以自由地选择是在农村还是在父母务工地就读、接受较好的教育，是解决县域教育问题的终极目标，也应是中国教育的终极目标。

工业化篇

第八章　传统农区产业空间演化

一　传统农区发展初期乡村工业村庄选址倾向的产生

按照区位理论，企业会按照利润最大化原则选择最佳空间区位，或者逐步趋向现实的满意区位。区位理论中的理想企业应该选择基础设施水平高、经营环境较好、市场规模大，而且资本、技术、人才、信息等更易获得的区位，以最大可能地降低成本、获取最大利润。改革开放初期，沿海地区农村工业是在城乡隔离制度依然存在、计划经济仍居主导地位的条件下在国有经济的缝隙中产生的，其资本、技术、劳动等要素供给及销售市场均无法突破社区界限，村庄选址倾向是制度、技术、市场、资本等因素约束下的必然结果。但是，传统农区农村工业的起步比沿海地区晚了十几年，全国工业格局、市场发育程度及经济社会运行整体状况都发生了深刻变革，为什么企业仍然倾向于在村庄就地创业？这一问题是经典区位理论所无法解释的，所以有经济学家认为企业在传统农区的村庄选址行为是不理性的、缺乏效率的。但是，现实中不是个别企业选择了村庄，而是呈现普遍的村庄选址倾向，简单地将之归结为不理性是不合适的，而且实证研究也证明了农村工业与国有企业、城市工业相比是有效率的。现有理论不能解释此经济现象可能是因为在理论的一般化过程中忽略了现实中的一些比较重要的因素，得出了不同的结果。

笔者认为，传统农区发展初期乡村工业的企业村庄选择倾向是微观企业区位选择的结果，是创业者在市场经济条件下自主决策的结果。本章将从传统农区创办企业的微观经济主体面临的具体约束条件出发，分析其在这些现实约束条件下如何进行理性的区位选择，对传统农区发展初期企业村庄选址倾向的产生做一个切合实际的解释。

（一）对单个企业微观层面村庄选址行为的解释

1. 发展初期高风险和资本缺乏的创业条件客观要求传统农区乡村工业创业者们理性地选择控制创业规模

根据传统农区的经济社会特征，发展初期兴办乡村工业的当地创业者具有以下特征。

第一，他们在创业初期大多不具备经营和管理企业的经验。传统农区发展初期的创业者脱胎于本地的农民。在封闭的农业生产中，他们无法获取工业生产的信息，更不会产生创办工业企业的冲动。根据笔者的调查，传统农区的创业者或者有外出务工的经历，或者曾经在本地国营或集体企业工作过，这些经历让他们有机会了解工业生产方式并发现一些可能的创业机会。但是，传统农区产业结构以农业为主，作为工业企业创业者的农民长期从事传统农业生产，务工经历只是使他们有机会接触和了解工业生产方式，并不能达到对工业生产及企业运行规律的准确把握。由于自身文化程度低，他们外出务工或者在本地工业企业工作时，大多从事一些单纯的体力劳动或者一些简单的技术工作，一般不具备企业管理的经历和经验，更不用说掌握企业战略决策的能力了。从这个意义上说，他们不知道或者没有能力进行成本最小或者利润最大的企业选址决策。

第二，他们在进行创业尝试时大多对生产技术的掌握不够成熟与全面，更不具备技术发展与创新的能力。根据笔者的调查传统农区发展初期的创业者创办企业的技术一般源于自身务工经历或者模仿其他企业。由于工业产品分工较为复杂，并且要求工人有一定的熟练程度，所以企业不愿意让工人轮换太多岗位，大多数工人只对一道或者少数几道工序比较熟悉，不能熟练和全面掌握生产的全套技术。因此，源自务工经历的技术是很不全面的，一般只能掌握整套工序中的一道或者少数几道，而不是全套工序，离真正有能力生产出产品有很大的距离。同样，模仿他人的技术时，也只是对技术的表面有一定了解，没有实践经验，不大可能清楚里面的关键点和技术诀窍，离真正有能力生产出产品同样有很大的距离。因此，无论源于自身务工经历还是模仿他人，传统农区发展初期的创业者在兴办企业之初大多都不能熟练和全面掌握生产所需要的完整技术，只有在生产过程中慢慢模仿、探索，才能逐步掌握生产的全套技术。

此外，传统农区发展初期大部分创业者们受教育程度不高、自身知识水平有限，在学习技术或者模仿技术时只能"照葫芦画瓢"，往往要经过无数次的失败才能生产出想象中的产品，掌握一些简单的技术。现代工业技术要求的几何、机械、化学等方面的相关知识，都需要经过正规的教育才能掌握，创业者和相关人员的人力资本积累不足成为企业技术发展和技术创新的瓶颈。

第三，传统农区工业企业的创业者创业资本不足。资本缺乏是传统农区的创业者面临的最大障碍之一。农业是传统农区最主要的经济活动，农业创造财富的能力远远低于非农产业，并且中国农民的人均耕地非常少，产出大多用于基本的农业生产和日常生活开支，所以来自农业的资本积累非常有限。此外，作为小生产者农民自身财产和资产很少，在现有的金融体系下他们的信用评级很低，很难从正规金融机构获得资金支持。因此，资本缺乏是传统农区工业企业的创业者面临的共同问题。

根据以上三个传统农区创业者创办企业时面临的最现实

的约束条件，可以得出以下两个基本结论。

第一，经营和管理经验的不足以及对生产技术掌握得不够成熟与全面，决定了创业者面临较高的创业风险，他们必然会选择降低创业规模以控制风险。经营管理经验与技术方面的缺陷决定了传统农区大部分创业活动是简单的模仿性尝试，对市场前景没有把握，前途极不确定，面临较大的创业风险，因此在进行创业尝试时必须考虑不确定的后果对其个人和家庭生活的影响。但是市场、技术、生产等方面的不确定性不是他们能够控制的，除非他们不进行创业尝试。提高收入水平、改善生活条件的强烈愿望促使他们进行创业尝试，但为了降低创业失败对其个人和家庭生活的影响，他们会选择尽可能减少初始投资，降低创业规模。这样，即使创业尝试失败了，对其个人和家庭的影响也会较小。所以，受经验、技术方面的客观限制传统农区工业企业的创业者们会理性选择降低创业规模以控制风险。

第二，创业资本缺乏决定了创业者必须尽可能地缩小创业规模以获得进行创业尝试的机会。创办正规的工业企业需要一定的基础设施，需要厂房、设备，需要购买原材料、动力、燃料，需要雇用劳动力，等等，因此具有相当规模的投资是创办工业企业的基本条件。面对资本缺乏的困境，传统农区创业者必须找到一个尽可能节省资本以缩小初始规模的创业方式，才能获得进行创业尝试的机会。如果规模超过了资本限度，根本谈不上成功或者失败的问题，连尝试的机会都没有了。所以，缺乏创业资本决定他们只有尽可能地缩小创业规模才能有机会进行创业尝试。也就是说，传统农区内生型企业的创业者们在进行初始区位选择时首先考虑的是采取何种方式才能获得进行创业尝试的机会，而不是考虑怎样的区位选择能够使企业成本最低和利润最大。

综上，我们得出一个基本结论：在资本缺乏和存在较大风险的条件下，传统农区的创业者会理性地选择尽可能控制创业规模，以获得进行创业尝试的机会并降低风险。

2. 村庄选址行为是传统农区创业者们控制创业规模的理性选择

根据以上分析，传统农区发展初期的创业活动是一种风险很大的尝试与模仿，并且面临资本不足的现实问题，创业者们会选择尽可能控制初始投资规模，以获得进行创业尝试的机会并降低风险。笔者认为，长期生活的自然村落是传统农区创业者们最熟悉的环境，选择家庭作坊的方式，在本村甚至自家住宅进行创业尝试是创业者们为了缩小初始投资规模的一种理性选择。

选择家庭作坊的方式进行创业尝试，传统农区的创业者可以基本不雇用或者很少雇用家庭以外的劳动力，并尽可能减少厂房设备等方面的投资。具体来说，传统农区创业者们的村庄选址行为可以从以下四个方面降低初始投资规模。

第一，村庄地价低，有时甚至不用支付地价。作为农民，传统农区的创业者们拥有自己的宅基地和承包地。在自己的住宅内进行创业尝试，不需要支付地价。当企业规模有一定的扩大时，他们可以使用自己的承包地仍然不需要支付地价。即使企业进一步扩大需要租用邻居们的房屋，要支付的租金也很低。与同乡镇所在地乃至县城所在地相比，村庄房屋可能的生产性用途较少，可能产生的现金收益很小，机会成本较低，因此，传统农区的创业者们更愿意在村庄选址。这样一来，在传统农区工业化的过程中就出现了一个耐人寻味的现象：工业企业在位置偏僻、交通闭塞的村庄率先产生。用机会成本可以在一定程度上对其进行解释：越是位置偏僻、交通闭塞，村庄房屋可能的生产性用途越少，可能产生的现金收益越小，机会成本越低，需要支付的地价也越低，因而会有助于降低创业者的初始投资规模，同时也降低了进行创业尝试的门槛，增加了进行创业尝试的机会。进行创业尝试的机会越多，成功的可能性自然越大，所以在传统农区工业企业会在位置偏僻、交通闭塞的村庄率先产生。

第二，家庭作坊式的创业尝试可以尽可能减少厂房、设备等方面的固定资本投资。工业品的生产，即使是家庭作坊式的生产也需要一定的作业空间和设备。传统农区的创业者们在自己家里进行尝创业试时，首先就可以节省建设或者租借厂房的费用。如果注册正规的企业，建设或者租用现代化的厂房，其建设费用甚至租金对于缺少创业资本的传统农区创业者来说是一笔不小的开支，并可能将一些潜在的创业活动挡在创业的大门之外。其次，家庭作坊式的创业尝试可以尽可能多地使用手工而少用专门的机器设备。购买机器设备尤其是专业设备需要一笔不小的资金，但是初期的创业尝试规模很小，市场也不稳定，机器设备的使用率较低成本较高。采用家庭作坊式的创业尝试，就可以尽可能多使用手工而少用专门的机器设备，用日常生活中经常使用的一些简单工具和设备代替专用设备，从而降低初始投资规模。

第三，家庭作坊式的创业尝试可以节省兴办正规企业所需要的工商注册、税收等一系列支出，降低制度成本。中国农村工业的发展是在计划经济向市场经济转机的制度背景中，受市场机制的激励和引导并通过不断挣脱计划经济制度的束缚而为自己开辟道路的，因此工业发展水平与传统制度约束的强度呈负相关，与市场机制激励和引导的强度呈正相关。沿海地区尤其是广东、福建和浙江在计划经济时期属于偏远地区，传统制度的束缚较弱，改革开放以后又与外部发达的市场经济体最近，从而受市场机制激励和引导最强。所以，20 世纪 80 年代以来沿海地区农村工业化就率先起步，并成为我国农村工业化发展水平最高的地区。内陆传统农区在计划经济时期属于核心区，且有着根深蒂固的自给自足自然经济和封建传统，制度约束相对较强，改革开放以后又远离国外发达的市场经济体，市场机制激励和引导相对较弱。所以，内陆传统农区工业起步较晚（有些地区至今尚未起步），发展水平相对较低。但是，随着工业化的整体推进以及相应的中国区域经济结构的变化，传统农区成为欠发达地区，经济缺乏活力，其受到的制度束缚反而变得较低，尤其在村庄层级，"天高皇帝远"，政府管不到或不管给市场活动留下了较大的空间。比如创办正规的工商企业需要支出的工商注册、管理等相关费用甚至一部分税收，在村庄这一行政层级的最底层创办的企业，受到的各项监管不严而且有一定的弹性，初期它们可以不支付这些费用，等看到一定前景乃至有收益时再办理。这就一方面减少了资本支出，另一方面也降低了风险。所以，虽然传统农区有交通通信不变所带来的人流、物流、信息流等市场要素获取的高成本制约，但也有远离政治中心所带来的制度约束低成本优势。制度成本的节约幅度超过了交通信息成本增大的幅度，使传统农区非农产业的创业和成长的综合成本较低。

第四，由于长期交往形成的稳定邻里关系，在某些设备的租用、电力供应、劳动力使用等方面可以不用直接支付现金，产品销售之后再结账。这种非正式的民间融资行为，有助于减少当期资本支出、控制初始投资规模。农村自然村落的形成经历了长期的历史演变过程，村民之间一般有一定的血缘、宗族等方面的关系，使村民之间有一种天然的相互信任的关系。同时，农业社会具有相对稳定与封闭的特征，村民的经济社会活动一般局限在村庄的范围内，这种长期稳定的交往使村民之间形成了相互合作、相互支持的邻里关系。凭借这种稳定、相互信任的邻里关系他们可以极低的交易成本在实物、金钱方面调剂余缺，其至零利息相互借贷。当选择在本村创办企业时，创业者们就可以充分利用这一天然的信用关系，在不用提前支付现金的情况下，暂借邻居们以及村里拥有的某些设备，暂时使用村里的电力供应，可以让亲戚邻居们帮忙生产，等产品销售以后再支付相关的费用和工资。这同样有助于降低初始投资规模并控制风险。

综上，经营和管理经验的缺乏决定了传统农区的创业者们在创业初期对企业发展缺乏长远规划，"走一步看一步、摸着石头过河"。他们不知道创业能不能成功，以及能够达到何种程度的成功。具体到初始区位选择，资本不足决定了他们首先考虑降低初始投资规模获得进行创业尝试的机会，无暇考虑怎样的区位选择能够实现成本最小或者利润最大（当然成本最小或者利润最大是同创业者的投资规模决定的，当投资规模较小且技术水平较低时在村庄创业是最优的；当投资规模较大且技术水平较高时投资在工业基础设施和城市基础设施较好的区域是最好的）。技术与经验的不足使传统农区创业者们的创业尝试面临较大的风险和不确定性，他们会自然而然地选择在本村甚至自己家里进行创业尝试，以尽可能控制初始投资规模，降低风险。因此，从经济理性的角度来看，传统农区内生型企业的村庄选址行为是创业者在自身资本缺乏，技术与经营管理经验不足的条件下控制投资规模、降低投资风险的理性选择。

（二）　宏观上村庄选址倾向的形成

传统农区发展初期，本地创业者在资本、技术和自身素质约束下选择在村庄创业，但这种不确定性很大的小规模尝试与模仿同时也是风险很大的活动。村庄选址行为虽然有助于降低初始投资规模、降低风险，但同时也决定了这种创业尝试的技术水平很低、规模很小，根据工业企业发展的一般理论，这些企业的市场竞争力不强，成功的概率应该较低。如果大部分创业尝试以失败而告终的话，村庄选址现象就会最终消失，而不是呈现普遍的村庄选址倾向。只有大量发生在村庄的创业尝试成功了，才可能呈现宏观上显著的村庄选址倾向。所以，要对宏观上的村庄选址倾向做出解释，必须回答这样的问题：发生在传统农区自然村落这种技术水平较低、规模较小的创业尝试为什么能够在市场竞争中生存并获得一定程度的发展，其优势在哪里？也就是说，企业的村庄创业尝试为什么能够成功？

1. 企业在村庄创业的生产成本较低

首先，村庄劳动力的机会成本较低，对工资水平的期望值也较低。传统农区发展初期很重要的一个特征就是产业结构以农业为主，非农产业发展严重不足。一方面，农民主要从事农业生产，在农业机械化程度不断提高的情况下农业吸纳劳动力的能力不断下降，农业劳动力得不到有效利用，一部分劳动力处于闲置状态，其边际生产率极低甚至为零。在现行家庭联产承包责任制下，土地平均分配到各个家庭，部分农村劳动力的闲置表现为农村劳动力普遍利用不足，劳动生产率低下，每个农民从农业生产获得的收入都很低。另一方面，传统农区非农产业发展严重不足，农民在本地获得非农就业机会的可能性不大。也就是说，农村富余劳动力从事农业生产获得的收入很低，而且除了从事农业生产又难以找到更有效率的用途，所以农村劳动力放弃农业转向工业的机会成本很低，办在村庄的企业就可以用较低的成本使用农村劳动力。只要支付的工资水平超过农业生产的收入农民就愿意为其工作，而不是要求行业平均的工资水平。

其次，流动成本的节约也使村庄劳动力可以接受较低的工资水平。与外出务工相比，在本村工作的生活成本较低。农村蔬菜、鱼肉等农副产品价格便宜，粮食自己生产，住在自己家里省去了房租支出，所以衣食住行的成本都较低，并且能够节省外出务工需支付的交通费用，这也无疑会降低他们的工资要求。同时，如果企业办在乡镇或者县城，企业还要解决员工的吃饭、住宿问题，从而增加企业的投资。把企业办在村庄就可以省去员工生活方面的投资支出，最大限度地降低初始投资规模。

再次，本地劳动力具有兼业性，在本村工作的劳动者可以照顾家庭兼顾农业生产，企业则可以根据生产波动灵活使用劳动力，降低劳动力成本。同正规、成熟的企业相比，创业初期的企业市场前景不明确、不稳定，生产的波动较大。

如果按照正规企业的劳动用工方式，不管有没有生产任务都必须支付固定的工资，这是传统农区小规模尝试的创业者所无法承受的。使用兼业农民就可以根据生产的实际需要使用劳动力，且不必按月支付固定工资，只需在有生产任务时按照实际劳动时间或者工作量支付相应的工资，进一步降低了劳动力成本。同时，这种劳动力使用方面的灵活性也有助于降低市场不确定性带来的风险。

2. 企业较小的固定资产投资规模降低了产品需要分摊的不变成本

正规工业企业往往需要支付相对较高的土地租金，并且厂房、机器设备的折旧费用都比较高，即使不生产时同样要支付这些成本。办在村庄的企业则不同。根据前面的分析，办在村庄的企业使用自己的宅基地或者承包地，或者租用邻居的房屋，租金很低有时甚至不用支付地价。家庭作坊的方式又尽可能减少了在厂房、设备等方面的固定资本投资。由于土地、厂房、设备等方面的投资较少，与正规工业企业相比办在村庄的企业固定资本分摊成本也较低。而且当企业不生产时，这些土地、房屋仍然可以保留其原有用途，不会增加企业的成本。

3. 企业在村庄创业的组织管理成本较低

工业生产不同于简单的农业家庭生产，其分工程度较高，以雇佣关系取代了家庭经营中的自我激励机制，因而需要一定的组织管理、监督激励成本。正规的工业企业有相应的管理人员，有系统的管理制度，当然也需要支付相应的运行费用。小规模尝试的村庄企业没有能力雇用高素质的外来管理人员，而是靠稳定的农村社区关系形成的兼业工人与创业者的相互信任来维系生产的正常运转，保证企业的生产效率、产品质量、交货时间，等等。这种靠稳定的社区关系来维系对生产的管理，保证企业正常运行的管理方式，非常适合传统农区的这种处于初创时期的非契约型小规模企业，有效降低了企业的生产组织与管理成本。

4. 企业在村庄创业的融资成本较低

根据前面的分析，村庄的形成经历了长期的历史演变过程，居民之间一般有一定的血缘、宗族等方面的关系，从而形成一种天然的互信关系。这种互信关系，使创业者在本村创办企业时可以在不用提前支付现金的情况下（等产品销售以后再支付相关的费用和劳动工资），暂借使用各种生产资料和劳动。而且利息较低，有时甚至是零利率。这种非正式借贷行为（缓期支付）不但解决了创业者的资本短缺问题，为企业提供了一种变相的融资，而且与从正规金融借贷相比，这种融资的成本较低。正规融资行为不但利率较高，并且需要一定的担保，融资成本较高，这些成本归根结底还是要成为企业的生产经营成本的。

5. 村庄创业者本身的利润要求低

与那些兼业工人一样，传统农区的创业者也是农民，他们创办企业的机会成本也较低。而且传统农区的创业者们一方面传承了中国农民的吃苦耐劳精神，对自己的生活消费要求极低，另一方面具有强烈的脱贫致富的愿望，他们省吃俭用也要把企业做起来。因此，与城镇正规企业不同，传统农区的创业者不要求获得行业的平均利润，只要扣除各项支出以后有剩余他们就能够生存，并能够用这些不多的剩余进行积累，一步一步把企业做大。这种较低的利润率要求无疑会使传统农区的产品价格优势更为明显。

综上，虽然办在村庄的企业在资本、技术、基础设施等方面都处于劣势，但由于创业者本身对利润率的要求很低，而且在产品生产、组织管理、资金融通方面都具有独特的成本优势，所以一些在村庄进行的初始创业尝试在激烈的市场竞争中顽强地生存下来，从个别企业微观层次的村庄选址行为演化为宏观上的村庄选址倾向。

二　传统农区企业村庄选址倾向的强化

传统农区农民的村庄创业活动实际上是一种现实约束条件下的最大化行为，实现了生产要素有效利用，传统农区企业村庄选址与分散布局是一种相对稳定的均衡状态。但是，经济活动是持续发生的，现实约束条件也是不断变化的，所以任何均衡都是相对的。从动态均衡的角度考虑，传统农区企业村庄选址与分散布局均衡受两种力量的作用：一种力量倾向于强化现有均衡，另一种力量则倾向于打破均衡，向空间集中的方向发展。现实中，企业的区位选址决策一经做出，就会在累积投资、产业集聚等因素作用下形成一定的自我强化趋势。

（一）传统农区企业村庄选址倾的投资强化

如前所述，受资本、技术、经验和能力等方面因素的影响，传统农区的创业者们理性地选择了在村庄创办企业，并凭借村庄历史传统和稳定的社区关系获得了一定的竞争优势，在激烈的市场竞争中顽强地生存下来。然而，这些企业生存和发展的环境并不宽松，靠的是低成本优势，其利润水平并不高，所以自身资本积累的能力也不强。同时，根据笔者的调研，受经验和眼界的限制，传统农区发展初期的创业者们经营思路往往比较保守，一般不愿意从外部融资。有些企业即使有融资的意愿，融资渠道的缺乏也制约了融资的可能性与规模。所以，传统农区本地内生企业一个显著的特征就是其规模的扩大主要靠自身的有限积累，发展比较缓慢。把企业盈利的绝大部分用于在企业原址上增加厂房、机器设备等固定资产，逐步做大企业规模。随着后续投资的不断增加，在企业原址上积累的不动产越来越多。固定资产有些在空间上是不可移动的，一旦移动可能会丧失一部分甚至全部价值；有些虽然在空间上是可以移动的，但是迁移的成本相当高，所以，这种逐步增加固定资产投资的发展方式使初始的村庄选址行为不断强化，形成一种路径依赖。

同时，受自身的知识、经验、能力以及信息渠道等的限制，传统农区发展初期的创业者们对所从事行业的技术前景、总体市场规模等知之甚少，更谈不上对市场和技术前景具有开放的视野、敏锐的感觉和积极的应对措施。创业之初，他们的目的只是通过一种模仿性尝试，获得比从事农业生产更高的收益，并不清楚其创业活动能够坚持多久、发展到什么程度，更谈不上对企业发展的长远规划。只有随着企业的不断发展，企业家的逐步成熟，企业才会慢慢走向正轨，才会对企业长远发展问题进行规划，其中就包括企业的空间选址问题。随着企业规模的不断扩大，企业对工业基础设施与城市基础设施水平的要求会不断提高，初期选址的村庄在这方面与企业要求的差距越来越大，并造成企业生产经营成本的增加，甚至会影响企业的产品升级与长远发展。但是，由于初始的村庄选址行为已经随着投资规模的不断扩大而强化，要搬迁必须付出不小的成本，一些企业不想支付这种成本而不愿搬迁。此外，搬迁需要一大笔新的投资，有些企业因为没有新的资金而无法搬迁，影响企业的长远发展。

（二）传统农区众多企业村庄选址行为聚合成一定水平的产业集群

除了有形的累积投资对企业的初始选择行为起强化作用以外，企业发展尤其是地方产业优势的形成也在很大程度上强化了企业的村庄选址行为。

1. 传统农区创业活动中的学习与模仿机制

在传统农区工业发展过程中，个别企业的成功会起到一种示范作用，激发周围群众的创业热情。周围群众的学习与模仿行为使本地产业的绝对规模扩大，并形成一定的规模效应和集聚优势。

（1）摆脱贫困、发家致富的强烈愿望使农户有浓厚的模仿意识

作为小生产者，受自身知识水平和眼界的限制，绝大多数农民自身不具备提高生产技术、改变生产方式等方面的能力，所以农村长期沿袭了以传统农业为主的生产方式，难以摆脱贫困状态。但是，这并不是说农民没有摆脱贫困、发家致富的强烈愿望。我们经常看到的现象是：当看到亲戚邻居通过调整种植结构（包括使用更优良的作物品种、种植经济作物等）或者发展养殖业获得较高收入时，农民们就是纷纷仿效；当看到进城务工比从事农业生产收入更高时，农户就会选择让自己家里有竞争力的劳动力进城务工。实际上，作为以家庭为单位的个体生产者，农民本身是理性的，他们会在自身能力范围内对家庭的劳动力、资本做出尽可能有效的安排，以期获得更高的收入，提高生活水平。但由于人力资本不足、信息渠道有限，农民更多的是通过日常的邻里交往与观察获取经验和信息，并进行简单模仿，以合理安排家庭内部的劳动力和资本，提高收入。所以，作为自负盈亏的小生产者，农民具有天然的模仿意识。当看到周围的亲戚和邻

居通过从事工业品生产获得了较高的收入时，其他农户就会纷纷仿效。

（2）传统农区创业尝试的门槛较低、容易模仿

如前所述，村庄创业活动是创业者在经验不足、资本缺乏条件下以降低投资规模、控制风险为前提的创业尝试。所以，技术简单、投资规模小是发生在村庄的创业活动的基本特征，这些特征决定这种创业行为的进入门槛较低，容易模仿。当看到身边的亲戚或者邻居从事工业品生产能够获得比农业更高的效益并且自己具备模仿的条件时，农户们就会纷纷仿效。

（3）村庄企业的竞争优势是村庄所具有的普遍优势，模仿者同样可以获得

根据前面的分析，村庄企业的竞争优势在于创业者本身对利润率的要求很低，并且企业在产品生产、组织管理、资金融通等方面的成本也较低。这些优势都与企业办在村庄有关，是村庄的经济社会状况所决定的，而不是早期的创业者所独具的竞争优势，这些优势后来的模仿者同样可以获得。

综上，当发生在村庄的早期创业尝试获得一定的成功时，由于创业活动的门槛低，容易模仿，且农民本身又具有喜欢模仿的特性，就会有大量的模仿者在传统农区出现。模仿者同样凭借村庄选择在产品生产、组织管理、资金融通等方面的低成本优势，获得生存与发展的机会，数量众多的村庄创业活动由此展开。

2. 村庄层面产业集聚优势的形成与村庄选址倾向的强化

传统农区创业者的村庄选址行为在不断被追加投资所强化的过程，也是村庄层面的产业集聚优势的形成过程。在自然村落的范围内，各种生产要素是可以自由流动的，因此传统农区的工业发展具有空间自组织的特征。最初一两个农户从事工业品生产并获得了一定的成功，吸引周围的人纷纷仿效，村庄选址行为被不断复制。随着更多的农户生产相同或者相近的产品取得成功，在一个或者几个相邻的村庄空间范围内该产业就会形成一定的规模，成为省域、全国乃至更大范围内该类产品的生产基地，并由此产生一定的集聚优势。这种集聚优势表现在以下六个方面。

一是产业在业内知名度给企业销售产品带来极大的便利。产业在一定地域内的绝大规模较大时，自然就会成为一个集聚的市场，这个市场的存在会大大降低购买该产品的厂商或者批发商的交易成本，成为采购同类产品优先考虑之地。在调查问卷中，90%以上的企业家都认为区位给企业带来的最大优势就是该区域在行业中的"名气"。在访谈中很多企业家也都谈到，他们的产品销路很好，而且基本上都是外地客商上门求购。因此，区域内产业绝对规模的扩大降低了企业的销售成本。

二是产业规模的扩大催生了专业化的原材料采购队伍。由于区域内产业的绝对规模大，对原材料的总体需求随之增大，于是专业化的采购队伍应运而生。大批量的采购使专业采购者能够以更低的价格购买原材料，且品种更丰富、质量更好。这时企业会发现，从专业采购者手中购买原材料比自己购买成本更低、保障程度更好，并且可以加大购买频率减少库存。专业化采购队伍的存在无疑会提高企业的竞争优势。比如在河南省新密市大隗镇的纸业集聚区就有上千人专门在全国各地从事废纸收购和运输，供本地企业使用，有些人甚至将收购废纸的生意做到了国外。

三是产业规模的扩大催生了专业化的销售队伍。区域内产业绝对规模大同样使专业化的销售行为有利可图。单个企业产品单一、规格不全，而专业化的销售商可以同时销售多家企业的产品，满足购买者多样性的需要，并大大节约买卖双方的交易成本。原材料采购与产品销售环节的专业化不但降低了流通环节的成本，而且强化了社会分工，使生产者把精力集中到生产领域，提高技术水平，促进产业的进一步发展。

四是随着产业规模的扩大会产生一只具有专业技能的熟练劳动力队伍。产业规模的扩大需要使用更多的劳动力，在生产过程中这些劳动力的技能与熟练程度也会不断提高，从而形成马歇尔式的"劳动力池"。企业的生产经营不可能是稳定不变的，一些企业可能会遇到无法克服的困难而破产，一些企业会因为订单不足而缩小生产规模，还有一些企业可能因为市场需求增加而扩大生产规模，从而引起劳动力需求的波动。"劳动力池"的存在对企业和劳动者均较为有利：对企业来说，可以根据生产需求变化增减使用劳动力的数量；对于劳动者来说，企业较多获得就业的机会也相对容易。因此，熟练劳动力的可得性成为传统农区产业集聚区重要的聚集优势。

五是区域内产业规模的扩大会催生专业化中间投入和服务的提供。当企业数量少且规模较小时，生产所需的中间投入品必须自己生产，但由于专业性不强生产成本较高，或者到外地采购，同样也需要较高的采购和运输成本。此外，一些专用性很强的机器、设备价格往往较高，企业虽偶尔使用但总体利用率不高，自行购买使用的成本太高，此时企业往往倾向于租用此类设备。但是，当区域内产业总体规模较小且单个企业规模也较小时，专业化设备提供者就无利可图，企业只能用通用机械代替，使生产效率得不到应有的提高。当产业在区域内集聚到一定程度时，绝对规模的扩大就会使专业化提供中间投入、专业设备和中间服务等变得有利可图，产生中间投入、专业设备和中间服务的专业化供给，提高区域内企业的生产效率，降低生产成本。

六是随着产业规模的扩大企业间的分工细化，产业链条被拉长，生产的专业化程度得到提高。产业内部分工的细化，使厂商的专业化程度得到提高，企业技术水平、工人的劳动技能和熟练程度也会相应提高，企业之间的协作关系相应加强，这些不但有助于每个企业降低成本，提高效益，也有助于提高产业的整体竞争力。

以上这些优势都是在传统农区工业发展过程中，由一定程度的产业空间集聚形成的在某一或者某些产业的区域竞争优势。这些优势使传统农区工业企业在其他方面处于绝对劣势的自然村落里得以不断发展壮大，并使企业的村庄选址倾向被不断强化。

三 传统农区产业空间集聚水平及其对企业长远发展的影响

传统农区发展初期的产业空间集聚首先使单个企业在村庄选址的基础上利用村庄历史传统与稳定社区关系获得生存的机会，然后在学习与模仿机制作用下本地企业数目的逐步增加、产业绝对规模不断扩大形成的集聚优势。但是，传统自然村落是与农业生产方式相适应的居住方式，其最大的空间特征是布局分散。与此相对应，传统农区发展初期工业的空间布局也是分散的。

（一）村庄选址导致传统农区发展初期产业空间集聚的层次较低

虽然传统农区发展初期工业企业的村庄选址倾向因累积投资而强化，并且形成一定空间范围内的产业集聚与规模扩展，以及相应的集聚优势；但传统农区的产业集聚程度并不高，与成熟的产业集群相差甚远，主要表现为空间集中度不够，工业基础设施和城市基础设施水平较低，企业之间的交流与合作较为缺乏。

第一，传统农区产业集聚的空间集中度不够。如前所述，传统农区的产业集聚是在个别农民的创业尝试和众多农民的后续模仿这样一种机制下形成的，在产业集聚的形成过程中一方面表现为村庄选址倾向的强化，另一方面也决定了企业的空间集中程度较低。早期的创业尝试者选择其长期生活的村庄创业，后来的模仿者会做出同样的选择。创业者们虽然住在一个村庄，但是村庄并没有相应的基础设施与创业场所，所以他们大多会选择自家住宅或者责任田作为创业场所。村民的住宅与宅基地并不一定相连，而是在村庄范围内离散分布，相应地众多村庄选址的企业在空间上并不相邻，而是各自独立置办基本的生产基础设施，自成体系，企业之间共享程度很低。这样一来，单个企业的初始选址行为被强化，企业在该村庄的范围内就会呈现离散型布局。随着企业数量增多产业规模扩大，企业从一个村庄发展到相邻或附近的村庄，产业也相应扩展到若干其他村镇。产业在一个或者若干个相邻村庄范围内相对集中，但企业在空间上并不相邻。

第二，传统农区产业集聚区内公共道路、水电气暖、通信等工业基础设施水平较低。在传统农区产业集聚形成的过程中，每个企业都是靠自身缓慢积累扩大规模。在厂房、机器、设备等方面的累积投资，使初始的村庄选址行为被强化，企业呈现离散型的点状布局。理论上说，工业基础设施属于公共产品的范畴，应当由地方政府投资建设。但是，由于这些企业位于基础设施尤其是工业基础设施非常薄弱的村庄，本来就不是地方政府投资基础设施的重点区域（地方政府基础设施投资一般集中在行政建制的乡镇所在地，而不是偏远的村庄），而且由于企业布局极为分散，公共道路、水电气暖、通信等工业基础设施需要覆盖的空间范围相应增加，建设的成本也随之增加，地方政府即使愿意投资，也超过了其支付能力。即使企业家考虑到工业基础设施对企业长远发展的影响而愿意投资，但基础设施的公共品属性使投资份额与收益归属难以确定，企业也难以投资。所以，传统农区创业集聚区的工业基础设施建设水平一般都比较低。

第三，传统农区产业集聚区内消费品市场、医院、学校等生活基础设施水平较低。当企业与产业规模均较小时，工业发展只是使用村庄内的劳动力，没有超出村庄的界限外来劳动力。受村庄人口规模和消费能力的限制，消费品市场、医院、学校等公用生活设施水平自然很低，甚至为零。随着企业数目的不断增加，产业规模的不断扩大，对劳动力的需求增加，本村甚至本镇以外的农民会被吸引过来，使产业集聚区就业人口不断增加。如果没有其他障碍，随着工作地点的迁移，这一部分劳动人口（包括其供养的人口）应该向产业集聚区迁移，本地人口就会增加，消费需求随之扩大，对市场、医院、学校等的需求也会相应提高，并带动房地产以及公共道路、给排水系统等基础设施的发展，从而推动城镇化水平的提高。随着本地人口的增加和城镇化水平的提高，生活条件得到改善，并带动第三产业的相应发展，使生活方式的改变与生活水平的全面提高。如果实现了上述变化，传统农区产业集聚区就会对更多的人口（包括具有较高素质的管理和技术人才）产生足够的吸引力，为本地工业与第三产业的发展赢得更好的发展机会，进入工业化与城镇化互动发展的良性循环。现实却不是这样，研究表明，传统农区的工业化对提升城市化水平起到了一定的作用，但城镇化对工业化的促进作用不明显，原因就是城镇化发展水平较低，对工业化的促进作用有限。事实上，目前传统农区产业集聚区城镇化水平较低，消费品市场、医院、学校等生活基础设施也较为落后。笔者认为形成这种状况的主要原因是人口自由迁移与流动的渠道不畅通，人口居住地点没有随着就业的转变而相应转变。受客观制度条件的限制，传统农区工业发展过程中农民的非农就业选择了"离土不离乡"的方式，工作地点变化，居住地点不变。在工业相对集中的同时，没有实现人口的相应集中，城镇化水平的提高受到制约。

"离土不离乡"是实现非农就业的农民在现行制度约束下的理性选择。笔者认为至少有三个方面的因素导致了农民在本村以外就业却仍然居住在原来的村庄，而不是随就业地点变化而迁移。一是土地承包经营权的不稳定，缺乏保障。现行土地制度下，土地属于村集体所有，农户承包经营权是与其户籍相联系的。户籍迁出，村集体就有权收回农户的土地承包权。当农民实现了异地非农就业时，通常并不愿意放弃土地承包权。如果他们选择在新的就业地点工作生活，与原来户籍所在的村庄脱离关系，他们就会面临土地承包权被收回的现实问题，所以土地承包权不稳定制约了农民身份的转变。二是农村住宅产权不完整、流动性差、无法变现。农户的宅基地也是同身份户籍紧密相连的，如果他们选择在新的就业地点工作生活，与原来的村庄脱离关系，就等于自动放弃了宅基地的权利。同时，由于没有房产证等相关权利证明，农村住宅的流动性很差，房屋也很难变现。当他们要在一个新的地方工作与生活时，无法通过出让或者卖掉在原居住地的住宅获得货币收入，从而影响他们在新居住地置办新住所的能力。所以，农村住宅产权不完整、流动性差、无法变现也是造成农民选择"离土不离乡"的非农就业方式，是制约传统农区人口集中和城镇化水平提高的重要因素之一。如果可以在其就业地获得同等条件的住宅，他们完全没有必要回到原居住地居住。三是基本公共服务"属地"管理的性质使之无法随着人口的流动和迁移而相应地流动和迁移。医疗、子女受教育等基本公共服务也是与户籍制度结合在一起的，当农户因为工作地点的转变而需要迁移到新的地方居住时，他们在新的地方获得上述基本公共服务面临重重困难，尤其在子女受教育方面要支付较高的费用。

以上这些因素都抑制了非农就业人口的流动和迁移，是传统农区城镇化水平、第三产业发展水平与社会发展水平落后于工业化水平的重要原因。其实这也是中国整个工业化进程中一直面临的一个突出问题。从经济学的基本规律来看，工业化与城镇化是节省土地的，而中国在工业化与城镇化高速推进的同时却出现了耕地减少与非农用地紧张的状况，笔者认为其主要原因就是农村人口在实现非农就业的同时没有实现身份的彻底转变，在工业与城市就业的同时仍然保留其在农村的责任田与宅基地。这些农村人口在占有的农业用地、宅基地没有减少的情况下，其非农就业又靠增加非农用地来实现。这些新增加的非农用地只能从农业用地转化而来，所以在工业化与城镇化高速推进的同时农业用地非增反降。实际上，一个非农就业的农村人口，实现工业化与城镇化所需要的人均用地远远低于其在农村的宅基地，只要将他的宅基地转化为工业与城镇发展用地，就有助于解决工业化与城镇化所面临的非农用地紧张的问题，甚至可能使农业用地增加。

上述三个因素都与户籍制度有关，限制了人口的集中，并进一步影响了传统农区产业的空间集中程度和城镇化的发展。人口集中、工业集中、城镇化是一个互动的过程，人口不集中，就无法建设高水平的工业基础设施和生活基础设施，市场需求也得不到相应的扩大，第三产业不能有效发展，城镇化和社会发展必然滞后，于是工厂办在每个村庄都一样，产业的空间集聚只能停留在一个较低的水平。

所以，笔者认为人口自由迁移方面的问题是制约农村工业空间集中的制度障碍，使市场经济条件下空间经济自组织的机制不能正常运转，制约了城镇化，造成了工业化与城镇化的脱节。一方面，传统农区的工业化按照市场机制发展，在资本缺乏、技术与管理经验不足等现实条件约束下形成了企业的村庄选址与分散布局；另一方面，传统农区的城镇化仍按照计划体制的行政建制发展，而不是在产业发展的地方兴起城镇，最终造成城镇发展缺乏产业支撑、产业发展缺乏基础设施。

（二）传统农区企业的长远发展要求更高水平的空间集聚

如前所述，传统农区初期的工业企业多数是从规模较小的家庭作坊一步一步成长起来的。在创业初期，企业规模小，以手工生产为主，生产、组织、管理等方面也有别于正规的现代企业，对工业基础设施、技术与管理人员等的需求较低。这种与创业者面临的资本、技术、经验约束相适应的小规模创业尝试，降低了生产经营成本，使企业获得了生存和发展的机会。但是，随着企业经过自身缓慢积累逐步成长，生产规模不断扩大，原有管理方式、技术水平越来越不能适应企业发展的要求。企业必须转变管理方式、提高技术水平，才能更好地发展。

首先，企业必须转变生产组织与管理方式，由家庭作坊变成靠契约维持的正规企业，才能更好地发展。传统农区早期工业企业的生产组织与管理是依靠农区社区关系维持的，也是与生产规模较小且不稳定的特征相适应的。随着生产规模扩大和经营的日趋稳定，原有的管理方式无法适应企业发展的要求，并导致管理成本的升高，所以企业迫切需要实现组织管理方式的正规化。实现正规化的管理需要两个方面的因素：一是要有管理能力和经验，这需要具备相应素质的管理人员；二是要有实行正规管理的员工基础，即能够接受正规化管理的员工。在传统农区，这两个方面都存在困难。①传统农区本地高素质管理人员存量严重不足，同时也很难吸引外部高素质管理人员的加盟。由于生产与生活条件较差，就业与创业的机会也远远不如城市与发达地区，传统农区培养起来的人才绝大部分都留在了城市与发达地区，回到本地的比例较小。所以，本地人力资本严重不足，尤其是技术和管理人员缺乏是传统农区经济社会发展面临的一个重大问题。此外，传统农区本地企业主大多脱胎于本地的农民，受教育程度低。虽然一部分企业主随着企业的发展而逐步成长起来，但是自身知识和眼界决定了他们中的大部分不能成为有现代意识的管理人员，提高管理水平实际上目前已经成为传统农区工业企业进一步发展的瓶颈：一方面企业家思想比较保守，看不到自己的缺点和短处，认识不到提高管理水平的重要性，不愿意或者没有聘请专业管理人才的积极性；另一方面，即使企业家愿意聘请管理人员，他们也很难找到忠于企业、对企业有长远打算的人才。因为传统农区的城镇化水平和相应的生活条件与城市相比差距太大，对于高素质管理人才来说，他们有能力也应该享受较好的生活，所以他们考虑的不仅是单纯的收入水平高低，更注重对更高生活质量的追求。即使企业家愿意支付较高的工资和其他物质激励，他们在传统农区也无法享受所希望的生活，只要城市有企业愿意支付同样高的工资，让他们留下来是比较困难的。但是，生活条件和公共服务水平不是企业家个人所能左右的，而是由传统农区的城市化水平所决定。②传统农区虽然有丰富的劳动力资源，但是具有组织纪律性和现代工业意识的产业工人供应不足。正规的企业要求正常的生产，而不是创业初期灵活性很大的间歇性生产，因此要求员工遵守产业纪律、严格按照企业所安排的时间与强度进行生产。但是，兼业农民不同于正规的产业工人，靠正规的契约很难管理。产业工人有很强的组织纪律性，他们除了通过工作赚钱来养家糊口没有别的办法，而且受到失业劳动力大军的竞争，能够接受比较严格的工厂管理制度。兼业农民是自由散漫的小生产者，他们有自己的土地，工作时还要照顾家庭，要有时间照顾自己的责任田，而且习惯了自由散漫的生活，心理上不接受且很难适应正规产业工人的管理标准。这样，过去依靠稳定社区关系来维系的管理方式及其带来的成本节约不但消失了，反过来还会影响企业正常的生产经营秩序，使企业的劳动生产率、产品质量、交货时间等越来越难以保证，管理组织成本也会大大增加。因此，传统农区企业的进一步发展迫切需要稳定的正规产业工人（能够接受工厂化管理的劳动力）供给。我们通常所认为的传统农区有丰富的劳动力资源，实际上是指非熟练劳动力，有组织性、纪律性且能够达到产业工人要求的劳动力供给其实也是不充足的。而且，即使是非数量劳动力也分散在各个村庄，具体到某个村庄，真实稳定的劳动力供给其实并不多，在乡镇、县城同样如此。在总体劳动力供给充足的情况下，由于人口居住分散，具体到某一个区域，其劳动力供给总量其实是有限的。在一定空间范围内，随着区域内产业绝对规模的增大，在传统农区同样会面临劳动力供给不足的问题。而且，与外出务工的农民不同，就地就业的农民与土地和家庭的联系是很难割断的，长期的邻里关系也使企业主在推行严格管理时存在困难。外出务工的农民与传统的农业生产与生活方式彻底分开了，其目的就是务工赚钱、养家糊口，所以有一定的组织纪律性。"离土不离乡"的工业化模式则没有割断农民与土地和村庄的联系，在本地实现非农就业的农民心理上不接受也不适应正规的工厂化管理。要将农民转化成真正的易于管理的产业工人，必须改变他们的居住方式并割断他们与土地的联系。

其次，企业必须提高技术水平才能提高效率维持市场竞争力。技术水平的提高要有相应水平工业基础设施的支持才能实现。随着企业规模的扩大，原有的手工制作方式越来越不能满足市场需要，企业家会逐步增加机器、设备，并聘请高水平的技术人员，以提高产品的质量和品种。在技术人员方面，传统农区的企业家会遇到与上述管理人员一样的困难，本地人才不足的同时对外部人才缺乏吸引力。此外，企业机器设备的增加必然会对水电气暖、通信、交通等方面提出更高的要求，也就是要求更高水平的工业基础设施。根据前面的论述，传统农区产业空间集聚的程度较低，制约了工业基础设施和生活基础设施水平的提高，从而不利于企业的进一步发展。

综上，在传统农区，随着企业规模的扩大，其内部会产生提高生产技术、转变组织管理方式的客观要求，这些要求要通过提高劳动力素质、提高工业基础设施和生活基础设施水平来实现，而劳动力素质的提高、工业基础设施和生活基础设施水平的提高都受制于产业空间集中的程度以及由此带动的人口集中和城镇化。因此，提高产业空间集聚水平是传统农区企业进一步发展的客观要求。

第九章 河南产业集聚区发展思考

前文分析了传统农区发展初期本地乡村工业的村庄选址倾向及在此基础上形成的层次较低的产业集群。但空间集聚是工业发展的客观规律，工业具有天然的集聚和城市导向。随着发展条件和市场条件的变化，尤其是中国供求关系总体变化、市场竞争日益激烈，低水平集聚的乡村工业的市场竞争力低的缺点暴露出来，大部分乡村工业生存发展困难。招商引进成熟的现代工业，以及对乡村工业自发集聚形成的本地集群进行改造提升成为传统农区工业发展的两大关键任务。在这样的背景下，作为传统农区的典型代表，河南推出了产业聚集区战略，推进传统集群升级并打造新的招商引资平台，使之成为河南构建现代工业体系、现代城市体系和自主创新体系的载体，带动全省经济社会的发展与转型。

一　关于河南产业集聚区功能定位的思考

明确的功能定位是制定发展战略与具体政策措施的基础。产业集聚是一种高效的产业组织形式，它以产业的高密度集聚为内在规定性，通过产业规模的扩大以及企业之间联系的加强，获得规模经济与分工经济利益，提高区域内企业与产业的市场竞争力。产业集聚区是产业集聚的空间载体，既有利于企业与产业的发展与集聚，又能够促进人口集中、第三产业发展与区域城镇化水平的提高，带动经济社会由传统农业社会向现代工业社会转型。改革开放以来，我国东部沿海地区就是依靠产业集聚形成的市场竞争力以及产业集聚区的相应发展，经济社会发展取得了长足的进步，其工业化与城镇化水平远远高于中西部地区。

通过调研发现河南各地产业集聚区大多是在原来的工业集聚区基础上演变而来的，且大部分仍然沿用工业集聚区的名称。虽然一字之差，却显示出对产业集聚区的理解不够深刻、定位不够准确。长期以来，各地基本上是把工业集聚区作为单纯的工业区发展的，拿出一部分土地进行整体规划，并投资建设一部分工业基础设施，作为地方招商、引进工业项目的平台，也有一些县市把工业集聚区作为争取建设用地的平台，还有一些县市则利用工业集聚区引导老城区企业外迁。这与河南省委省政府提出的以产业集聚区为载体，构建现代产业、现代城镇和自主创新"三大体系"的功能定位是不相适应的。

河南产业集聚区的发展状况参差不齐,有的引进了不少企业,但企业之间的配套与产业联系无从谈起;有的是已经形成了一定的产业联系与集聚优势,但总体来说仍然停留在工业空间集中的层次,在促进人口集中、第三产业发展与城镇化水平提高等方面体现得远远不够。虽然这种状况在某种程度上是由当地经济社会发展的现实水平决定的,但地方政府对产业集聚区的功能定位不太准确也是重要原因,而定位不准源于对产业集聚的认识不够全面、不够深刻。所以,笔者认为有必要从理论上把产业集聚的发展规律、产业集聚区在促进经济社会发展与转型中的重要作用讲清楚,以更准确地理解产业集聚区的功能定位,从更高的层次来理解产业集聚,在此基础上推出既符合地方实际又符合经济发展规律的具体举措,对产业集聚区发展做出长远规划,少走弯路,达到事半功倍的效果。

一般来说,产业集聚区在经济社会发展中的作用体现在以下几个方面。

第一,产业集聚区是工业空间集中发展的平台。工业生产对道路、水电气暖、通信等公共基础设施的要求较高。这些公共基础设施不但需要大量的投资,而且要占用大量的土地。当分散布局时,每个企业都需要相对独立的基础设施并支出相应的投资。由于单个企业的实力有限,无法承担高水平基础设施所需要的高额投资，所以布局分散时每个企业的基础设施水平都很低且利用率也不高。同时，这些分散的基础设施都要占用土地，造成土地使用效率下降。产业集聚区这一载体能够让企业在空间上集中发展，通过基础设施共享减少重复投资，提高基础设施的使用效率，并减少对土地的占用。目前各地对产业集聚区的认识与功能定位多集中在这一层次。

第二，产业集聚区是同类产业或者相关产业空间集中发展的平台。产业集聚不仅是指工业在空间上的集中发展，更重要的是同类产业或相关产业在空间上的集中发展。也就是说，产业集聚强调的是区域内产业绝对规模扩大以及企业之间联系加强所带来的竞争优势，即产业空间集聚带来规模经济与分工经济。一方面，产业在一定空间范围内集聚使产业总体规模扩大，获得原材料采购、产品销售等方面的规模经济（原材料采购规模扩大能够降低原材料采购价格，并催生专业化采购服务、降低采购成本；销售规模的扩大与市场份额的提高能够大大提升产业在国际国内市场的知名度，为产品打开销路，并有助于促生本地交易市场与专业化销售队伍的形成、降低销售成本），并带动中间投入部门、专门化机械设备、相关辅助行业等的发展，既能够降低单个企业的生产经营成本，又有利于提升区域内产业的总体竞争力。另一方面，产业空间集聚能提高产业内部的分工与专业化水平，促进企业之间在生产、技术、信息等方面的交流与合作，带动本地熟练劳动力与专门技能人才的产生，既能够提高企业的技术水平与创新能力，又有助于提升产业的整体素质。因此，在现代社会，那些经济最活跃、最有活力的地区，一定是某种或者某些产业集聚的区域，美国著名战略经济学家波特更是把地理集中形成的产业集群看成国家竞争优势的重要来源。所以，产业集聚区是同类产业或者相关产业空间集中发展的平台，既有助于提高企业层面的市场竞争力，又有利于提高产业层面的市场竞争力。

第三，产业集聚区是人口集中的平台。产业集聚不仅是企业的空间集中，同时也是人口的空间集中。现代社会是工业社会，经济社会发展的目标是从传统农业社会向现代工业社会转型，使广大民众享受现代工业文明与城市文明的成果。不改变人口分散居住的状态，是无法实现这一目标的。人口的空间集中必须以把大量农民从农业生产中脱离出来为前提条件，需要为广大农民创造大量的非农就业机会。非农就业机会的创造，首先要靠工业的发展。而产业集聚带来的企业与产业市场竞争力的提高有助于产业规模的扩大，创造更多的非农就业机会。此外产业集聚意味着工业在空间上集中发展，人口就业地点的变化会相应带动人口生活与居住地点的变化，使实现非农就业的这部分人口的居住方式随着生产方式的变化而变化，由分散转向集中。而且，企业发展需要大量的工人，没有劳动力的供给企业生产能力也无法扩大。河南劳动力总量虽然很多，但大部分农村人口仍然分布在传统农业社会所形成的自然村落里，具体到某一区域时人口总体数量并不是很多，劳动力供给也十分有限。笔者在调研中就发现，当某一区域的非农产业规模扩大到一定程度时，同样会面临劳动力成本上升乃至供给不足的问题。从这个意义上说，工业发展及空间集中与人口集中是相辅相成的：没有工业的发展与集中，人口就无法集中；没有人口空间集中带来的劳动力供给增加，工业的进一步发展也难以为继。产业集聚区的一个重要作用就是为工业发展与人口集中提供结合的平台。所以，产业集聚区是人口集中的载体，既通过非农就业机会的创造为农民"离土"创造条件，又通过自身空间形态的改变（产业集聚）带动人口居住的空间形态改变（人口集中）。

第四，产业集聚区是第三产业发展的平台。第三产业的发展不是凭空出现的，必须有其发展的客观经济条件，那就是以工业的发展、人口数量增加与空间集中为前提。第三产业是为生产与生活服务的，没有第二产业发展，没有一定规模的人口，就没有服务对象，就没有市场需求，第三产业的发展就是一句空话。如前所述，产业集聚区既是工业发展的平台，也是人口集中的平台，工业发展与人口集中所带来的市场需求是第三产业发展的基础与动力，所以产业集聚区也是第三产业发展的平台。此外，工业发展到一定程度之后，如果没有第三产业的发展为其提供支撑，就会面临成本的上升与竞争力的下降。因为随着工业的发展与规模扩大，其所使用的劳动力数量不断增加，尤其是高素质的管理与技术人员的数量不断增加。由于人的生活半径是有限的，区域内第三产业发展不足，就不能为劳动者提供便利的生活条件，造成劳动者生活成本的上升，并不可避免地加大企业的生产成本。不便的生活条件还会成为企业吸引高素质管理与技术人才的障碍，至少影响他们为企业长期服务的决心，所以第三产业发展不足会成为制约企业技术升级和管理转型的人才瓶颈，影响企业与产业的进一步发展。因此，工业发展、人口集中、第三产业发展之间也是一种相互促进、相辅相成的关系，这种良性互动关系的实现必须通过三者在一定的空间范围内相对集中才能实现，而产业集聚区的作用就是为三者的结合提供一个空间上的平台。

第五，产业集聚区是提高城镇化水平的平台。一方面，工业发展需要城市化发展带来的消费需求的扩大为其开辟市场。工业的发展不只是生产能力的提高问题，还需要相应的市场需求为其提供支撑。与第三产业一样，没有市场需求工业也没有发展空间，没有进一步发展的动力。工业品市场需求源在何方？它是消费者数量与消费者消费需求的乘积。消费者数量增加或者消费需求的提高是市场需求扩大的两个来源，在人口数量不能显著增加的情况下，市场需求扩大只能靠提高每个消费者的消费需求。中国作为最大的发展中国家，与发达国家最大的不同就是还有很大一部分人口的个人消费水平很低，还有很大的发展空间，这是中国经济发展潜力之所在。但个人消费水平既取决于消费者的收入水平与消费意愿所决定的现实需求，又取决于现实需求能否实现。当前，由于城镇化相对滞后于工业化，很多农民工实现了非农就业，已经工业化了，但他们的家还在农村还没有城镇化，他们的居住方式与生活方式还没有改变。虽然他们有了相应的收入水平，但居住与生活方式决定了他们无法购买与使用城市化生活方式所需要的那些生活用品。也就是说，他们虽然具备了购买能力，但是受客观条件的限制他们的购买能力无法成为现实的市场需求，只能是一种潜在需求。这既影响了劳动者个人生活方式的转变与生活水平的提高，也影响了市场需求的扩大与我国工业化的进一步推进。河南作为人口大省，有2600万农民工，这本身就蕴藏巨大的潜在需求。通过产业集聚带动人口集中、第三产业发展提高城镇化水平，既是经济社会发展重要任务，也是为工业化进一步推进释放的巨大需求空间。同时，城镇化水平的提高也必须以工业发展为基础。城镇就是经济活动空间集中的场所，没有实体经济支撑的城市是无法存在的。工业的发展与空间集聚，带动人口的集中、第三产业的发展与集聚，是城镇发展的基础，是城镇发展的活力之所在。反过来，城镇化水平提高了，人民的生活方式转变了，消费水平提高了，工业、第三产业的发展就有了更好的基础设施、更大的市场需求。所以，工业化与城镇化之间也是一种良性互动的关系，这种良性关系的实现同样需要产业集聚区这样一种载体为其提供一个空间上相互结合的平台。

综上，产业集聚区不但是工业空间集中的平台，而且是获取集聚优势提高企业与产业竞争力的平台，还是促进人口集中、第三产业发展、城镇化水平提高的平台。产业集聚区的定位应该是构建现代产业、现代城镇和自主创新"三大体系"的载体。具体来说就是在产业集聚的基础上，带动人口集中、第三产业发展、城镇化水平提高，最终实现河南省从传统农业社会向现代工业社会的转型。当然，有些县市工业基础薄弱、经济社会发展相对滞后，这些县市的产业集聚区尚无法承担工业发展、产业集中、人口集中、第三产业发展、城镇化水平提高这一系列功能，但仍要从这样的高度对产业集聚区的发展进行长远规划。因为地方经济社会发展是优势积累的过程，从工业发展开始起步，形成产业集聚优势，并通过人口集中、第三产业发展、城镇化水平提高形成综合竞争优势，是经济社会发展所要经历的几个阶段，每一阶段都要紧密联系，否则就难以为继，这在前面已经做了充分的论述。做好总体与长期规划，然后根据经济社会发展的实际情况有步骤、分阶段地有序推进，才能少走弯路，防止造成资源浪费及其他不必要的损失，不断积累优势，实现持续发展。

二 河南产业集聚区产城互动发展的思考

（一）河南产业聚集区产城互动发展方面存在的主要问题

产业聚集区是河南科学发展的重要载体，尤其是构建现代产业体系与现代城镇体系主要载体。产业聚集区产城互动发展的实质是在工业化的基础上推进城镇化，实现工业化与城镇化协调发展、相互促进。但总体来看，产业集聚区产城互动发展不理想，其突出表现如下。

1. 就业人口市民化进展缓慢

就业人口市民化进展缓慢是产城互动成效不够好的最为突出的表现。在产业集聚区发展过程中，多数地方更多的是把产业集聚区务工人员当作劳动力、生产者，而对其身份向市民化转变、居住条件和生活方式向现代化转变的重视不够。虽然也有一些产业集聚区从就业培训、保障性住房建设等方面对促进产业集聚区务工人员市民化进行有益探索，取得一些成效，但缺乏根本性的制度保障，尤其是对户籍及与户籍相关的各种城乡待遇差异既没有进行全面梳理也没有出台转户后的具体处理办法与处理程序，对产业聚集区就业的农业户籍人员享受城镇基本公共服务也没有具体的执行办法，导致产业聚集区就业人员市民化基本没有实质性推进。

2. 产业聚集区内村庄改造进展缓慢

产业聚集区内村庄改造进展缓慢也是产城互动方面的突出问题。目前各县产业聚集区主要是工业与服务业集中区，通过与相邻的老城区互动发展，产业聚集区将逐步与老城区融为一体，成为整个城区的产业功能区。所以，从功能上看产业聚集区是城市的产业密集区，不应继续保留农业与农村功能，区内村庄的城市化改造是产城互动的重要内容。由于产业聚集区内原有村民一般不会再有耕地，且主要从事非农产业，彻底的城市化改造既能帮助其尽快实现从农村居民向城市居民转变，实现市民化，又能够节约土地，为产业发展腾出一定的建设用地。但是，从全省总体情况看，产业聚集区内村庄的城市化改造进展缓慢，尤其是前几年在全省大范围推进新型社区建设的背景下，产业聚集区内村庄城市化改造进展缓慢更为凸显。从本次调研的情况看，除了少数产业聚集区村庄改造进展较快以外，多数产业聚集区内的村庄基本没有动。

3. 产业聚集区吸纳就业能力不强

受政绩观与考核体制的影响，不少产业集聚区在招商引资、项目引进方面主要强调投资规模，倾向于投资大、产值高、税收多的项目，相对而言在就业创造方面的关注度要低得多。从河南 180 多个产业集聚区的总体状况来看，2015 年 180 个产业集聚区主营业务收入 4.4 万亿元、从业人员 430 万人，平均 102.3 万元的营业收入才吸纳 1 名就业人员，远高于 73.1 万/人的全国平均水平。从全国范围来看，河南省没有资金优势，而目前产业集聚区的产业结构不能体现河南省劳动力资源相对丰富的比较优势，不但不利于吸纳就业，也会影响全省工业竞争力与经济效益的提高。

4. 规划不够科学

省委省政府在从一开始就反复强调，产业集聚区规划要和城市规划紧密结合，新城开发、老城区改造和产业集聚区建设要统一规划、统筹推进，推动城市基础设施和公共服务向集聚区延伸、覆盖，实现产业集聚区发展与城市建设有机对接。但实际上有些产业集聚区过度注重空间规模扩张，试图通过各种途径争取扩大空间规模，一些产业集聚区出现了一区两园甚至三园的情况，有些园区与城市的空间距离相当远，没有体现与城市规划的紧密结合。这虽然反映了各地发展工业、发展经济的良好冲动，但并不符合产业集聚区推进产业集群集聚、人口集中和城镇化的初衷，不利于产城互动发展。从发展现实看，建在城市边上的产业集聚区发展相对较好，凡是孤零零、没有依托的，发展都不理想。

　　除了产业集聚区规划与城市规划空间结合不紧密以外，从产城互动的视角看规划不科学还体现为两者内容不衔接。从县域范围看，产城互动实际上是产业聚集区与原城区的互动，不单是空间上相连，更重要的是相互支撑、互为基础、互相促进。城市发展需要产业支撑、就业支撑，反过来，产业聚集区发展也需要城市功能的支撑。所以，产业聚集区规划与城市规划的衔接除了空间上的紧密连接以外还要内容上结合，其中最重要的是城市规划的人口规模要根据产业聚集区所创造的就业机会多少来估算，并由此确定城市的空间规模。上述理念在目前的城市规划中并未充分体现，城镇规划考虑城市做多大、空间怎么布局时没有充分考虑产业聚集区内的产业布局、就业能力的综合协调，盲目扩大城区的现象较为突出。

（二）河南产业聚集区产城互动进展缓慢的主要原因

1. 认识原因

（1）对城镇化的重要性认识不到位

不少干部还没有认识到推进城镇化的深远意义，对城镇化"牵一发而动全身"的战略地位没有领悟透。城镇化水平低、质量不高是河南省经济社会发展诸多矛盾的症结所在，城镇化水平上不去，很多问题就难以有效解决。无论是改善民生还是优化经济结构、创造需求、拉动经济增长，都需要科学推进以人的城镇化为核心的新型城镇化。所以，省级层面一直强调，从长远发展来看，没有新型城镇化尤其是人口城镇化的持续推进，河南实现现代化就是一句空话。但是，由于对区域发展缺乏远见，对区域的现代化路径没有深度思考，过于注重短期的成效，尤其是过于注重短期 GDP 增长与财政收入提高，而且客观上县域内人口城镇化对经济社会发展的综合带动作用在短期内不易显现，所以县级层面对新型城镇化的认识与省级层面存在较大偏差。县级层面并没有真正领会与接受新型城镇化的核心是人的城镇化这一重要思想，行动上仍然沿袭过分强调城市空间规模的扩大以及土地城镇化的传统城镇化路径，对人的城镇化不重视，具体表现为在产城互动发展方面不积极、不主动。

（2）对工业化与城镇化的关系与相互作用认识不到位

发达国家的发展经验已经表明，在现代化道路上的不同时期，工业化与城镇化对经济社会发展的重要性不同：城镇化率在40%以下时，拉动经济社会发展最主要的力量是工业化，这一阶段面临的主要任务是扩大工业生产能力，生产更多的产品满足社会各种需要；城镇化率在40%～70%时，经济社会发展最主要的制约因素是城镇化，由于工业生产能力已经扩大，这一阶段工业发展面临的主要制约因素是需求，扩大需求的根本动力是人的城镇化。同时，这一阶段整个社会的产业结构要从第二产业主导向第三产业主导转变，第二产业内部的结构同样面临升级，而实现上述两个转变同样离不开人口空间集中与城镇功能提升的支持。所以当一个区域的城镇化率在40%～70%时，城镇化对工业化的综合带动作用要大于工业化对城镇化的促进作用。目前，河南省城镇化率刚刚超过40%，城镇化对工业化及经济社会发展的综合带动作用正在放大，需要通过完善城市功能与配套服务设施来支持工业集聚发展与转型升级，通过人口城镇化与第三产业发展来推进经济社会的全面发展。但是，不少地方对长远发展与现实利益的关系认识不到位，对工业化与城镇化的关系认识不到位，意识不到两者相辅相成、相互促进。认识上想不清楚行动上就不自觉，导致工业化与城镇化两张皮的现象较为突出。

2. 经济原因

（1）客观上人的城镇化需要直接增加地方政府财政支出

人口城镇化意味着为转户进城的农村居民提供与城镇居

民均等化的社会保障，提供教育、医疗、文化等公共服务，这些都需要增加政府的开支，而且这些开支是显性的。虽然众所周知人口城镇化会增加城市的生产与消费，但增加的生产与消费是隐性的，从政府的角度看，利益是间接的，所以在当前县级政府事权多、财力相对不足的背景下，县里的同志思想没有转过弯来，把人口城镇化的支出看成一种负担，认为农村人口落户城市就是负担，不愿意为人口城镇化提供支出，具体表现就是对人口城镇化需要增加的公共服务支出无计划、无政策、无行动。这实际上仍是短期利益在作祟，对区域发展缺乏全局性、长远性战略思考。

（2）工业用地价格较低难以弥补村庄改造成本

从本次调研情况看，产业聚集区内村庄每户居民的宅基地大概为3分，平均每亩地有3户居民，每户居民房屋的拆迁补偿在15万元左右，再加上其他费用，平均每亩地的改造成本在50万元以上。从功能定位上看，产业聚集区内土地一般只能作为工业用地，而工业用地价格一般在10万～12万元。这样，每亩地政府需要补贴40万元左右才能完成拆迁改造，改造一个占地250亩的村庄政府至少要补贴1亿元。如果仅征用耕地，综合成本仅为每亩8万元左右，如果以10万元价格转让，政府不仅不用补贴，而且每亩还有2万元的收益。所以，虽然产业聚集区内一些村庄改造的时机已经比较成熟，但政府为了减少财政压力而选择绕着村庄走，导致村庄改造进展缓慢。实际上长远来看这种做法很不明智，因为随着产业聚集区的进一步发展，随着经济社会发展整体水平的提高，村庄拆迁的成本与费用肯定会更高。

3. 体制机制原因

（1）产业聚集区管委会不具备促进产城互动的基本职能

目前产业聚集区管理采用的是管委会形式，管委会有科级的、有副县级的，个别也有正县级的。但无论什么级别，管委会的机构设计与管理职能一般均为招商引资与企业服务两个方面，大多数产业聚集区基本上没有社会管理的职能。由于缺乏基本的社会管理职能，产业聚集区自身在促进产城互动方面即使有心也是无力。

（2）户籍及与之相关的社会福利制度不利于产城互动的推进

虽然户籍对就业的影响越来越小，人口流动就业越来越普遍，但教育、医疗、住房、低保等多数福利性基本公共服务仍然与户籍紧密挂钩。而且，在国家层面财政公共服务资金向农村倾斜的政策导向下，农村户籍所附带的利益已经超过了中小城市户籍，城市户籍对农村居民的吸引力越来越小，导致产业聚集区内就业人员自身转户进城的意愿并不强烈。

（三）促进河南产业集聚区产城互动发展的建议

1. 提高认识，增强地方政府促进产城互动的自觉性

思想决定行动。要加强培训，广泛宣传，让更多的领导干部尤其是与产业聚集区发展密切相关的各级干部能够充分

认识目前城镇化"牵一发而动全身"的重要作用，充分认识工业化与城镇化综合协调发展的战略意义，从区域发展大局出发，从区域长远发展出发，积极主动地推进人的城镇化，推进产城互动发展。

2. 合理规划，提高产城互动的科学性

从县域角度看，产城互动不是产业聚集区自身的事情，而是整个县域工业化与城镇化协调发展的问题。目前城市规划存在的突出问题是对区域产业发展规模与人口发展规模缺乏科学的判断，产业规划与城市规划两张皮。从县域角度看，产业聚集区是其主要的产业功能区，产业聚集区产业发展规模与潜力，及其创造就业岗位的能力在很大程度上决定了城市的人口规模与空间规模。因此，要站在整个县域的视角，充分考虑全县人口总量与产业发展潜力，合理规划全县的产业布局与产业聚集区的空间规模、全县的人口布局与城镇化空间规模，提高产城互动的科学性。

3. 加快户籍及相关制度改革，清除产城互动的制度障碍

传统的通过户籍固化人口的居住与生活空间的人口管理模式不利于农民市民化，不利于产城互动。在工业化城镇化快速发展的今天，人口在城乡之间、区域之间的流动已经成为常态，只有支持与鼓励人口在城乡之间、区域之间自由流动与迁徙，才有利于提高人力资源、人力资本的配置效率，新型城镇化才能持续推进。因此，应当结合国家户籍新政，彻底转变针对不同身份而设计不同政策的思维模式，使公共服务政策及相关的社会福利与身份和户籍脱钩，直接将公共服务政策指向常住人口，逐步实现在全省范围内不论其户籍、身份、职业如何，均能够在其日常生活与居住地平等地享受各种基本公共服务。

在公共服务政策及相关的社会福利与身份和户籍脱钩、直接指向常住人口的同时，还应调整传统的公共服务资源配置政策，使其与城镇化背景下人口流动与迁移的趋势相一致。目前，公共服务投入的政策导向是向农村倾斜，尤其是医疗、教育、文化等方面投入向农村倾斜的趋势非常明显。在农村各种公共服务设施比较落后的情况下，增加农村公共服务投入的初衷是好的，也确实在改善教育、医疗条件，丰富农村居民文化生活等方面发挥了一定的作用。但是政策一刀切的现象也存在，尤其在增加农村公共服务设施投入时没有充分考虑城镇化快速推进的大背景。城镇化意味着农村人口大量向城市转移、农村人口大量减少，不少家庭已经长期不在村庄居住，这时就不能以固化的思维配置农村医疗、教育、文化等公共服务设施，否则就会造成空置、空闲、浪费性建设。目前实际情况是一方面农村公共服务设施大量投入但使用效率不高，另一方面城市公共服务设施严重不足，农村中小学生源流失及城镇中小学大班额现象突出。市场机制作用下资源的集中集约使用是城镇化的重要特征，但目前布局农村公共资源指导思想仍然具有计划的、分散的特征，这种撒胡椒面式的做法是与城镇化背景下人口空间集中的趋势背道而驰的。

所以，要在全省范围内，梳理户籍及与之相关的社会福利，通过制度设计使之直接指向常住人口，同时统筹协调公共服务资源的配置，从政策与资源配置两方面设计针对常住人口的均等化的公共服务体系，清除产城互动的制度障碍。

4. 落实两牵动三保留，提高农民市民化的积极性

根据前面的分析，产业聚集区内就业人口自身转户进城的积极性不高也是产城互动进展缓慢的重要原因。对此，《中共河南省委关于科学推进新型城镇化的指导意见》已经进行了总体部署，基本思路就是"两牵动（住房牵动、教育牵动）、三保留（保留进城落户农民土地承包经营权不变、保留进城落户农民宅基地使用权不变、保留进城落户农民原有集体财产权益不变）"，这些政策无疑非常有利于调动农民转户进城的积极性。但从调研情况看，不少县市这些政策研究还不深入，出台具体执行办法的更是少之又少。各县市应从经济社会长远发展的大局出发，认真贯彻执行省委"两牵动、三保留"的重要部署，提高农民市民化的积极性，促进产城互动发展。

5. 理顺管理体制，强化农民市民化相关服务

产业聚集区缺乏城镇化方面的职能管理是产城互动发展的重大制度约束，但是我们认为据此盲目扩大产业聚集区职能也不可取。通过本次调研中发现，即使招商引资及服务企业的职能，不少产业集聚区仍未理顺。一种观点认为应将县级的经济管理权限赋予县级产业集聚区，相关部门向产业聚集区派出派驻机构，这样招商引资与企业服务等相关事务，就能够在集聚区内解决，不用再绕一圈子向工商局、土地局、环保局等部门申报，从而提升效率。上述办法在有些产业聚集区运行得很好，但也有一些产业聚集区本来采用这种办法后来又放弃了，其主要原因是容易造成产业聚集区管委会与县委县政府的矛盾。在多数县尤其是在经济相对不发达的县，基本上全县所有的工业都放在产业集聚区了，这样以服务工业为主的职能部门的几乎全部业务都和集聚区有关，将招商引资与企业服务等相关事务全部交给集聚区内派驻机构等于将相关职能部门几乎全部业务交由产业集聚区管理，职能部门被架空，不但职能部门不满意，县的主要领导也会不满意。造成上述问题的关键是产业集聚区在产业发展中的分量太重，产业集聚区产业发展不仅是规划范围内几平方公里及管委会职责，而且是全县工业发展的主阵地，将其独立化的思路可能有利于产业集聚区自身的发展，但造成全县权力资源配置方面的矛盾在所难免。如果将上述分析放大到城镇化与产城互动视角问题将更加突出，城镇化与产城互动更不仅是产业集聚区自身空间范围内的事情，而是全县工业化与城镇化的协调发展，是全县经济社会发展工作的主体，因此，把所有相关职能都落实到产业集聚区内恐怕更不可取。从产城互动方面考虑，建议简化产业集聚区的管理体制，不要照搬原有的行政区划的管理思路，可以成立产业集聚区建设领导小组与产业集聚区建设办公室。由于产业集聚区产业发展与产城互动是全县工业化与城镇化协调发展的主体，理应由县委书记兼任领导小组组长，站在全县工业化与城镇化发展全局的高度对产业集聚区产业发展与产城互动进行总体领导、总体协调，相关职能部门配合产业集聚区建设办公室对产业聚集区产业发展与产城互动的具体事项进行落实。这样既能提高执行效率，强化产业发展与产城互动相关职能，又能减少矛盾避免产业聚集区管理机构的机关化、行政化。

三　河南产业聚集区优化升级的思考

经过 8 年多的建设运作，产业集聚区已经成为河南区域经济的增长极、转型升级的突破口、招商引资的主平台、农民转移就业的新渠道、改革创新的示范区，规模以上工业主营业务收入、规模以上工业增加值等方面已占据全省工业大半。但是，在规模迅速扩大的同时，发展质量不高、竞争力不强现象依然突出。更为重要的是，中国经济进入新常态、新阶段，市场环境发生深刻变化，资源环境、要素支撑约束增强，传统、粗放的发展方式难以为继，提高质量、转型升级、提升市场竞争力的压力和任务空前巨大。河南产业集聚区只有顺应新常态、加快提质转型步伐，实现由规模扩张向量质并重转变；由要素高强度投入驱动为主向市场竞争力驱动为主转变；由简单地"等靠要"向勇于改革创新转变，才能形成新的增长动力、抓住新的发展机会、拓展更大发展空间，实现长期可持续发展。

（一）河南产业集聚区发展亟须解决的突出问题

1. 主导产业不突出，难以形成集群效应

一些产业集聚区为了短期效应，"眉毛胡子一把抓""挖到篮里都是菜"，产业散乱格局，企业之间缺乏关联与相互配套，没有形成专业化分工和上下游合作关系。虽然短期内规模上来了，但由于没有形成集群效应，企业和产业层面的市场竞争力长期得不到应有的提高。

2. 产品层次低，市场竞争力不强

一些集聚区贪多贪全，什么都想弄，企业间产业关联度不强，以"堆"代"群"，缺乏配套与协同效应，项目建设和产业发展存在散乱现象，没有形成专业化分工和上下游合作关系的产业集群。缺少龙头企业带动，尤其是能发挥核心竞争力、引导中小企业进行产业链式发展的领袖型企业少。

3. 区域产业同质化竞争激烈

河南180多个产业集聚区，主导产业涉及机械制造、装备制造企业的有80余个，占产业聚居区总数的40%以上；涉及食品工业的将近70个，占35%以上；涉及化工产业的有30个，占15%以上。产业同质化及重复建设造成了大量资源内耗，各地在开展招商引资时，为争抢产业转移项目，只注重规

模不注重质量，甚至出现这个县到那个县挖墙脚的现象。

4. 引进企业"重大轻小"，不利于创新创业

目前入驻产业集聚区的多是具备一定规模的企业，中小企业比例较小，而实际上中小企业不但对解决就业、推进城镇化具有非常重要的作用，而且是培育产业集群的关键因素。产业集群通常是由少数大企业与众多中小企业组成，仅有一两个大企业是不够的，需要众多中小企业尤其是根植于本地的中小企业的配套、支撑与竞争。集聚区现行的一些政策是不利于中小企业发展的：一方面受投资规模、投资强度等方面的门槛限制，中小企业入驻产业集聚区的难度较大；另一方面地方政府把绝大多数建设用地集中到产业集聚区使用，中小企业在产业集聚区之外发展又面临无法获得建设用地的窘境。

5. 土地使用效率有待提高

土地制约已成为产业集聚区发展最大瓶颈，各集聚区普遍反映用地指标缺口大，影响项目入园。同时，一些集聚区在招商引资上追求短期利益，一些项目投入产出效益不高，用地粗放。从集聚区税收增长滞后于建成区面积增长上来判断，土地利用率还有较大提升空间。

（二）河南产业集聚区优化发展的对策建议

进入新阶段的中国经济，需求结构和要素禀赋变化正在驱动产品快速升级，发展动力和竞争格局变化正在驱动产业

快速升级。河南省产业集聚区应顺应产品、产业升级的迫切
要求，加快提升产品性能品质，加快推进产业转型，加快推
进创新创业；应强化供给侧改革，扫除资源流动障碍，支持、
鼓励、引导更多资源转向新供给，为提质转型发展释放资源
和空间；应更加注重城镇化的综合支撑作用，更加强调产城
互动发展、提高综合能力，为提质转型发展提供有力支撑；
应向大中城市与重点区域产业集聚区集聚发展重心，抢抓提
质转型发展的时间与空间。

1. 全面推动产品升级

面对新时期消费升级的趋势，河南产业集聚区应鼓励、
支持、引导消费品生产企业顺应消费者对高性能、高品质消
费品不断增长的需求，不断提高生产工艺与组织管理水平，
努力提升产品性能品质，全面推动产品升级。①应加强教育
培训，让企业、企业家全面认识经济发展新趋势，认识消费
需求升级趋势，增强其提升产品性能品质的自觉性。②应进
一步加强与优化职业技能培训体系，培育高素质产业工人，
把粗放型劳动力转变为能够生产高性能、高品质产品的精细
化劳动力，将河南的人口优势转化为适应新常态要求的劳动
力优势。③应设立产业产品提升基金，对企业提高技术、改
进装备给予一定的财税、金融支持。④应加强市场监管，规
范市场行为，为企业提升产品性能品质营造良好市场氛围。

2. 全力推动产业升级

产业升级已经成为不可逆转的历史潮流，河南产业聚集

区应立足自身优势，重点突破，厚植发展优势。①差异化竞争。国内各区域在产业升级方面均面临激烈的竞争，河南要找到自身的比较优势，根据自身比较优势选择合适的、能够实现可持续发展的产业，差异化发展。②重点突破。产业升级尤其是高端产业发展不能遍地撒网、一哄而上，要以郑州都市区、中原城市群区域为主，充分利用自身的人口优势及市场优势，全力承接与发展新能源、新材料、高端装备、生物制药、电子信息等高端制造业及电子商务、现代物流、互联网金融等高端服务业。③强化产业集群。产业配套能力差是河南的弱点，在产业升级是一定要强化集群发展意识，强力推动产业配套能力提升，积极利用互联网推进产业集群在线化，打造基于互联网的线上产业生态。

3. 全方位支持创新创业

新时期技术竞争从传统产业的同一技术层面转向传统行业与新业态同时进行的多维层面，创新、智力型创业对经济发展的重要性大大提升，但创新和智力型创业均需要人才、平台与机制，需要创新创业平台的支撑。河南产业聚集区应调整发展思路，打造创业创新平台，完善创投机制，创新人才政策，积极拥抱智力型中小企业和创业团队，强力推动大众创业、万众创新。①坚定不移地把企业作为创业创新主体来培育，落实国家鼓励企业研发创新的有关财税政策，允许研发费用提前从成本中摊销，或从所得税额扣除，或从税前收益中扣除。②充分利用鼓励科技创新的各项政策，以成果转让费、持股、利润分成等多种形式加大科研人员在创新性成果所获收益中的分成比例，激励科研人员创新创业。③顺应"互联网＋"时代智力型中小微企业、创业团队大发展要求，适时调整发展与招商思路，转变招商方式，变招商引资为招商引智，将招商指导思想从注重大项目、大资本转向注重智力型、精细化的中小微企业和创业团队，注重服务业与新兴产业。④集中力量在产业聚集区构建一批创新与创业相结合、线上与线下相结合、孵化与投资相结合的高品质创业平台与创业空间，为创新活动、智力型创业者提供低成本、便利化、全要素的工作空间、网络空间、社交空间和资源共享空间。

4. 强化供给侧改革，为提质转型发展释放资源和空间

提质转型发展是产业聚集区发展的必然要求。但传统产业自身具有惯性、路径依赖性。一些传统企业习惯了传统的生产方式、商业模式，对市场需求的变化缺乏深刻认识，而且其竞争优势也在传统的生产方式和商业模式上，所以是在熬、在等而不是转。产业聚集区内一部分从事传统供给的国有企业，产能过剩严重、持续亏损、经营困难，但其体量大、影响大，在各级政府的扶持下也在熬、在等。产业聚集区内一部分从事传统供给的大型民营企业，也是持续亏损、生存艰难，但背负大量融资，金融机构不希望，甚至害怕它们倒下，所以也是在熬、在等。在上述多种因素的作用下，我们看到的是大量过剩产能、僵尸企业无法被淘汰。

不可否认传统供给也有需求，在一定时期内也会长期存在，但趋势上看传统供给注定不断萎缩。更为重要的是，在经过多年发展形成传统经济结构的过程中，劳动力、资本、土地等大量资源已经被传统企业占用，如果这些传统企业不退出，资源不能转向新供给，就会产生较大一部分无效资源。社会总资源是有限的，在传统供给企业占有大量无效资源且不能顺畅退出的情况下，提质转型发展、新业态发展所能使用的资源变得非常有限，毫无疑问会影响转型发展。

具体来看，河南产业聚集区应从如下主线推进供给侧改革。①停止对僵尸企业、过剩产能的保护，利用资产重组、坏账处理等多种方式，使这些企业该淘汰的淘汰、该重组的重组，释放经济资源。②进一步加大简政放权力度，调整财税政策，降低创新创业成本，引导更多资源转向新供给。③切实加快户籍制度改革，增加教育、医疗、交通等民生领域优质公共服务供给，以公共服务撬动生活服务快速发展，构建良好生活服务体系，实现房地产和人口城镇化良性互动发展，为产业聚集区产城互动发展构筑坚实基础。④进一步强化市场监管、规范市场秩序，消除商品市场、服务市场、股票市场上"劣币驱逐良币"的制度根源，营造崇尚质量竞争、价值竞争的市场环境，为提质转型发展保驾护航。

5. 发展重心向大中城市与重点区域产业集聚区转移，抢抓提质转型发展的时间与空间

新常态下国内发达地区与欠发达地区之间基于产业转移

的合作将减少，基于产业产品升级的竞争将加剧，强者更强的"马太效应"的作用将凸显。优势突出区域将更快发展，不具优势的区域将逐步边缘化。河南产业聚集区只有聚焦大中城市和具有区位优势与产业优势的重点区域，才能抢抓机遇，获得提质转型发展的时间与空间。具体来看就是促进发展基础好、综合支撑能力强的郑州都市区、中原城市群（郑汴洛焦新许）一体化区域的产业集聚区重点发展，集中土地、资金、政策等各种优势，尽快形成优势产业集群、培育综合竞争优势。

发展趋势不明朗、发展动力不足的非重点区域、边缘区域，产业集聚区空间扩张应适可而止，重点转向提高现有土地利用效率、打造特色产业集群。通过产城互动发展，促进产业区与城区高度融合，提升城镇化水平，打造生态宜居的小城市。

在考核方面，对于大中城市与重点区域产业集聚区，要加大产业集群、创新能力、发展速度、综合竞争力等方面的考核力度，促进其加快发展、创新发展。对于非重点区域、边缘区域产业集聚区，降低对其总量与速度指标的考核力度，重点考核其土地利用效率、投入产出比、产城互动发展等方面指标。

第十章 "互联网+"背景下的传统农区产业转型升级

由于产业结构偏重，新常态下传统农区经济下行压力较大，调结构成为经济社会持续发展亟待解决的核心问题。但由于缺乏有效技术手段，近年来传统农区调结构并不顺利。"互联网+"给传统农区调结构、促进产业转型升级带来重大机遇，全省上下必须转变思维，应势而变，全方位拥抱互联网、连接互联网，通过关键链条、关键环节的数据化、在线化促进制造业、服务业及农业流程重组、模式重塑、利益重构，迅速丰富业态、提升素质、提高效率，以产业转型升级适应新常态，化解经济下行压力，为区域长远持续发展注入持久动力。

一 全面理解"互联网+"的内涵

"互联网+"是信息技术持续进步的结果。早期互联网是信息单向传递，功能相对简单，应用范围较窄，对其他行业影响不大。进入"互联网+"时代，移动互联、物联网、云计算、大数据等互联网核心技术的成熟与广泛应用极大提升了数据信息产生、交流、使用的范围与价值，演变成一次能量巨大的新技术革命，促进思维方式、生产方式、生活方式全面变革。

（一）移动互联与物联网技术使所有一切活动都可以通过数据信息反映出来，实现数据化

移动互联技术摆脱了对个人电脑的依赖，用户可以随时随地上网获取信息，同时个人的信息与需求也可以随时随地被记录与反映。物联网技术使互联网不但能够记录与反映人的信息、任何物（只要需要）的信息，而且还可以随时随地接收来自互联网其他的信息，使智能化得以飞速发展。移动互联与物联网技术使人的所有行为、所有商品（服务）生产与流通全过程均能够用数据信息反映出来，即所有一切活动（只要需要）都可以数据化。

（二）云计算技术使所有一切活动的数据信息都可以在线化，随时随地分享交流

云计算技术解决了海量信息的存储、管理、分享问题，使移动互联、物联网记录与反映的所有数据化信息能够沉淀、积累，并通过互联网以较低成本跨组织、跨地域广泛分享使

用，使人的所有行为、所有商品（服务）生产与流通全过程形成的信息不但能够数据化而且能够在线化，可以被随时随地分享与交流。

（三）大数据技术使所有数据化、在线化的数据信息均可以分析使用，使所有数据均可产生价值

大数据技术大大提高了信息处理能力，使得人的所有行为、所有商品（服务）生产与流通全过程数据化、在线化产生的海量碎片化信息能够被梳理、分析、挖掘、使用。如商家可以利用大数据对消费者日常行为留下的海量数据信息进行分析，得到其目标客户的数量、偏好、收入水平、区域分布等关键信息，精准制定生产及销售策略。反过来，互联网能够记录每一个消费者的个性化需求并将其纳入商家大数据分析的范围，成为商家的服务对象，使消费者需求能够被最大限度地满足，大量市场空白由此被填补，大量新的细分产业由此催生。

（四）在线化、数据化形成巨大"信息能量"，促进思维方式、生产方式、生活方式的全面变革，实现生产要素使用效率及经济社会运行效率的全面提升

"互联网+"的本质是数据化、在线化，所有人、所有物，在任何地点、任何时间永远在线，实时互动。人的所有行为、商品（服务）生产与流通全过程均可以数据化，并通

过在线化跨地域实时分享使用，成为组织经济社会运行的核心要素。所以，"互联网+"时代，数据信息将取代电力、交通等成为支撑与组织消费、生产、流通的巨大"信息能量"，促进思维方式、生产方式、生活方式的全面变革：不论是企业还是个人（即使做的事情不是互联网）都需要有互联网思维，都需要用互联网的方式去想问题、做事情，获取互联网带来的价值，所有行业和具体企业的价值链、产品和服务都可以通过数据化、在线化实现技术进步、效率提升和组织变革，减少生产与流通的盲目性、降低成本、提高效益，同时大量新的市场会被发现，大量新的细分行业会被催生。

二 "互联网+"为传统农区产业转型升级带来强大压力与重大机遇

（一）"互联网+"加剧了新常态下产业转型升级的压力与紧迫性

1. 新常态下市场和消费需求升级，制造业产品和技术升级压力空前巨大

产品层面，新常态下市场与消费需求加速升级，高性能、高品质消费品供给不足与传统式消费品产能过剩使制造业产品升级压力空前巨大。中国制造业过去30多年高速发展走的

是"价廉物美"模式，由于收入水平不高多数消费者消费时重其形而不重其质，生产者顺应消费者需求将"价廉物美"模式做到极致，但实际上价廉的背后必然是性能低、品质差。随着整体发展水平大幅度提高，中国消费者发生部分质变——收入水平较高的中产阶级人群持续增加，形成了一个愿意为高性能、高品质产品买单的庞大群体。在国内消费需求增长缓慢的情况下境外消费持续强劲增长就是最好例证，这是上述消费者在国内消费品质量、品质、安全性达不到其要求的情况下转到国外购物造成的。在高性能、高品质需求强劲增长、传统需求迅速萎缩的背景下，"价廉物美"式消费品生产企业在产品升级方面临前所未有的压力，迫使其要么升级、要么逐步被淘汰。

技术层面，由于需求萎缩、成本上升利润空间急剧下降，传统低成本低利润技术路径难以为继。改革开放以来中国制造业发展走的是"开阔地平推"技术路径，利用后发优势通过"山寨""模仿"进行低成本大规模生产，这样的发展模式使中国生产能力快速膨胀迅速成为全球制造业中心，但也导致了产品技术空间狭窄、差异性小，大量企业在同一技术层面上进行低水平竞争，利润率不高的局面。新常态下传统消费需求萎缩、"产能过剩"严重、生产成本不断攀升，低成本低利润模仿型排浪式生产难以为继，大量传统企业无钱可赚、生存困难，在技术升级方面同样面临前所未有的压力。

2. "互联网＋"带来有效技术手段，制造业产品和技术升级速度加快

面对新常态下产品和技术升级的空前压力，"互联网＋"为传统企业摆脱大规模低成本低利润模式转而生产高性能高品质产品提供了有效技术手段：数据化、在线化与大数据技术使生产企业能够充分了解消费者个性化需求，同时物联网及智能制造技术的进步大大降低了小批量生产的成本，个性化、定制化、小批量生产取代大规模生产的技术手段已经成熟。以个性化、定制化、小批量为主要特征，以众多中小微企业在细分行业进行差异化发展，为消费者提供高性能高品质产品为标志的"互联网＋"新制造业将成为制造业的主力，其迅速崛起无可阻挡。失去竞争力的传统企业，要么被改造，要么被取代。

3. "互联网＋"颠覆了传统发展路径，服务业发展速度加快

传统条件下受信息交流手段限制，服务业发展水平受服务对象规模和集聚程度的制约。我国城镇化发展水平较低、人口集聚程度较低、制造业发展层次较低，虽然拥有全世界最多的人口、最大的市场及排名第二的经济总量，但服务业发展潜力远远没有释放出来。

"互联网＋"时代服务供需双方信息交流非常便利，除了那些必须面对面完成的服务，空间距离对多数不需要面对面完成的服务的制约不复存在，服务业传统发展路径正在被颠覆，"有需求的服务均可被提供"将成为常态，服务业业态将因此而极大丰富。"互联网＋"时代人口数量及相应市场规模蕴藏的巨大发展潜力使中国服务业进入了快速发展新时期（事实上中国的电商已经弯道超车，实现了全球领先、世界一流）。

综上，新常态下产业转型升级已经成为一个不以人的意志为转移的过程，等不得熬不得。面对"互联网＋"带来有效技术手段，早调早转容易赢得主动抢得先机，晚调晚转就会被动乃至被淘汰。东部地区由于动手较早，已经出现较好势头，而传统农区由于产业结构重，适应新常态，对接"互联网＋"的速度相对较慢，经济下行压力仍在增大，产业转型升级紧迫性进一步增强。

（二）"互联网＋"为传统农区产业转型升级带来重大机遇

1. "互联网＋"为传统农区产业转型升级提供了技术手段和有效抓手

近年来传统农区调结构进展不快，并不是不愿调，而是缺乏有效抓手。由于能源原材料工业及传统制造业下行压力非常大，传统农区调结构只能寄希望于新兴制造业与服务业加快发展。由于城镇化水平相对较低、发展环境不佳及技术支撑不足，服务业与新兴制造业虽然取得了长足进步，但其发展速度抵不住传统产业下行速度，所以经济下行警报无法解除。如前所述，"互联网＋"恰恰为传统产业改造与新兴产业发展提供了技术手段，为传统农区产业转型升级提供了有效抓手。我们可以利用"互联网＋"成熟的技术手段，通过相应环节与链条的数据化、在线化推进制造业、服务业、农业"互联网＋"转型，实现产业全面转型升级。

2. 人口与市场优势成为"互联网＋"时代传统农区产业转型升级的强劲动力

"互联网＋"是信息交流方式变化推动的消费、生产、流通方式全面变革，生产要素使用效率及经济社会运行效率全面提升，而实现上述转变的核心理念是利用信息技术变生产者主导为消费者主导，围绕消费者和市场组织消费、生产与流通。所以，无论是"互联网＋"新制造业还是"互联网＋"服务业，消费者和市场成为"互联网＋"新产业所有链条必须关注的核心问题。拥有全国最多的人口最大的潜在市场，"互联网＋"时代传统农区的人口与市场优势将得以放大，成为推动产业转型升级的强大动力。

三 传统农区利用"互联网＋"促进产业转型升级面临的主要瓶颈与问题

（一）"互联网＋"基础设施与平台建设相对滞后

"互联网＋"时代数据是核心，人人都会产生数据，各行各业都会产生数据，反过来数据也会影响每个人，影响各行各业，所以数据将和水、电、路一样成为生产与生活的必需品，成为公共基础设施的重要组成部分，高效、快捷、安全、低成本的数据服务对"互联网＋"的顺利推进，对产业转型升级具有基础性决定性影响。但是，目前传统农区"互联网＋"基础建设和平台建设仍然相对滞后，一是网络服务能力仍然不强，网速慢、资费高问题突出，制约企业与个人用户广泛使用数据。数据显示，中国内地平均网速全球排名第82，仅为韩国的1/4。传统农区网速低于全国平均水平，全国排名第22，中部六省排名最后。二是产业云、大数据及各种网络服务平台建设相对滞后，无法满足"互联网＋"时代广大中小微企业、创业团队对数据服务快速增长的需求。三是数据孤岛现象依然突出，部门、行业间的数据壁垒尚未打破，数据价值无法充分挖掘。

（二）互联网意识不强，"互联网＋"发展的政策环境有待改善

技术层面之外，"互联网＋"更重要的是思维方式的改变。对于多数传统企业来说，不需要自身掌握"互联网＋"核心技术，只要具有互联网思维就能利用互联网改造自己，但如果没有互联网思维一切都是零。对于政府相关管理部门来说，如果对"互联网＋"认识不足、互联网意识不强，就会用传统的思维看待与管理互联网企业，就可能限制甚至阻碍传统企业的"互联网＋"转型及新业态发展。作为内陆欠

发达省份，传统农区在政府与企业层面均存在对"互联网+"认识不足、互联网意识不强的问题：一是政府相关管理部门互联网意识不强，主动适应"互联网+"要求改革管理制度的能力不足；二是传统企业尤其是高层管理人员缺乏互联网意识，不能积极主动融入互联网；三是互联网企业对传统产业的理解不充分，服务传统企业的能力不足。

（三）对"互联网+"时代产业发展趋势认识不够深入，发展思路亟待转变

如前所述，"互联网+"时代产业发展趋势是生产与服务小型化、平台与渠道大型化，众多从事生产与服务的中小微企业、创业团队利用行业成熟的大型平台与渠道顺应消费者需求向细分市场细分行业深度差异化发展，中小微企业成为产业发展主流的同时智力对企业发展的重要性大大提高。所以，"互联网+"时代应该更加注重中小微企业的发展，注重创业活动。但是，长期以来传统农区招商引资偏重大项目、大资本，产业集聚区等各类发展载体均对项目投资规模有较高要求，智力型、精细化中小微企业和创业团队的落地空间相对缺乏，已经不能适应"互联网+"时代创新创业活动小型化的要求。

（四）缺乏顶层设计和行业层面具体引导，统筹力度有待加强

"互联网+"是把互联网的创新成果与经济社会各领域

深度融合，形成以互联网为基础设施和创新要素的经济社会发展新形态的系统工程，需求高层面的顶层设计。《国务院关于积极推进"互联网＋"行动的指导意见》已经出台，提出了推进"互联网＋"的总体思路，并基于创业创新、行业、社会民生部署了十一个方面的重点行动，从国家层面对推进"互联网＋"进行指导。但从省级层面来看，由于各省具体情况差异很大，仅靠国家宏观指导是远远不够的。传统农区应抓紧研究，结合自身实际，尽快推出省级层面推进"互联网＋"行动的指导意见和行动计划，对破解推进"互联网＋"的关键瓶颈，创造促进"互联网＋"快速发展的良好氛围与政策环境进行统筹，并拿出切实有效的支持和激励措施，对各行业推进"互联网＋"进行具体引导。

四 传统农区利用"互联网＋"促进产业转型升级的思路与对策

（一）政府层面：夯基础、强意识、优环境、调思路

"互联网＋"是以互联网为基础设施和创新要素推动思维方式、生产方式、生活方式全面变革的系统工程，需要政府提高认识、转变思路、全面统筹，从软（政策）硬（基础设施）两方面营造"互联网＋"顺利推进的良好氛围：一是夯实基础，即要加快"互联网＋"基础设施与数据服务建设，为企业与个人提供"＋互联网"所需的数据服务；二是

强意识、优环境，即全面提升政府、企业与个人的互联网意识，优化"互联网＋"发展社会氛围和政策环境；三是调思路，即顺应"互联网＋"时代生产与服务小型化趋势，适时调整发展思路，更加注重智力型中小微企业、创业团队的引进与发展。

1. 加快"互联网＋"基础设施与数据服务建设，使企业与个人用户能够高效、快捷、安全、低成本地获得"互联网＋"所需的数据服务

一是进一步加快网络基础建设，鼓励电信、广电等行业企业在网络基础设施、业务内容、商业模式等领域开展合作，尽快实现"三网融合"。尤其是要与三大运营商密切合作加快提升移动通信网络的服务能力，探索与鼓励社会资本参与移动通信服务，大幅度提高移动网络覆盖率与访问速度，降低资费，使企业与个人用户能够方便、快捷、低成本地上传与下载数据。二是应加强与互联网巨头及大型互联网企业合作，利用 PPP 模式吸纳社会资本，加快产业云、大数据及各种网络服务平台建设，大力发展云计算、大数据等解决方案并最大限度地向社会开放，使中小微企业、创业团队等能够方便、快捷、低成本地获得所需要的数据服务。三是应加快数据政府建设，尽快设计相应的政策法规与数据交易机制，在保护用户隐私和数据安全的情况下，打破部门、行业间的数据壁垒，最大限度地实现数据的流动、分享，让尽可能多的数据能够被利用、能够创造价值。

2. 加强培训与交流，提升互联网意识，营造"互联网＋"快速发展的良好氛围与政策环境

一是加强政府相关部门的互联网技能培训，提升政府自身的互联网意识，推动管理部门顺应"互联网＋"快速推进的要求，适时改革不适应"互联网＋"新业态发展的传统制度，适时出台有利于规范与促进"互联网＋"新业态发展的新制度。二是加强企业层面的互联网技能培训，鼓励互联网人才与传统行业人才双向流动，一方面深化互联网企业对传统产业的理解，提高互联网企业服务传统企业的能力；另一方面加强农业、制造业、服务业等领域人才特别是企业高层管理人员的互联网技能培训，强化传统企业的互联网意识及应用互联网的能力，使其自觉主动地拥抱互联网、利用互联网。

3. 调整发展思路，更加注重招商引智，打造创业平台，完善创投机制，促进中小微企业发展

要顺应"互联网＋"时代，智力型中小微企业、创业团队大发展需求调整发展思路。一是顺应"互联网＋"发展趋势和要求，转变招商方式，变招商引资为招商引智，将招商指导思想从注重大项目、大资本转向注重智力型、精细化的中小微企业和创业团队，注重服务业与新兴产业。二是在中心城市集中力量构建创新与创业相结合、线上与线下相结合、孵化与投资相结合的创业平台与创业空间，为智力型创业提供全要素、低成本、便利化的工作空间、网络空间、社交空间和资源共享空间。"互联网＋"时代智力型创业更具发展前景，但智力型创业对城镇化水平、综合服务能力、创业投资等有较高需求，所以高品质创业平台与创业空间不应全省撒网，而应集中在中心城市。三是全省各产业集聚区与商务中心区要适应"互联网+"时代的要求，在招商政策、企业落地、企业服务等方面为中小微及初创型生产及服务企业提供便利，促进"互联网+"新实业遍地开花，真正将传统农区市场优势转化为产业优势。

（二）行业层面：全面在线、丰富业态、提升质量、提高效益

对于行业来说，"互联网+"的实质是信息交流方式变化（从线下现实空间的有限交流转变为线上虚拟空间的无限交流）推动的系列变革。无论是传统产业还是新兴产业，无论是制造业、服务业还是农业，"互联网+"的核心都是数据化、在线化，即将产业各个链条与环节的数据放到互联网上，通过生产者与消费者之间、生产者与生产者之间、生产者与机器设备之间最充分的信息沟通，实现准确生产、精细生产、智能生产，最大限度地减少无效生产，提高产品品质，丰富产业业态，满足消费者多样化需求。

1. "互联网+"促制造业升级：推动制造业各个链条各个环节在线化，促进传统农区制造业全产业链、个性化、智能化、服务化、生态化发展

制造业产业链包括研发、供应链、生产制造、批发零售、

售后服务等环节，"互联网＋"制造业就是将互联网核心技术应用于制造业上述关键环节。目前传统农区制造业主要处在制造业产业链中低端，借助"互联网＋"的东风传统农区制造业可以加快向全产业链延展，向个性化、智能化、服务化、生态化转型升级。

一是应大力推进"互联网＋"研发平台，推动传统农区制造业向消费者导向的个性化研发转变，实现产品升级。受信息交流手段的限制，传统产品研发模式中用户参与度小，受样本数量、分布情况的限制，传统市场调研覆盖面小，故所设计的产品往往不能充分契合用户需求，尤其是无法满足用户的个性化需求。而利用发达的互联网，企业能够快速、直观地从海量数据中收集用户的真实需求。河南人口众多，利用"互联网＋"研发平台广泛搜集用户信息进行个性化研发，传统农区人口优势将转化为制造业的用户优势，驱动传统农区制造业转型升级。

二是应大力推进"互联网＋"生产制造，促进传统农区制造业智能化升级。选择电子信息、装备制造、汽车等主导行业，实施示范性智能制造项目，形成一批数字化车间与智能工厂。通过企业生产设备数字化、智能化改造，推进生产过程整合及智能控制，提高产品质量性能。对服装、食品、家居等行业进行生产制造环节的智能化、柔性化改造，推进个性化、定制化生产。

三是大力推进制造业服务化，促进传统农区制造业从生产型制造向服务型制造转变。支持电子信息、装备制造、汽车等行业利用互联网打造用户信息采集分析平台，拉长产品服务链条，为用户提供全生命周期服务，开展故障预警、在线监控、在线诊断、远程维护等服务，拓展价值空间，推进制造业从制造向"制造＋服务"转型升级，扭转传统农区制造业重生产轻服务状况。

四是积极推进产业集群在线化，打造传统农区特色的线上制造业生态圈。支持电子信息、汽车及零部件制造、纺织服装、食品、家居等优势产业，整合现有平台资源组建专业化行业性工业云平台、供应链系统云平台等，促进传统农区本土制造业上下游企业线上集聚，打造传统农区特色的线上产业集群，实现从材料到成品的优化整合，形成传统农区制造业线上生态圈和产业联盟。

2. "互联网＋"促服务业升级：推动传统农区服务业各领域各环节在线化，丰富服务业态、扩大服务规模、提升服务效率，实现服务业全面升级

服务业总量小比重低是传统农区产业转型升级的主要瓶颈，而"互联网＋"为服务业转型升级和跨越发展提供了前所未有的新机遇。应充分利用传统农区的人口与市场优势，利用互联网技术推动服务业各领域各环节在线化、智能化，迅速扩大服务规模、丰富服务业态、提升服务效率，推动服务业快速发展、全面升级。

一是大力推进商务服务在线化、智能化，推动"互联网＋"

电子商务快速发展。依托传统农区承东启西的区位优势、"铁公机"综合交通优势及政策优势，进一步加快发展跨境贸易电子商务，打造成中西部地区跨境贸易中心，并借助物流和线下渠道通过O2O（线上线下）方式向全省及整个中西部地区延伸。依托传统农区各地的专业批发市场优势发展壮大网上交易，建设完善电子信息、服装、食品等优势行业的电子交易中心。引导传统零售、住宿、餐饮等企业在线化，线上线下相结合，利用电子商务加快发展、提升效益。

二是大力推进物流服务在线化、智能化，推动"互联网＋"物流快速发展。利用传统农区的区位和综合交通优势，建设现代智能化全天候物流基地，打造中国内陆"一带一路"物流中心。利用"互联网＋"信息集聚能力，聚合各类物流信息资源，建立各类可开放数据的对接机制，在更广范围内促进物流信息共享与互联互通。鼓励大型物流企业构建面向社会的物流信息服务平台，有效整合仓储、运输和配送信息，提高社会物流资源配置效率。加快建设覆盖市县、兼顾乡村的物流信息互联网络，利用邮政、供销社、新华书店等传统物流网络完善县到镇的物流配送网络，加强村级配送网点建设，努力解决物流配送"最后一公里"问题。

三是大力推进文化产品数字化、在线化，促进传统农区数字文化产业快速发展。传统农区既是文化资源丰富的地区也是文化消费量大的地区，要顺应"互联网＋"时代文化产业发展趋势，充分利用文化资源与市场优势，打造"互联网+"文化产业综合服务平台，推动教育、出版、报纸杂志、动漫、游戏等传统与现代的文化产品数字化、在线化，为版权交易、数字文化产品交易提供全方位服务。建设"互联网+"文化产业发展与孵化基地，整合省内文化产业资源，通过战略合作引进国内外数字文化产业先进技术和知名企业，为中小微及初创型数字文化企业提供全方位运营服务，打造中西部地区数字文化产业发展高地。

3."互联网+"促农业升级：推进传统农区农业产业链各个环节在线化、智能化，使农业管理效能、生产效率、产品质量、种养收益显著提升，实现传统农业向智慧农业转变

传统农区是全国重点农业区，要将互联网工具有效融合至农业产业链各个环节，全面提升农业生产效率和经济效益，实现农业可持续发展。

一是大力推进农业服务在线化，构建新型"互联网+"农业生产经营体系。支持互联网企业在传统农区建立综合服务平台，加强产销衔接，为农业产业化龙头企业、农民合作社、家庭农场、专业大户等农业生产经营主体提供互联网服务，促进农业生产从生产导向向消费导向转变，化解农产品"买难卖难"问题，降低农业经营风险。加快信息进村入户，支撑企业和相关单位通过移动互联网为农民提供市场、科技、政策、保险等信息服务。积极发展农产品和农业生产资料电子商务，推动农业流通销售方式变革，提升流通效率，扩大农民利润空间。

二是大力推进农业生产过程在线化、智能化，提高农业生产的精细化水平。在"万亩方""千亩方"等大规模农业生产区域，建设农业物联网测控体系，推进农机定位耕种、测土配方施肥、智能节水灌溉等精细化作业。加快畜禽标准化规模养殖基地的智能设备应用普及和互联互通，实现饲料精准投放、疾病自动诊断、废弃物自动回收。

三是完善农副产品质量安全追溯体系，提升传统农区有机农副产品公信力，提高农副产品附加值。利用物联网技术，建设农副产品质量安全追溯服务平台，对农副产品生产流通过程进行精细化信息化管理，强化上下游追溯体系对接和信息互通共享，逐步提高追溯体系覆盖面，通过农副产品生产与流通全过程可视保障可追溯，提升传统农区有机农副产品的信任度，做强传统农区农副产品品牌，提高农副产品附加值。

第十一章　航空经济背景下的现代
服务业发展

现代服务业的实质是服务业的现代化，它既包括新兴服务业，也包括对传统服务业的技术改造和升级。航空经济是依托航空运输而产生的一种新型经济形态，对人们的生产与生活有着全面影响。航空技术的进步推动了航空经济的发展，并对现代服务业发展有着重要的影响。随着 2012 年 10 月国务院批复同意郑州规划建设航空经济综合实验区，航空经济发展的大幕在传统农区打开，内陆区域通过航空运输直接进入全球市场和全球分工体系新开放时代。本章将在论述航空经济与现代服务业相互影响的基础上，选择与航空经济关系最为紧密的现代物流、电子商务两个行业对航空经济形态下的传统农区现代服务业的发展进行具体分析。

一　航空经济形态下的现代服务业发展特征

分析航空经济形态下现代服务业的逻辑起点是航空运输。

发达的航空运输需要地面运输的配合，才能完成腹地区域与全球城市的客货交流，于是以航空运输为核心的机场综合交通枢纽应运而生。综合交通枢纽必然产生中转、仓储、分拨、快递等业务，形成旅客集散、现代物流等产业，大量客货集疏带来交易业务的繁荣，促生专业会展、电子商务等现代化的贸易产业，人流、物流、资金流的汇聚进一步带动金融（结算、投融资）、文化休闲、生活体验等服务业门类的发展，进而形成高端现代服务业集聚中心。

航空运输这种全球速达长距离运输的快速发展与广泛应用，从运输方式上极大提升了现代服务业的服务能力，扩大了现代服务业的服务范围与服务领域，使航空经济成为一种基于全球分工体系的高度开放的经济形态，也使航空经济形态下的现代服务业成为能适应全球化、信息化、网络化、多样化发展要求，具有强大资源整合能力与综合带动作用的虚拟性与实体性兼具的网络化服务体系，成为全球价值链的核心及全球化生产与交易的主导力量，创造更多的经济效益和社会效益。

（一）航空运输提高了现代服务业的服务能力

技术进步尤其是信息技术的进步是促生现代服务业的决定性力量。信息技术的发展改变了信息传递的方式，加快了信息传播的速度，给经济社会发展带来革命性的影响。信息化缩短了信息传递的时间间隔与空间距离，推动研发、制造、交易、运输等各个环节组织形态的现代化转变，但这一转变仍有局限性，即具体产品与服务的空间距离仍然存在。实体产品传递能力与虚拟信息传递能力的差距成为制约全球分工深化的关键因素。而航空运输能够最大限度地缩小实体产品传递速度与虚拟信息传递速度的差距，如依托航空运输FedEx 实现了 24 小时内到达北美任何地方，48 小时内到达全球主要城市的全球时限运输能力。航空运输的发展与广泛应用将使实体产品传递速度与虚拟信息传递速度趋于一致，能够基本实现信息化的"物化"，大幅度提升现代服务业的服务能力，并全面影响人们的生产与生活方式，形成新型的航空经济形态。

（二）航空经济推进了现代服务业的国际化

航空运输的全球速达性大幅度提升了物流能力，使航空经济形态下的现代服务业能够围绕全球化生产与交易而展开，极大扩展了现代服务业的服务范围与服务领域。空间上看，由于航空运输的优势在于洲际长距离运输，与航空经济紧密相关的现代服务业的服务范围突破了国家界限，其服务对象与服务内容以跨国生产、跨国交易、跨国流动为主。由国内到跨国（洲际），意味着生产与交易方式更加迂回，从而产生新的服务需求并赋予传统服务新的内容，使国际货代、跨境贸易电子商务、离岸金融等新型服务业态不断发展壮大，实现现代服务业的国际化。

随着现代服务业国际化的是生产国际化的进一步深化，越来越多的企业和行业融入全球化进程，利用全球资源分享全球市场。实力强劲的跨国公司利用国际化的现代服务业网络进一步实现全球配置资源，控制并在全球范围内组织产业链，成为全球化的主导力量。而且，跨境贸易电子商务尤其是小额跨境贸易电子商务的发展使个人消费者也能够便利地参与全球化，不但能够全球采购，而且有可能转变成生产与服务的提供者。所以，航空经济意味着生产组织与消费网络的全面全球化，意味着生产方式与生活方式的全面全球化。航空经济的发展推动了现代服务业的国际化，而现代服务业的国际化使航空经济成为一种基于全球分工体系的高度开放的经济形态。

（三）航空经济提升了现代服务业的服务价值

航空运输是一种全球速达的高质量、高附加值的运输方式，航空经济是一种基于全球分工体系的高度开放的经济形态。航空经济形态下的现代服务业服务于全球化生产、全球化交易、全球化消费，其服务的主体与客体均具有高价值的特征。服务对象的高价值内在要求航空经济形态下的现代服务业具有高端国际化服务能力，使其必然成为集技术密集、知识密集、资本密集为一体的高价值行业，具备强大的资源整合能力，对区域经济发展具有综合带动作用。所以，与一般意义上的现代服务业相比，航空经济形态下的现代服务业具有更高的价值，具有更好的经济效益与社会效益。

二 航空经济与现代物流

（一）航空经济形态下现代物流产业的特点

1. 以航空运输为核心

没有航空运输，就没有航空经济，就没有航空经济形态下的现代物流。在航空经济形态下现代物流产业体系中，航空运输是核心。航空运输的发展促进国际交往的便利化，尤其是跨越大洋的洲际交往得到加强，促生供应链的全球整合及相应的生产全球化、交易全球化，使航空经济成为新的经济形态。与此相应的是洲际人流、物流大幅度增加，航空运输成为快速国际客货运的主要力量。航空运输的能力，决定了航空经济形态下的现代物流体系的总体规模；航空运输的服务水平，决定了航空经济形态下的现代物流体系的发展质量及最终价值。

2. 综合利用多种运输方式的多式联运

与一般的航空物流不同，航空经济形态下的现代物流服务于广阔的腹地，通过多式联运方便快捷地将来自腹地与全球城市的货物点对点送达。因此，航空经济形态下现代物流的特点之一是多式联运，即综合利用航空、陆路、水路等多种运输方式、多种交通工具，相互衔接、转运共同完成运输过程。多式联运经营人负责将货物从一国境内接管地点运至另一国境内指定交付地点的运输全过程，一票到底。发货人只要订立一份合同一次性付费，通过一张单证即可完成全程运输。多式联运最大限度地减少了中间环节，提高了运输效率，提升了航空经济形态下现代物流的服务价值。

3. 洲际长距离运输、全球速达

航空经济重要的特点是开放性和全球性，利用便捷的交通与通信条件在全球范围内进行供应链整合、价值链整合。作为航空经济发展的基础，航空经济形态下现代物流的主要服务对象是洲际长距离运输的货物，利用发达的航空运输与多式联运实现全球速达。

4. 高效率、高质量、高附加值

在各种运输方式中，航空运输的特点是速度快、无地理限制、完好率高，同时其运输成本也相对较高，高端化、高效化发展的趋势非常明显。由于航空运输是航空经济形态下现代物流的核心，航空运输的高端化倾向也决定了航空经济形态下现代物流的高端化，高效率、高质量、高附加值成为航空经济形态下现代物流的典型特征。

（二）航空经济形态下现代物流产业发展经验借鉴

1. 孟菲斯

孟菲斯国际物流中心是航空经济形态下现代物流产业发展的典范。虽然客运量方面孟菲斯机场与其他美国的机场相比较小，但是其货邮吞吐量雄居全球第二（2013 年其货邮吞吐量超过 410 万吨），仅次于香港。

孟菲斯国际物流中心的发展得益于国际快递巨头 FedEx 的强力支撑。1973 年 4 月 17 日正式在孟菲斯开始创业的 FedEx，如今已经发展成为拥有 20 多万名全球员工、650 多架飞机、4 万多辆专用货车、日运输 330 万件包裹的全球运输巨头。从孟菲斯始发，FedEx 能够在 24 小时内到达北美任何地方，在 48 小时内到达全球主要城市，成为全球时限运输的标准。FedEx 每日进出货量的 95% 是在机场内完成，支撑孟菲斯成为全球最重要的国际航空物流中心。

尽快航空运输十分发达，但孟菲斯国际物流中心并不局限于航空运输（航空货运只占整个物流供应链的 1/4），而是综合多种运输模式的多式联运。通过联通南北横贯东西的高速公路（包括两条洲际高速公路 I-40 和 I-55）、水路和铁路和全球相连，孟菲斯的物流业务遍及美加墨三国，极大扩展了航空运输的腹地资源。公路运输方面，由于接近于人口的中心且是 2 条洲际高速公路及 7 条主要国内高速公路的交汇点，从孟菲斯始发通过卡车运输能在一夜间到达全美 152 个市场（覆盖美国绝大多数主要市场），实现夕发朝至。在孟菲斯运行的卡车运输公司超过 400 家，且其中绝大多数卡车运输公司在孟菲斯都有巨大的货站。水路方面，孟菲斯港是美国第四大内陆港口，驳船每年运作的货物量超过 1900 万吨。铁路方面，孟菲斯是美国第三大铁路中心，联结 NS、BNSF、UP、CSX、CN 5 条一级铁路，其中 BNSF、CN、UP

在孟菲斯的多式联运门户建有多式联运中心。

发达的航空运输与多式联运，吸引众多企业在孟菲斯成立仓储与分拨中心，在孟菲斯组织它们的供应链网络一是许多第三方物流公司在孟菲斯运作，形成一个大型的仓储配送区。其中，孟菲斯最大的第三方物流公司之一Patterson仓储公司拥有200万平方英尺仓库面积，每年运作的进口货源铁路运输业务超过7000个集装箱，直接通过西海岸运至孟菲斯。由于亚特兰大无法实现晚上接受订单次日早晨运输交付，美国主要的第三方物流公司——NewBreed也将运营业务从亚特兰大迁至孟菲斯，在孟菲斯运作面积超过200万平方英尺的分拨中心。二是众多制药、医疗器械及其他生产企业选择在孟菲斯建立分拨中心、组织供应链网络。由于FedEx绝大多数隔日运输货物都是通过孟菲斯集散，众多制药、医疗器械生产企业在孟菲斯组织其供应链网络，生物医药行业也因此成为孟菲斯的特色产业，当地员工中每7个就有1人从事这一产业。发达的物流体系使驻扎在孟菲斯的公司能够为全球客户提供迅捷的服务，如洛杉矶的医生晚上9点为治疗病人下订单订购Smith&Nephew公司的产品，第二天11点就可以开始手术。利用孟菲斯的分拨中心将各种零部件运往全美17个储存站，西门子公司在客户电话响起2~6小时内可以将CT和X线体层照相扫描器部件等送到客户手中。孟菲斯是全美第二大整形外科设备的生产地区，拥有Smith&Nephew、Medtronic、Wright Medical等知名企业。孟菲斯拥有全球最大的角膜银行——美国"全国眼库中心",美国最大的隔夜药品检测中心——先进毒理检测中心、辉瑞和葛兰素的分拨中心,等等。除了生物医药企业以外,孟菲斯还拥有耐克公司的分拨中心,Verizon 公司的手机分拨中心,以及惠普、松下、Cingular、捷普全球公司、伟创力(Flextronics)等国际知名企业的全球供应链中心或服务中心。每年处理超过 10 万份订单的全球著名的鲜花网络公司 1 - 800 - Flowers,也是利用孟菲斯的冷库及 Mallory Alexander 国际物流公司的第三方物流服务,从全球各地接收鲜花,处理订单(最晚可以在晚上 8 点之前接受订单),然后挑选包装和发货,用于第二天交付。

2. 法兰克福

法兰克福是欧洲地区的国际物流中心。法兰克福拥有欧洲最大的航空货运机场,每周有 210 个专门的货运航班飞往 40 个国家的 79 个目的地,货邮吞吐量超过 200 万吨,日均物流量达到 5740 吨货物、250 万封邮件、7000 个包裹和 18000 个小件,欧洲 67% 的航空货物运输、54% 的邮件流转是在法兰克福机场进行的。除了四通八达的航空货运网络之外,法兰克福还毗邻欧洲最主要的高速公路交汇口,并且是德国的交通中心,国内主干道 3 号、5 号高速公路的交汇处,集聚了航空、公路和铁路等各种交通方式。

物流主体方面,法兰克福机场周边聚集了 80 多家航空运输公司,100 多家运输服务公司专业从事物流服务,包括亨利物流公司（ABX）、超捷公司（Dachser）、汉莎货运、德国邮政、敦豪丹沙空运和海运公司（DHL Danzas Air & Ocean）、敦豪 Exel 供应链公司（DHL Exel Supply Chain）、德国包裹服务有限公司、联邦快递、TNT 快递等著名货运和快递公司，此外还有大量的邮购公司、网络商店等物流企业。这些物流公司将世界各地的产品运进德国，也将德国的产品送往世界各地。

物流设施方面，为了方便雇主，法兰克福机场建立了拥有 28 个专用机位、年货物处理能力 100 多万吨的大型现代化货运中心，为客户提供定制模式服务。货运中心建有货运大楼、代理公司大楼、动物休息室、易腐物品中心、立体集装箱仓库等设施，快件、普货、生鲜易腐、动物运输等有专门分类，为客户提供一流设备和服务。德国本土航空公司汉莎航空在法兰克福机场附近也拥有占地 518 万平方米的自动化立体货库，年处理能力 50 万吨，为汉莎航空自身及其他 30 多家航空公司提供货运代理服务，并建有相应的货运设施，年处理能力约 30 万吨。

此外，德国邮政国际邮件分拣中心也位于法兰克福机场附近，每天分拣信件 500 万封、邮件 45000 件，其中 50.4%通过全货机载运，其余通过客机货舱带货。其操作方式是：中心人员接收国际邮政中心的航空邮件袋，按国家及航空公司对其进行分拣，再将其交付机场地勤人员。航空邮件袋通过一个带有悬挂式传送机的直通输送桥来运递，该桥将航空邮件处理中心和国际邮政处理中心相互连接起来。这种邮件处理采用全新的、集中的和现代化的方式，遵循最新的安全标准。

为了适应现代物流业发展的需要，法兰克福机场还建立了海关监管仓库、分拨配送中心、货运处理管理信息系统等现代物流设施，为货主、货代和物流运输企业提供更好的服务。

3. 香港

香港是亚洲地区的国际物流中心。优越的地理位置、开放的自由港政策、陆海空编织而成的四通八达的强大交通网络，以及安全、高效、充裕的货物处理能力，使香港机场一直是全球繁忙的国际航空货运机场和中国最重要的多式联运物流枢纽中心。2013 年，香港机场货邮吞吐量 412 万吨，居全球第一位，其运送的货物总值达到 28530 亿港元。

香港位于珠三角入海口，是中国内地往来世界各国的主要门户，也是中国内地联系全球的最重要的航空中心之一，其毗邻的珠三角地区是世界制造业中心和拥有 4500 万人口的腹地市场。从全球范围看，香港位于亚太区中心，从香港出发可在 5 小时内抵达全球半数人口居住地。

香港国际机场拥有 2 条 24 小时运作的跑道及四个航空货运站，提供 41 个货运停机位。在香港机场营运的航空公司达到 100 家，航线联系全球 180 个城市（包括中国内地 50 个城市），能够以最短航线抵达亚太地区主要城市。地面运输方面，亚洲空运中心的中港快线、香港空运货站的超级中国干线、海运码头的连接珠三角地区 18 个港口的水上航线，为往来中国珠三角地区及华南地区主要城市的货物提供一站式、无障碍多式联运服务。

为确保最有效地利用资源，为用户提供最具价值的服务，并促使机场辅助服务及相关货运服务达至规模经济效益，香港机场将大部分的航空物流业务，以专营权方式授予特定服务供货商经营。每项专营权均遵照廉政公署的指引严格招标，并以"建造—营运—移交"的模式批出。香港国际机场与专营服务商以伙伴关系合作，定期审视专营商的表现，并根据认可的国际及业界标准评定专营商的运作水平。

香港的四个航空货运站亚洲空运中心（AAT）、敦豪中亚区枢纽（DHL）、香港空运货站（Hactl）、国泰航空货运站（CPCT）分别由四家公司运营。亚洲空运中心由亚洲空运中心有限公司负责营运，占地约 8 公顷，总投资额超过 25 亿港币，设计货物处理能力达每年 150 万吨。亚洲空运中心是香港首家荣获香港海关"认可经济营运商"资格的空运货站，备有先进的全自动化货物处理系统，采用无线射频识别科技的货车控制系统，客户能够通过互联网及手机应用程序查询及处理货物程序。亚洲空运中心还经营着为来往香港及珠三角地区的货物提供一站式无障碍运送服务的中港快线，并设有冷藏及冷冻库、危险品储存室、放射物品室等特殊货物处理设施。敦豪中亚区枢纽由敦豪空运（香港）有限公司负责营运，是香港机场首座速递货运站和亚太地区首个大型自动化快递枢纽，占地约 3.5 公顷，总投资额超过 16 亿元港币，每小时可处理超过 35000 件包裹及 40000 件快递文件。香港空运货站由香港空运货站有限公司负责营运，占地约 17 公顷，总投资额约 80 亿港币，设计货物处理能力达每年 260 万吨。香港空运货站拥有先进的全自动化货物处理系统、速递中心，以及鲜活货物、牲畜、马匹及贵重货物处理中心，冷藏及危险物品货运中心等特殊货物处理设施，并经营着为来往香港及中国华南地区主要城市货物提供多式联运服务的超级中国干线。国泰航空货运站由国泰航空服务有限公司负责营运，占地约 11 公顷，总投资额约 59 亿元港币，拥有先进的物料处理系统，获 TAPA 货仓 A 级认证，货物处理能力达每年 260 万吨。

除四大空运货站之外，香港还有空邮中心、海运码头、机场空运中心、商贸港物流中心等重要的货运服务设施，为客户提供快递、海运、仓储、办公等物流服务。空邮中心由香港邮政负责营运，占地约 2 公顷，具备先进的邮件分拣系统，每天可处理 70 万件邮件。海运码头由珠江海空联运有限公司负责营运，设计货物处理能力为每年 15 万吨，拥有 400 米的码头供货船停泊，连接珠三角地区 18 个港口，为往来货物提供一站式多式联运服务。机场空运中心由机场空运中心有限公司负责营运，占地约 6 公顷，建成面积为 133000 平方米，为货代公司提供地方作仓储、办公室及货物集散用途。

商贸港物流中心由商贸港香港有限公司负责营运。占地约
1.4 公顷，建成面积约 31000 平方米，按顾客需要提供特定
的物流服务，如仓储管理、订单处理及延迟装配等。

4. 上海

上海是中国大陆的国际物流中心。作为中国重要的门户
口岸及连接世界的桥梁纽带，上海是中国大陆首座同时拥有
2 个国际机场的城市（浦东国际机场和虹桥国际机场分别位
于城市的东西两侧）。2013 年，上海两大机场共实现货邮吞
吐量 336 万吨，位居全球第三。

上海是国内首个拥有 2 个机场 4 个航站楼 5 条跑道的城
市。目前共有 10 家国内航空公司、30 个国家和地区的 38 家
航空公司开通上海航班，航线近 300 条，有 94 个国内城市、
30 个国家和地区的 66 个城市与上海通航。同时，浦东机场
是全球首家同时拥有 2 个国际转运中心（DHL 转运中心与
UPS 转运中心）的机场。地面交通方面，上海是中国华南地
区的水陆交通枢纽。铁路方面，上海有 3 个火车站，沪宁、
沪杭线通往全国各地。公路方面，上海通过 204 国道串联南
北海岸线上中国经济发达区域的主要城市，通过沪宁、沪杭、
沪嘉浏、沪青平 4 条高速公路连接邻省各主要城市，通过
312、318、320 三条国道通达中国西部地区。水运方面，上
海港是中国最大的港口和世界第三大港，通过长江黄金水道
连接南京、武汉、重庆等主要城市，出海可抵世界上 400 多
个港口。

机场货运站、快件中心与货代公司在上海为客户提供一站式无障碍多式联运服务创造了优越的条件。浦东机场货运站为世界级货运站，由上海机场（集团）有限公司、德国汉莎货运航空公司和上海锦海捷亚物流管理有限公司共同投资组建的上海浦东国际机场货运站有限公司经营。浦东机场货运站拥有东西两个货运区，设有货物分解组合工作区、散货处理系统、集装货物储存系统、客户自行组板区，以及货物冷冻冷藏设施、危险品库、贵重品库、活体动物库等特殊货物处理设施。货站内营运的 150 多家专业货代公司，提供往来南京、杭州、宁波、武汉、合肥等全国 30 多个城市的陆路一站式运输。其中紧邻第三跑道的西货运区占地面积 36.5 万平方米，建筑面积 16.3 万平方米，库区面积 12.1 万平方米，拥有 38 个货机停机位，年货物处理能力为 120 万吨。

浦东机场快件联合处理中心位于浦东机场东货运区内，占地面积 8.33 万平方米，总建筑面积 3.49 万平方米，由 5 个快件仓库和 1 幢综合业务办公楼组成，入驻了 FedEX、UPS、DHL、TNT 等 20 多家公司。快件中心实行"一站式"服务，海关、检验检疫、民航安检部门均入驻快件中心，所有通关手续均可在中心内办结。

上海国际机场股份有限公司货运代理分公司（以下简称"机场货代"）是经中国民航总局、外经贸部批准，从事一级货运代理业务的专业货代公司，在虹桥机场拥有 3000 平方米的仓库、6000 多平方米的货物交接场地，在浦东国际机场海关集中监管区内拥有 5000 平方米的库房和各种操作设备，在外高桥保税区有 3000 平方米的保税仓库和监管仓库，并在浦东机场货站、虹桥机场货站拥有多个危险品仓库、冷冻冷藏库等特殊物品处理设施。在国际国内货运销售代理、进出口快件代理等方面，机场货代为客户提供包含报关报检代理、保税业务、监管运输、国内派送等在内的直通式、全天候、全方位物流服务。

（三）航空经济形态下现代物流产业发展条件

1. 强大的综合交通体系

综合交通体系是物流的基础，航空经济形态下现代物流产业发展的基础条件就是发达的综合交通枢纽、运输网络、运输生产系统、组织管理和协调系统的支撑。既要有发达的枢纽机场、航线网络及强大的航空运输能力、地面保障和物流集散能力，又要有发达的地面交通体系、便捷的多式联运与综合性服务网络，还要有贯通整个腹地的地面交通网络。

2. 发达的腹地经济

不管是传统物流还是现代物流，本质上还是货物的运输，故物流业发展的前提仍然是"有货要运"。航空经济形态下的现代物流一方面将全球城市的商品与货物运送到其腹地，另一方面将腹地的商品与货物运送到所连接的全球城市。根据前面的分析，航空经济形态下的现代物流以洲际运输为主，且具有高质量高附加值的特征，这就要求其腹地经济要有较高的外向度，在生产与交易方面要有密切的国际交往，而且要求生产或交易的产品要具有高质量高附加值的特征。也就是说，腹地要生产能够满足全球市场需求的高质量高附加值的产品，同时对国际上的高质量高附加值产品有相当规模的需求，这就要求腹地不但地域广、经济规模大，而且产业层次高、消费能力强。所以发达的腹地经济是航空经济形态下现代物流产业发展的必然要求。

3. 国际化的快递公司

由于拥有包括陆海空在内的各种运输工具及遍布全球主要国家的货场库场，形成了发达的全球网络，国际快递公司在国际快速物流中居于主导地位。航空经济形态下的现代物流的主要形式是洲际快速物流，其最重要的参与主体就是国际快递巨头。如正是联邦快递（FEDEX）、联合包裹（UPS）等国际快递巨头支撑孟菲斯、路易斯维尔等地成为全球快速物流的中心。国际化快递公司尤其是国际快递巨头的参与是促进航空经济形态下现代物流发展的重要因素。

4. 快捷、高效的通关系统

航空经济形态下现代物流所运送的绝大多数货物都涉及进出口，所以便捷、高效的通关系统也是其发展的重要条件。没有高效的通关系统，物流的速度就会降低，而速度对航空经济形态下的现代物流的影响是致命的，影响其价值的创造，甚至决定了其能否生存。一般来说，航空经济形态下现代物流的目标是全球 24 小时送达，如果没有快速的通关，其他环节节省时间的努力就成了无用功。通过提高电子化信息化水平简化货物通关政策来实现货物能够快捷高效地通关，是航空经济形态下现代物流发展的重要支撑条件。

（四）航空经济形态下传统农区发展现代物流产业的建议

1. 强化和统筹交通设施建设，构筑现代化的综合交通体系和多式联运系统

传统农区是人口密集区，人口多、市场规模大，区域内物流需求多，而且中部传统农区在全国属于中心位置，辐射范围大。但是，交通基础设施不完善是制约其发展现代物流的瓶颈，尤其是县域交通基础设施还相当薄弱。在统筹协调方面，陆空、公路铁路等不同交通运输方式之间衔接不畅也是传统农区现代物流发展的硬伤。而航空经济形态下现代物流产业发展的基础条件就是发达的综合交通枢纽、运输网络、运输生产系统、组织管理和协调系统的支撑，这就要求传统农区各省份要以省会城市为核心，加强机场建设、丰富航线网络和地面场站物流体系，形成强大的航空运输能力、地面保障和物流集散能力。同时要统筹公路铁路形成贯通整个腹地的地面交通网络和综合性服务网络，形成便捷的多式联运体系。

2. 加强海关、检验检疫部门建设、优化布局，打造快捷、高效的通关系统

如前所述，航空经济形态下的现代物流所运送的绝大多

数货物都涉及进出口，便捷高效的通关系统是航空经济形态下的现代物流发展的先决条件。由于开放程度低，进出口总量小，传统农区多数省份海关、检验检疫部门发展薄弱，空间布局不合理，通关效率低，这必然会降低物流速度，影响客户的消费体验。传统农区应通过加强海关、检验检疫部门建设，提高电子化信息化水平，简化货物通关政策来提升通关效率，实现高效快捷通关。

3. 打造现代化物流基地，引进国际化的快递公司

传统农区不少省份交通基础设施建设存在"重交通、轻物流"现象，即非常重视公路、铁路等交通基础设施的建设，但是物流场站、物流基地的建设重视不够，物流公司发展不足，使交通基础设施得不到高效利用。这一方面与当地经济发展总体水平较低物流需求相对较少，进出口货物更少有关。但是，近年来尤其是2008年全球金融危机爆发后形成的产业转移大潮使得传统农区工业发展上了一个新台阶，物流需求也大大提高，而且随着中国现代化向纵深推进，居民消费需求快速释放，人口众多的传统农区的居民消费旺盛、市场巨大，这都对物流产生了新的大量需求，但各地"重交通、轻物流"的指导思想并没有根本改变，再加上专业物流人才的缺乏，对物流场站建设和物流业发展缺乏科学规划和指导。在这样的背景下，传统农区应加强物流场站建设，提高货物的集疏能力，并通过引进国际化的快递公司加强海外联系，通过陆海空各种运输工具的多式联运与遍布全球主要国家的货场库场形成紧密的物流关系，形成发达的全球物流网络，使洲际快速物流这一航空经济形态下的现代物流主要形式能够顺畅发展。

三 航空经济与电子商务

（一）航空经济形态下电子商务的特点

1. 以全球企业与消费者为服务对象的跨境电子商务

由于航空经济是开放型的全球化经济，航空经济形态下的电子商务服务全球消费者与全球市场，以跨境电子商务为主要特征。依托互联网技术，电子商务交易体系遍布全球，在全球范围内形成虚拟电子社会，企业与企业之间、企业与消费者之间、消费者与消费者之间的供给与需求在虚拟电子社会中相互交换，并通过综合运输体系及交易结算体系完成交易。由于航空经济形态下国际电子商务的快速发展，为企业提供了全球范围的商务空间与市场选择，企业可以跨越时空组织世界各地不同人员参与同一项目的运作，向全世界消费者展示并销售刚刚诞生的产品，消费者可以在全球范围内购买到从日常用品到书籍、保险等一切商品或劳务，世界经济进入"创新中心、营运中心、加工中心、配送中心、结算中心"的产业链全球分工时代。

2. 小额跨境贸易电子商务与O2O快速发展

小额跨境贸易电子商务是指来自不同国别的小型卖家通

过第三方电子商务平台,直接与海外小型买家进行在线交易,即跨国网购。相对于传统国际贸易方式而言,小额跨境贸易电子商务的经营门槛较低:在国内选择合适的产品及进货渠道,然后通过国际性的电子商务信息平台联系国外的买家并出售商品,支付与物流则通过国际性第三方支付平台与跨境快递公司来完成。在航空经济形态下,基于航空运输的跨境物流尤其是跨境快递公司的发展极大地推动了以在线交易为核心、便捷及时服务为优势的小额跨境贸易电子商务的发展。

随着小额跨境贸易电子商务的快速发展,O2O 电子商务模式也迅速兴起。通过体验馆的形式承担产品展示与体验以及部分的售后服务功能,O2O 能够有效满足小额跨境贸易电子商务购买者的产品体验需求。交易活动的揽客环节、消费者筛选服务环节、成交与结算等环节则在线上完成,从而实现线上线下的紧密结合,快速提高交易规模。线下体验、线上交易的模式,非常适合航空经济形态下国际化电子商务的发展,尤其是小额跨境贸易电子商务的发展需求。

3. C2B 电子商务类型给传统的生产方式带来冲击

C2B 是消费者对企业的电子商务,真正的 C2B 是先有消费者需求而后有企业生产,即先有消费者提出需求,后有生产企业按需求组织生产。消费者根据自身需求定制产品和价格,或主动参与产品设计、生产和定价,产品彰显消费者个性化需求,生产企业进行定制化生产。C2B 要求企业对消费者需求做出快速反应,进行个性化、小批量、柔性化生产。

航空经济形态下，信息交流方式、交易方式、运输方式的便利化、快捷化，为 C2B 的发展创造了良好的条件，给企业传统的批量生产模式带来冲击，要求生产企业改变信息交流、生产调节、产品交易的方式，实行个性化、小批量、柔性化生产，并通过服务全球市场、服务全球消费者迅速形成规模，从而能够降低成本，获得更大的发展空间。

（二）航空经济形态下电子商务的发展现状

1. 跨境贸易电子商务进入快速增长期

自 2008 年金融危机以来，中国进出口贸易增速放缓，2009～2013 年年均增速只有 7.6%。在进出口贸易总体增长速度放缓的背景下，跨境电子商务逆势上扬，2009～2013 年年均增速高达 34.8%，业务总体规模从 2009 年的 0.9 万亿元、占全国进出口贸易总额的 6% 迅速增长到 2013 年的 3.1 万亿元、占全国进出口贸易总额的 12%。数据充分证明我国跨境贸易电子商务进入快速增长期。

2. 服务跨境贸易电子商务的以航空运输为核心的跨境快速物流体系快速提升

作为连通买家和卖家的纽带，物流是影响跨境电子商务发展的关键因素。尤其是对于小额跨境贸易电子商务来说，时效性对于消费者的体验至关重要。顺丰、申通等一大批民营物流企业的崛起大大降低了国内电子商务成本与物流风险。而跨境快速物流需要空运，不但物流成本高，而且容易受航线可达性的限制。面对跨境物流的力不从心，郑州国际机场提出了"货运优先"的发展战略，大力发展以航空运输为核心的跨境快速物流体系，力争成为全国跨境贸易电子商务的物流中心。目前郑州机场已开通了 13 条国际货运航线，全货运航班每周平均达到 61 班。2013 年郑州机场快件中心获得国家批准，成为中部地区唯一一个开展国际快件业务的机场，大大提升了郑州快件业务的集输能力。2013 年郑州机场货邮吞吐量从 2012 年的 15 万吨增长到 23 万吨，增速达 69%，为缓解跨境贸易电子商务的物流瓶颈提供了有力支撑。

3. 国家相关政策及跨境贸易电子商务试点工作对跨境电子商务规范化进行了有益探索，给参与各方带来显著效益

由于跨境贸易电子商务在交易方式、货物运输、支付结算等方面与传统贸易方式差异较大，现行管理体制、政策、法规及现有环境条件无法满足其发展要求，尤其是在海关、检验检疫、税务和收付汇等方面问题突出。发展初期，小额跨境贸易电子商务主要是在"万国邮联"国际邮件自由转运原则下通过国际邮件的方式实现的，没有经过正常的海关监管统计渠道，物流风险高，且在结汇、退税等方面存在障碍。针对上述问题，国务院办公厅转发了商务部等部门的《关于实施支持跨境电子商务零售出口有关政策的意见》，提出了具体措施，并于 2012 年 5 月选择在郑州、上海、重庆、杭州、宁波等 5 个城市开展跨境电子商务试点。由河南保税物流中心具体承办郑州市国家跨境贸易电子商务服务试点项目，利用郑州的区位交通优势进行综合试点，以"买全球、卖全球"为目标，利用"铁公机＋保税＋快件＋邮政"的综合物流产业链，形成了综合处理信息流（来自电商网商）、物流（来自物流企业）、资金流（支付结算企业）的跨境贸易电子商务综合服务信息化平台及"电子商务＋保税中心＋邮快件配送体系"的综合服务体系，并结合电子口岸建设大大提高了通过的便利程度，实现了"一次申报、一次查验、一次放行"。郑州的试点工作为解决跨境贸易电子商务"清关难、结汇难、退税难"做出了有益的尝试，并给参与各方带来显著的效益：企业方面的物流成本降低了40%，消费者方面的采购成本降低了30%，并且对政府来说，不但将原处于监管之外的跨境电子商务纳入正常的海关统计监管渠道，而且增加了一定的税收收入。

（三）航空经济形态下电子商务的发展条件

1. 便捷、可靠、安全的交易与支付平台

在渠道为王的时代得平台者得天下，对于电子商务来说尤其如此。跨境电子商务平台包括交易平台与支付平台。

随着电子商务市场的不断拓展，电子商务交易平台的技术越来越成熟。从整个操作流程来看，跨境电子商务交易平台与国内电子商务平台并没有太多差别，只是更具国际性而已。目前其中一个国内跨境电子商务平台主要有阿里巴巴、

eBay 中国、敦煌网、环球资源网等，通过这些平台都可以在线完成跨境交易。从国际上看，跨国电子商务巨头的 eBay 是拥有 3 亿多全球买家的超级平台，但其主要用户来自电子商务环境成熟的欧美地区。

另一个商务平台是支付平台。如果没有第三方支付平台，就没有电子商务产业的发展，跨境电子商务也不例外。中国跨境电子商务的支付环节一直被外资支付机构垄断。2012 年 9 月，支付宝国际账户 alipay account 正式上线，但 80% 以上的国外买家仍使用 PayPal 在线跨境购物，所以跨境支付仍然存在较大问题。国际化第三方支付平台具有巨大发展前景并成为占领未来消费者市场的重要条件，要进一步发展跨境电子商务，必须在跨境支付平台建设上有所作为。

2. 成熟的跨境电子商务信用体系

电子商务是基于虚拟网络的开放商务模式，由此产生的参与者信用不确定性已经成为电子商务发展的重大制约因素。据调查，在有能力而不进行网购的消费者中，80% 是信用及安全方面的担忧。相比国内电子商务，跨境电子商务需要跨地区的信用体制来支持其复杂的交易环境。在实际操作中，由于各国法律不同且存在地区差异，缺乏统一的信用标示，各国的信用管理体系尚不能很好地应用到跨境电子商务领域。相比信用体系建设及管理相对完备的美国及欧盟国家，我国的企业信用管理机制相对弱很多。跨境电子商务信用体系建设是一项系统工程，需要各国政府及相关机构的协调配合，制定行业规范、完善认证体系，在法律框架下寻求相互协调一致的信用制度安排，是跨境电子商务发展中亟须解决的问题。

3. 全球速达的物流能力

全球速达的物流配送是跨境电子商务发展的关键。电子商务较之传统商务模式的优势在于信息流、物流、资金流的高效快捷，跨境电子商务也不例外。作为整个产业链中的上下两环，线上商品交易与线下货物配送的发展须相辅相成，正如境内电子商务的发展带动了顺丰、申通等一大批民营快递公司的兴起，跨境电子商务离不开全球速达物流能力的支撑。国内跨境电子商务的快速发展曾经让准备不足的物流运输渠道措手不及，国内跨境小额交易卖家最常选用的物流渠道香港邮政小包，曾几度因为业务量过多，迅速达到吞吐上限，造成货物严重积压。在跨境电子商务交易中，物流配送的及时性和安全性是影响买家购买体验的重要因素，也直接关系到卖家获得的评价水平，进而关系到卖家的销售业绩。

跨境电子商务的发展，要求物流产业的跟进。为适应跨境电子商务的发展，跨境电子商务物流企业应该力争成为全球供应链集成商，通过高效处理订单、库存、仓储、物流配送等相关环节提高资源整合能力，为跨境电子商务提供综合性供应链解决方案。

4. 国际通行的法律与制度体系

跨国电子商务交易平台的建立已基本没有技术上的障碍，

物流问题也在逐步解决，但在具体的交易流程上，仍然面临法律与制度方面的约束。相关法律制度的制定不仅远远滞后于信息技术及信息产业的发展，而且远远滞后于跨国电子商务的发展。其中通关及关税是目前跨境电子商务发展的最大壁垒。进出口货物需要通关，即便是小额跨境电子商务也有可能因为进出口货物超过海关规定数量而被要求进行申报。烦琐的通关手续及费用支出常常成为消费者和网上卖家沉重的经济负担，因申报不合格，商品滞留在海关而使消费者无法收到的现象时有发生。关税方面，WTO 对完全国际电子商务暂时不征关税，中国海关总署规定个人邮寄进口税税额在人民币 50 元（含 50 元）以下的进境物品免征关税，超出规定限值的应办理退运手续或者按照货物规定办理通关手续。对于各国海关来说，对跨境电子商务的小额进出口货物的管理是一个复杂的问题，完全放开不利于海关控制，容易给国家造成损失，而管制过严不但成本高昂，也会阻碍产业的发展，并导致更多不通过正规途径的地下交易。目前，大多数国家仍未能实现个人小额进口货物税制的系统化管理，即便是同一国家的通关处理也会因为现场通关人员的业务能力不同而存在不同尺度，也非常不利于小额跨境贸易电子商务的发展。如何在一个国际性的框架下，真正构建小额跨境电子商务贸易商与消费者之间的便捷通道，形成规范的小额跨境电子商务税收机制，是小额跨境外贸电子商务发展中一个亟须解决的问题。

（四）航空经济形态下传统农区发展电子商务的建议

1. 建设服务跨境电商的"单一窗口"综合服务平台

整合商务公共服务云平台、电子口岸等公共服务平台资源，建立海关、税务、外汇、出入境检验检疫、商务、工商、交通、邮政、金融、信用保险多位一体的跨境电子商务"单一窗口"综合服务平台。不断完善服务功能，实现跨部门、跨行业、跨地区的信息共享互换、协同作业，建立政府部门间联合监管新模式。引导外贸综合服务企业、电子商务平台企业等对接"单一窗口"综合服务平台，形成线上综合服务体系。

2. 建设跨境电子商务信息共享体系

依托"单一窗口"综合服务平台，统一信息标准规范、信息备案认证、信息管理服务，实现企业"一次备案、多主体共享、全流程使用"，监管部门、金融机构、电商企业、物流企业之间信息互联互通，口岸管理部门信息互换、监管互认和执法互助，为跨境电子商务信息流、资金流、货物流"三流合一"提供数据技术支撑。

3. 建设跨境电子商务金融服务体系

发展跨境电子商务金融创新业务，鼓励金融机构、第三方支付机构、第三方电商平台、外贸综合服务企业之间开展合作，为跨境电子商务交易提供在线支付结算、在线融资、在线保险、在线退税等便捷、风险可控的一站式金融服务。

鼓励在跨境电子商务活动中使用人民币计价结算，支持银行业金融机构与第三方支付机构创新电子商务跨境人民币业务产品，为跨境电子商务企业提供优质支付和跨境人民币结算服务。

4. 建设跨境电子商务智能物流体系

在保税物流中心、综合保税区、出口加工区、机场、口岸、国际邮件监管中心等特定区域内建设一批跨境电子商务仓储物流中心，推动有条件的区域建设跨境电子商务仓储物流中心。完善口岸物流服务通道，积极引进国际大型、优质物流货代企业，提升国际物流货运保障能力。支持物流快递企业与跨境电子商务仓储物流中心业务对接，支持跨境电子商务平台与国家交通运输物流公共信息平台对接。发挥"多式联运"优势，运用云计算、物联网、大数据等技术，构建互联互通的物流智能信息系统，衔接顺畅的物流仓储网络系统、优质高效的物流运营服务系统等，探索建立高品质、标准化、规范化的跨境电子商务物流运作流程，实现运输资源的高效整合和运输组织的无缝衔接，形成布局合理、层次分明、衔接顺畅、功能齐全的跨境物流分拨配送和运营服务体系。鼓励跨境电子商务企业建设海外仓储、境外服务网点和公共服务平台。逐步形成深吞吐、远辐射、供应链可控、流程规范的跨境电子商务智能物流体系。

土地制度篇

第十二章　农村宅基地退出补偿是影响
传统农区转型发展的关键瓶颈

　　劳动力和土地是最主要的两种生产要素，这两种要素的数量和使用效率决定了中国经济发展的水平和潜力，更关乎广大人民群众的收入和福祉。改革开放以来中国经济的高速增长主要得益于"人口红利"的释放，随着农村富余劳动力日益减少，劳动力数量方面的人口红利已基本消失。但由于改革相对滞后，土地要素的潜力还远远没有释放出来，尤其是农村宅基地，绝大多数既未实现生产属性，也未体现财产价值，蕴藏着巨大的发展潜力和改革红利。

　　近年来耕地保护力度越来越大，城市建设用地供应日趋紧张，但同时农村常住人口减少导致宅基地利用率降低、居住功能不断弱化，空心、空巢现象愈演愈烈，形成城市建设用地供应紧张与农村建设用地闲置并存之"窘象"，通过农村宅基地退出来缓解城市建设用地供应压力已经成为各界共识。但在现行制度框架下农村宅基地退出渠道不畅、补偿偏低、无法合理变现，农民不愿意自觉退出宅基地，甚至越来越多的已经在城市稳定就业和生活的农村转移人口因农村宅基地而不愿放弃农村户籍。农村宅基地问题已经在"人"与"地"两方面全面制约中国的城镇化进程和现代化进程。在这样的背景下，使农村宅基地从不断弱化的居住功能顺畅退出、实现复垦和指标转移，同时合理分配土地增值收益，不仅有利于解决耕地保护与建设用地供给之间的矛盾、有利于增加农民福利，更有助于城镇化的全面推进，为新时期中国经济持续健康发展注入强劲动力。

一 新时期中国经济发展更需强调新型城镇化的综合引领作用

（一）城镇化在新常态下具有综合引领作用

1. 城镇化蕴藏着巨大的内需潜力

当前市场需求不足是制约中国经济增长和全球经济增长的主要因素。作为全球人口最多、经济规模最大的发展中国家，中国蕴藏着巨大的潜在需求，其中最大的发展潜力是城镇化。虽然中国已进入中等收入国家行列，但发展还很不平衡，尤其是城乡差距量大面广。目前我国常住人口城镇化率不到60%，户籍人口城镇化率刚刚超过40%，远低于发达国家近80%的平均水平。目前我国总人口为13.8亿，想要达到80%的城镇化率还需增加5亿左右的城镇人口，如此巨大数量的城镇化人口蕴藏着巨大的消费和投资需求。目前我国每年有 1000 多万人口从农村转入城镇，从传统农业社会的生活居住方式转向现代城市的生活居住方式，对住房、城镇基础设施和公共服务等产生巨大需求。所以，城镇化蕴藏着巨大的内需潜力，可以从消费和投资两方面为中国经济持续增长注入强大动力。

2. 城镇化是优化供给结构必不可少的基础动力

根据前面的分析，为适应需求结构的变化，优化供给结构成为新常态下中国经济化潜力为动力的必由之路。但供给结构是长期积累形成的，改革开放以来我国产业发展走的是"开阔地平推"发展路径，利用后发优势在技术层面上进行"低成本替代"式模仿性创新，通过"山寨""模仿"大规模生产具有较高性价比的产品，迅速进入市场空间大的产业，占据市场份额。充分利用低成本优势的大规模生产，使中国制造业生产能力快速膨胀、迅速成为全球制造业中心。也就是说，中国经济过去 30 多年的高速增长高度依赖大规模、快速资源要素投入，各区域都从发挥资源和区位优势入手，通过工业区建设、房地产开发、矿产采掘等手段快速投入资源要素，快速扩大生产能力，扩大经济规模。大规模、快速资源要素投入尽管可以快速扩大经济规模，却不一定能形成产业层面的市场竞争力和相应的可持续发展能力。目前中西部一些前些年主要靠投资拉动增长的地区，由于缺乏产业竞争优势，发展动力明显不足，这充分说明过度依赖大规模、快速资源要素投入的发展模式在深度转型背景下越来越难以为继，因为没有解决要素集聚程度低、经济活动密集程度低、缺乏产业竞争力等实质问题。形成鲜明对比的是，东部发达地区及中西部大城市经过多年发展和集聚，城市功能和发展环境不断完善，已经成为资金、技术、人才高密度集聚的优质经济空间，不但产业竞争力强，而且形成了综合性发展优势，在深度转型背景下其闪展腾挪空间大、调整能力强，已经率先摆脱困境，企稳向好。

事实证明新常态下中国经济发展动力已经发生了变化，过度依赖投入大规模资源要素实现快速增长的传统道路已经走不下去了，资金、技术、人才高密度集聚形成优质经济空间和相应的综合能力才是区域可持续发展的可靠动力。反过来看，只有具备了一定的产业优势、完善的城市功能和高密度的要素集聚，才能支撑供给结构优化，在区域发展竞争中赢得先机。

综合来看，经济要素高密度集聚的实质是城镇化水平提升，通过以城镇化水平为主要标志的区域综合能力为产业结构升级提供综合支撑。只有切实提升城镇化水平，才能有效支撑产业产品全面升级，满足人民群众已经升级的消费需求，才能将城镇化蕴藏的巨大潜力转化为发展动力，为新常态下中国经济发展提供坚实支撑。所以，城镇化在新常态下对中国经济具有综合引领作用。

（二）推进以人的城镇化为核心的新型城镇化才能发挥城镇化的综合引领作用

1. 切实推进人口城镇化才能真正变内需潜力为内需动力

中国庞大人口蕴藏的巨大需求如何释放？十几年来我们曾经希望通过新农村建设、家电下乡等政策释放广大农村居民的消费需求，却远远没有达到所期望的政策效果，究其原因是没有抓住扩大内需的关键因素。实际上通过农村居民的城镇化实现其居住与生活方式从传统向现代转变是扩大消费需求的根本动力，其背后的逻辑是：无论投资品还是消费品，最后都归结为人的最终需求，没有人的最终需求支撑的投资品与消费品必然过剩。简单来看，人的需求主要是衣食住行以及教育医疗文化等公共服务。从衣食方面来看，由于交通通信条件的改善，农村居民与城市居民之间的差别已经不大，只要人口总量不增加，衣食方面总的消费需求增量有限，因此衣食方面城镇化对消费的影响并不太，从居住方式看，农村居民与城镇化居民之间的差异非常大。农村居民居住的传统自然村落，不具备给排水、天然气、暖气等城市基础设施，卫生条件及舒适度与城市有天壤之别。农民居民实现居住及生活方式的现代化转变，需要从农村转向各级城镇生活居住，需要购买城镇住宅并添置一整套家具家电及其他适应城市现代化生活的家庭生活设施，城市公共部门需要为其提供水电气暖等基础设施及教育医疗文化等公共服务，这两种需要均蕴藏着巨大的消费需求与投资需求，城镇化扩大内需最根本的力量来源于此。反过来，如果没有人的城镇化，没有农村居民居住与生活方式的现代化转变，这些需求是释放不出来的，十几年来的新农村建设、家电下乡等扩大内需政策之所以没有达到预期效果，其根本原因也在于农村无法支持农村居民实现居住与生活方式的现代化转变。所以，切实推进人口城镇化才能真正变内需潜力为内需动力。

2. 切实推进人口城镇化才能实现城镇化水平持续提高

传统的过度强调土地城镇化而忽视人的城镇化的发展模式，已经造成了一些所谓的"空城""鬼城"，使城镇化供求矛盾凸显。目前，中西部地区许多依赖大量资源要素投入并快速扩张的地级城市、县级城市，以及那些土地利用效率较低的新城区、开发区，普遍面临"缺人气"问题。有些地区（城市）为了达到规划人口规模，只能靠扩大辖区面积、合并周边市县或者把更多的县（市）变为城市的"区"，形成人口众多的"大市"表象，但实际上城区人口并没有实质性增加，城市仍然缺乏应有的生机活力，可持续发展问题变得越来越突出，城市功能和整体城镇化水平难以实质提升，难以对产业发展提供有效支撑，形成城镇化发展的恶性循环。

土地城镇化是城镇化的供给，而人的城镇化是城镇化的需求，缺乏人的城镇化支撑的土地城镇化实际上是城镇化的"过剩产能"，最终不但不利于扩大内需，而且进一步加剧了产能过剩，不利于产业发展，也不利于持续吸引投资。所以，只有真正推进人的城镇化，集聚人口、集聚产业，真正实现农民居住与生活方式的现代化转变，内需潜力才能释放出来，城镇化水平才能持续提升。

二　土地和农民收入水平是新型城镇化顺利推进的两大关键制约因素

（一）土地供应紧张影响新型城镇化顺利推进

土地资源方面，中国国土面积与美国相当，但人口是美国的 4.3 倍，可利用土地面积仅为美国的 79%，人均可利用面积仅相当于美国的 18.4%。从全球范围内看，中国人均土地面积仅为世界平均水平的 1/3，因此土地资源紧张将是中国经济社会发展面临的长期约束。

改革开放以来，随着工业化与城镇化快速推进，我国耕地面积不断减少，1978～1996 年耕地减少了 442 万公顷，1997～2015 年耕地减少了 863 万公顷①。比较而言改革开放初期耕地减少速度相对较慢，而且当时整个国家面临的主要问题是消费品紧缺。快速发展工业，通过快速工业化提高生产能力和经济总量是经济社会发展面临的主要任务，耕地保护的压力不大、紧迫性不强，于是长三角、珠三角等先行工业化地区在土地指标相当宽松的条件下进行了大规模的工业和城市建设。所以总体而言，改革开放初期建设用地供应矛

① 根据国家统计局及国土资源部公布历年数据计算、加总所得。

盾并不突出，土地指标不是工业化与城镇化发展的制约因素，相反长三角、珠三角等先行工业化地区利用宽松的土地指标、低廉的地价实现了低成本工业化。

但是，随着经济总体供求状况发生变化以及耕地面积持续减少，保障国家粮食安全的压力不断增加，中央设定了18亿亩的耕地保护红线，对新增建设用地指标进行严格控制并附于相应的"占补平衡"政策，辅以现代化的技术手段严格监控，形成一条名副其实的"高压线"。在这样的政策背景下，建设用地指标成为制约城镇化发展的关键因素。以河南省为例，全省每年建设用地需求约80万亩，而国家给的指标不到30万亩，不到总需求的40%。而且，越是发达地区大城市建设用地指标越紧张，因为其区域内耕地开垦潜力小，"占补平衡"更加困难。

（二）农民的收入和支付水平决定着新型城镇化所能达到的现实高度

农民的收入及相应的支付能力也是制约人口城镇化的一个关键因素。我们常说城镇化必须有产业支撑，其实产业支撑的背后是就业，就业的背后是收入和支付能力。产业与就业支撑从根本上看就是收入水平能不能达到城镇化的要求。达不到一定的收入水平，纯粹靠政府力量推动的人的城镇化是难以实现、难以持续的。目前人口城镇化最现实的任务是进城务工人员的城镇化，也就是农民工市民化，但从就业结构与收入水平看，突出问题是农民工非正规就业比重高，就业层次低、收入不稳定，难以达到支撑其个人及家庭成员实现城镇化所需的收入水平。

根据《2016 年全国农民工监测调查报告》[1]，2016 年全国农民工总量为 28171 万人。从就业结构看，制造业就业占比为 30.5%，建筑业就业占比为 19.7%，批发零售业就业占比为 12.3%，交通运输仓储和邮政业就业占比为 6.4%，住宿餐饮业就业占比为 5.9%，居民服务、修理和其他服务业就业占比为 11.1%。从收入水平看，2016 年全国外出农民工人均月收入 3275 元，其中制造业人均月收入 3233 元，建筑业 3687 元，批发和零售业 2839 元，交通运输、仓储和邮政业 3775 元，住宿和餐饮业 2872 元，居民服务、修理和其他服务业 2851 元。可以看出，农民工的就业层次仍然偏低、收入水平也不高[2]。

根据中国社会科学院发布的《中国农业转移人口市民化进程报告》，进入城镇的个人需要一次性支付 10 万元左右购房成本，每年平均需要支付 1.8 万元生活成本。按 50.9% 的抚养比计算，农民工家庭市民化需要支付 15 万元左右的一次性购房成本，每年平均支付 2.7 万元（月均 2264 元）的生活成本。照此计算，绝大多数农民工的收入仅仅有能力支付城镇化所需要日常生活成本，无力支付一次性购房成本。收入和支付能力是横亘在农民工市民化面前的一道无法绕过的坎。

---

[1]　http://www.stats.gov.cn/tjsj/zxfb/201704/t20170428_ 1489334.html.
[2]　实际上最近几年农民工工资增长速度较快，但与城镇化所要求的收入水平仍有差距。

三 农村宅基地退出与合理补偿是化解新型 城镇化两大制约因素的有效手段

（一）农村宅基地退出与转用是化解土地约束的关键

土地约束既有资源短缺方面的原因，也有政策方面的原因。毫无疑问，只要发展城镇化就必须增加城镇建设用地，否则就成了无源之水、无本之木。国家对建设用地指标严格控制是为了提高建设用地的使用效率、保护耕地，但在城镇化快速推进过程中耕地面积减少如此之快是不正常、不符合逻辑的，因为理论上看城镇化是更集约节约使用土地的方式，不应该造成耕地大面积减少。城市人口密度是 1 平方公里 1 万人，也就是说城镇人口居住、生活、就业等生产生活全部用地是人均 100 平方米，而我国农村居民点人均占地面积为 200 平方米以上，一个农民城镇化后从人均占地 200 多平方米减少至 100 平方米，应该能够增加 100 多平方米耕地。2000～2011 年我国农村人口减少 1.33 亿，逻辑上讲应该是城市建设用地增加 2000 万亩，农村居民点减少 4000 多万亩，而现实情况是在城市建设用地增加的同时，农村居民点用地也增加了 3045 万亩①。所以，耕地大面积减少的根本原因不是城镇化本身，而是城镇化不彻底，进城农民及其家庭并没

———————

① 数据来自《国家新型城镇化规划（2014～2020 年）》。

有真正城镇化，其家人仍然居住在农村，在城镇建设用地增加的同时，农民居民点占地也在增加，农民工家庭在城市和农村双重占地。近年来，随着更多农民工外出，并且在城镇居住的时间越来越长，远远超出在农村居住的时间，越来越多的农民工仅仅是重大节日和农忙时间回家几天，大部分时间在务工城市居住，导致农村空心空巢现象越来越严重。随着户籍制度改革及新型城镇化的持续推进，更多的农民工及其家庭人口会成为真正意义上的城镇常住人口，农村常住人口会持续减少，农村宅基地退出的时机越来越成熟。农村宅基地具有建设用地的属性，与荒地、滩涂等其他可利用地相比，农村宅基地不仅可转用数量大①，而且能够减少对自然生态系统的破坏，因此农村宅基地退出与转用将成为城镇建设用地（指标）的主要来源，成为化解城镇化所面临土地约束的关键。设计科学合理的退出与补偿机制，推进农村宅基地退出与转用，对于保护耕地、保护自然生态环境，提高建设用地使用效率、化解土地约束，均具有非常重大的现实意义。

（二）农村宅基地合理补偿有助于提高农民市民化能力

从收入来源看，劳动力和土地是农民拥有的最主要的

① 根据国土资源部《国土资源"十二五"规划纲要》相关数据计算，截止到2010年底全国农村居民点占地为14.36万公顷，全国城镇建设用地为8.9万公顷，前者是后者的1.6倍。

两个生产要素，工资收入与来自土地的财产性收入也是农民最主要的两个收入来源。其中工资收入有一定的增长潜力，但增长速度不可能太快，因为工资收入是由农民工自身就业结构决定的，而其就业结构又是由我国的产业结构与经济社会发展总体水平决定的。农民工工资收入的增长实际上取决于我国产业结构及经济社会发展总体水平的提高，这显然是一个渐进的过程，再考虑到通货膨胀等其他因素短期内通过工资性收入解决农民工家庭的一次性购房成本是不现实的。与工资收入不同，由于城镇化快速推进及土地价值提升，农民来自土地尤其是来自宅基地的财产性收入具有快速增长的可能性，实际上很多城中村农民通过土地拆迁补偿实现了一夜暴富。但是，由于土地的城乡区位差异以及相关改革滞后，绝大多数位于城市规划区外农村宅基地的财产价值没有体现出来。宅基地是农民的重要资产，如果能够退出、适当变现，有市民化需求的农民工家庭就可以通过宅基地退出而获得一部分资金，提高其市民化的能力，更快更好地融入城市。所以，通过科学合理的政策设计，形成农村宅基地顺畅退出并得到合理补偿的机制，使农户获得基本能够支撑其一次性购房成本的财产性收入，将大大提高农民工市民化能力，加快农民工市民化进程。

此外，在广大中西部地区，尤其是在中西部地区的中小城镇，城镇户籍对农村居民的吸引力已经不大，很多已经在城市稳定生活，安居乐业的农村户籍人口不愿意放弃农村户口实现彻底市民化。因为随着国家公共财政向农村持续倾斜，城镇居民在医疗养老等方面待遇已经不如农村居民，在中西部地区中小城市城镇户籍含金量已经普遍低于农村户籍。更重要的是在土地增值预期越来越高的情况下，由于前几年各级政府对农村宅基地退出与补偿方面的政策不明朗、不统一，农民担心转户进城后会失去宅基地权利及相应的增值收益不愿意放弃农村户籍①。所以，设计科学合理的退出和补偿机制，使农民清晰看到可预见的变现渠道及变现价值，有助于提高农民转户进城的积极性，解决农民工市民化自身动力不足问题。

综上，以人的城镇化为核心的新型城镇化是中国扩大内需的根本动力，对新时期中国经济发展具有综合引领作用，而现阶段土地与收入水平是制约新型城镇化的两大关键因素，这两大约束因素的解决均与农村宅基地密切相关。形成农村宅基地顺畅退出与合理补偿的制度机制，不但能够化解城镇化推进面临的土地约束，而且能够通过提高财产性收入帮助农民工更快地实现市民化，推进新型城镇化进程，最大限度地提升居民生活水平，释放巨大的消费与投资需求，为中国经济增长注入新动力。

---

① 根据河南省公安厅的一份调研报告，在河南这个全国第一人口大省，2001～2010 年 10 年间全省农转非人口只有 700 万，而同期城镇常住人口增加了 1700 多万。城镇常住人口不愿转户进城的首要原因是不想放弃农村的宅基地与承包地。

四 闲置农村宅基地退出与合理补偿
是中国现代化的必然选择

(一) 农村宅基地浪费和闲置状况十分突出

长期以来，我国农村宅基地基本上是无期限的无偿使用，因此也约定俗成地被视为农村居民的一项福利，在保障农民的基本生产生活方面起到了重要作用。但是在城乡人口大范围流动与迁移背景下，一方面农村空心村、空巢村现象日益严重，另一方面由于宅基地审批监管等方面约束机制软化，宅基地面积超标、"一户多宅"等土地浪费现象也十分普遍。

国土资源部公布的数据显示，2010 年我国农村居民点用地总量 16.53 万平方公里，是城镇建设用地总量的 4.6 倍，占全国建设用地总量的 62%，而同期农村人口规模仅为城镇人口规模的 1.4 倍。国土资源部官员介绍，我国农村宅基地闲置和低效利用情况普遍存在，其中低效用地将近 600 万公顷，相当于现有城镇用地规模的 75%。个案调查也是如此，根据山西地质勘查局刘伟对山西省某市某镇梁家沟村的调查，该村农村宅基地户均宗地面积为 507.95 平方米，人均宗地面积为 173.27 平方米，陈小露等对山西省宁武县新堡乡赵家沟村的调查也显示，该村农村宅基地户均宗地面积约为 300 平方米，人均宗地面积约为 110.19 平方米，大部分住户住宅面积远超过 200 平方米的国家标准。除了面积超标之外，农村宅基地闲置现象更加突出。农民工虽然大量外出，但难以落户城镇成为新市民，所以继续在农村申请新宅基地，但他们在农村居住的时间越来越短，导致农村常住人口大量减少的同时农村居民点用地持续增加的非正常现象，以宅基地闲置、废弃为主要特征的"空心村"现象愈演愈烈。

（二）农村宅基地退出的时机日趋成熟

随着中国工业化的深度推进，农村宅基地退出的时机日趋成熟。以河南省为例，作为中部欠发达的传统农区，截至 2016 年底河南全省外出务工农民工（包括在省外及本省务工的农民工）已经超过 2600 万，保守估计这部分劳动力供养的家庭人口至少也有 2600 万，也就是说已经有 5200 万、占河南农村人口总量 80% 以上的家庭（2016 年河南省农村人口总量为 6000 万）已经程度较深地卷入了工业化的浪潮。目前，河南绝大多数农村青壮年劳动力已经外出务工，留在本地的青壮年劳动力的主要收入也是来自非农产业，这意味着从就业来看对河南农村劳动力的非农化程度已经很深，来自务工的非农就业成为绝大多数农村家庭主要收入来源，农业对他们来说已经事实上成为一种副业。由于常年在外工作在外生活，在农村居住的意义已经不大，农村宅基地的居住意义已经不大，农村宅基地退出的就业条件已经成熟。通过设计合理的退出和补偿机制，让长期在外工作生活的农民能够得到合理的土地增值收益，不但能够帮助他们更快融入城市，而且能够提高土地资源利用效率。

（三）农村宅基地退出与合理补偿是中国现代化的必然选择

随着工业化和农村人口非农化转移程度的不断深化，中国将面临现代化历程上最深刻的人口空间重构，20年后将形成与现代工业社会相适应的人口格局，即非农产业与非农就业主要分布在各级城镇，大量人口继续向各级城镇流动与迁移不可扭转，农民工将成为历史名词。与此相适应，土地利用空间格局也必然面临深层次的调整，由于缺乏非农用途，目前农村大量闲置的宅基地绝大多数将不可避免地通过复耕转换为农业用地，同时城市建成区和城市规划区内的大量耕地将不可避免地转用为建设用地。也就是说，建设用地与人口一样将向各级城镇大范围集聚和集中，农村建设用地（农村宅基地）闲置、浪费、不减反增的现象也终将结束。

从根本上分析，农村常住人口减少和农村居民点用地规模同时增加的悖论是中国户籍、土地等相关制度跟不上经济社会现实发展需要造成的，从经济发展、产业发展来看，我们已经进入深度工业化、进入现代工业社会，社会管理和处理问题的办法却没有跟上，相关制度仍然带有计划经济、传统二元体制的深深烙印。顺应发展趋势，理顺人口与土地两大核心生产要素同时向各级城镇空间集聚和集中的关系，打破阻碍二者协调推进的制度障碍，才能为中国现代化的顺利推进扫清障碍。也就是说，通过科学的机制设计，以合理补偿实现农村闲置宅基地顺畅退出，改变农村宅基地浪费和低效利用的现状，帮助农民实现土地财产价值，促进农村人口和农村建设用地向各级城镇合理流动，是中国现代化发展的必然选择。

第十三章 建设用地空间配置失衡制约
传统农区转型发展进程

一 快速城镇化过程中城镇建设
用地供求矛盾日益突出

(一) 改革开放以来中国城镇化加速发展

改革开放后，中国现代化进入新的发展阶段，城镇化持续快速推进①。1978 年中国城镇化率只有 17.92%，1995 年达到 29.04%，17 年年均增长 0.65%。1996 年后，随着二元户籍制度逐渐松动，中国城镇化进入加速发展期，1996～2016 年 21 年间城镇化率年均增速高达 1.36% （见表 13 - 1）。

---

① 改革开放之前，中国的城镇化徘徊不前，1977 年城镇化率（17.55%）甚至低于 1960 年（19.75%）。

表 13 – 1　1978 年以来总共城乡人口变化

单位：人，%

年份	年末总人口	城镇		乡村	
		人口数	比重	人口数	比重
1978	96259	17245	17.92	79014	82.08
1979	97542	18495	18.96	79047	81.04
1980	98705	19140	19.39	79565	80.61
1981	100072	20171	20.16	79901	79.84
1982	101654	21480	21.13	80174	78.87
1983	103008	22274	21.62	80734	78.38
1984	104357	24017	23.01	80340	76.99
1985	105851	25094	23.71	80757	76.29
1986	107507	26366	24.52	81141	75.48
1987	109300	27674	25.32	81626	74.68
1988	111026	28661	25.81	82365	74.19
1989	112704	29540	26.21	83164	73.79
1990	114333	30195	26.41	84138	73.59
1991	115823	31203	26.94	84620	73.06
1992	117171	32175	27.46	84996	72.54
1993	118517	33173	27.99	85344	72.01
1994	119850	34169	28.51	85681	71.49
1995	121121	35174	29.04	85947	70.96
1996	122389	37304	30.48	85085	69.52
1997	123626	39449	31.91	84177	68.09
1998	124761	41608	33.35	83153	66.65
1999	125786	43748	34.78	82038	65.22
2000	126743	45906	36.22	80837	63.78
2001	127627	48064	37.66	79563	62.34
2002	128453	50212	39.09	78241	60.91
2003	129227	52376	40.53	76851	59.47
2004	129988	54283	41.76	75705	58.24

年份	年末总人口	城镇		乡村	
		人口数	比重	人口数	比重
2005	130756	56212	42.99	74544	57.01
2006	131448	58288	44.34	73160	55.66
2007	132129	60633	45.89	71496	54.11
2008	132802	62403	46.99	70399	53.01
2009	133450	64512	48.34	68938	51.66
2010	134091	66978	49.95	67113	50.05
2011	134735	69079	51.27	65656	48.73
2012	135404	71182	52.57	64222	47.43
2013	136072	73111	53.73	62961	46.27
2014	136782	74916	54.77	61866	45.23
2015	137462	77116	56.10	60346	43.90
2016	138271	79298	57.35	58973	42.65

（二）城市建设用地与城市人均占地不断增加

随着城镇化快速推进，城市建设用地不断增加。1996～2009 年，全国每年增加 724 万亩建设用地，其中城镇建设用地每年增加 357 万亩；2010 年以后全国每年实际建设用地供应进一步扩大，2010～2012 年每年增加 953 万亩建设用地，其中城镇建设用地每年增加 515 万亩；2015 年实际供地达到 795 万亩，建设用地需求居高不下。

随着城市常住人口不断增加，城市建设用地增加是正常现象，但是我国城镇化的特殊性在于，不但城市建设用地总

量在增加，而且城镇居民人均占地也在不断增加。2000～
2015 年，全国城镇人口增长了 59%，城镇建成区面积却增长
了约 113%，远高于同期人口增幅①。人均城镇工矿建设用地
面积为 149 平方米，远超国家标准上限和人均 100 平方米的
国际惯例。

（三）随着耕地保护力度加大城镇建设用地供求矛盾日益尖锐

在城镇化快速推进城市建设用地不断增加的同时，耕地
在持续减少。1978～1995 年全国共减少耕地 442 万公顷，
1996～2013 年全国共减少耕地 863 万公顷②。面对耕地持续
减少带来的粮食安全压力，中央不断加大耕地保护力度，对
于城市建设用地进行严格的指标控制，多数省份面临的城市
建设用地供求矛盾日益尖锐。

二　快速城镇化过程中农村宅基地总量不降反增

（一）中国快速城镇化过程中农村人口不断减少

与城镇化持续推进相对应，农村常住人口在不断减少。
1978 年中国城镇化率只有 17.92%，1995 年达到 29.04%，

---

① 参见《全国国土规划纲要（2016～2030 年）》。
② 根据国家统计局及国土资源部公布历年数据计算、加总。

17 年年均增长 0.65%。1996 年以后，随着二元户籍制度逐渐松动，中国城镇化进入快速发展期，1996 ~ 2016 年的 21 年间中国农村人口减少了约 2.3 亿（见图 13 - 1）。

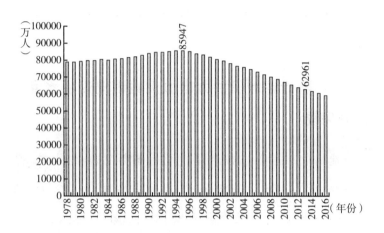

图 13 - 1　改革开放以来农村人口变化

（二）农村宅基地总量及人均量不降反增

理论上看，随着城镇化率的提高、城镇常住人口的增加、农村常住人口的减少，农村建设用地应随之减少。现实却是随着农村常住人口减少，农村宅基地总量不但没有减少，反而持续增加。1996 ~ 2010 年，农村常住人口减少了 1.8 亿，而农村居民点占地却增加了 220 万公顷，农村居民点人均占地从 191 平方米增加至 275 平方米。2015 年，农村居民点总量虽然有所减少，但人均占地进一步增加至 300 平方米，远超国家标准上限。截至 2015 年底，全国农村居民点占地 1812 万公顷，约是城镇工矿建设用地（1150 万公顷）的

1.58 倍，而农村常住人口（60346 万）只有城镇常住人口（77116 万）的约 78.3%（见表 13 - 2）。

表 13 - 2　农村人口数量、城镇化率及居民点占地变化

年份	人口总量（万人）	城镇化率（%）	农村人口（万人）	农村居民点占地	
				总量（万公顷）	人均（平方米）
1996	122389	30.48	85085	1628	191
2005	130756	42.99	74544	1640	220
2010	134091	49.95	67113	1848	275
2015	137462	56.10	60346	1812	300

（三）农村空心化与宅基地居住功能不断弱化

农村常住人口减少的同时农村居民点用地不降反增，其背后是农村宅基地居住功能不断弱化，农村空心化严重。由于城镇化不彻底，中国越来越多的农民流转到城市，通过非农就业获得较高收入，而户籍制度改革滞后却使得他们无法永久地迁移到城市，不能永久性成为城市居民。这样，不但他们在农村的老宅子不能出让，而且当新一代农民工成立新家庭时还要占用和新增宅基地，这就必然造成农村常住人口减少的同时农村居民点占地不降反增。农村居民点占地虽然在增加，农民在农村居住的时间却越来越短，有些农民工一年回家一两次，每年在农村居住的时间不超过半个月，甚至有不少农民工几年才回家一次。农村宅基地的居住功能已经被大大弱化，空心现象越来越严重。

三 农村建设用地闲置与城市建设用地紧张深层根源的一致性

(一) 理论上城镇化应是更节约集约使用土地的方式，不应该造成耕地减少

显而易见，城镇单位土地所能容纳的人口远远高于农村，单位非农用地所创造的财富和就业机会是农业的十几倍甚至几十倍，所以与传统农业社会的生产和居住方式相比，工业化与城镇化能够更集约更高效地使用土地，故人口城镇化过程应是更节约集约使用土地的过程，从粗放的农村居民点到高度集聚的城镇建设用地，城镇化过程农村建设用地减少的速度应大大快于城市建设用地增加的速度，城乡建设用地总量随着人口城镇化的推进而持续减少，不但不会造成耕地减少，还会由于土地利用效率的提高而增加耕地。

(二) 农民工在城镇与农村双重占地造成建设用地需求量大供应紧张

我国建设用地需求持续增加供应紧张不是工业化城镇化本身造成的，而是城镇化不彻底造成的。特殊的国情与户籍政策使我国出现了数以亿计的具有双重身份的农民工：从就业看，农民工已经在城镇实现了非农就业，全年大部分时间

在城镇工作与生活，每一个在城镇就业与生活的农民工或多或少都会增加城镇建设用地占用；而从户籍与其家庭永久居住空间上看，他们的身份还是农民，他们的户籍还在农村，他们的家还在农村，他们在农村所占用的宅基地不但没有减少甚至还在增加。也就是说，农民工进城就业，增加城镇建设用地的同时，农村建设用地（主要是宅基地）也在增加，这样不但工业化城镇化节约集约使用土地的效应显现不出来，反而呈现耕地单方面减少的状态。所以，造成城镇建设用地供求矛盾的不是工业化与城镇化的发展，而是工业化与城镇化在时间上空间上的不协调，是农民工就业空间与其家庭居住空间的不一致，是农民工在城镇与农村"双重占地"。

反过来说，如果中国 2.6 亿农民工在非农就业时同步实现了城镇化，城镇建设用地增加的同时他们在农村的宅基地就可以退出复耕，农村耕地就会增加，实现耕地总量不降反增。目前我国农村居民点人均占地 300 平方米，一般来说城市居民人均用地是 100 平方米，一个农民工转户进城就可以增加 200 平方米耕地，2.6 亿农民工市民化可以增加 7800 万亩耕地，那么我国耕地保护的压力和建设用地紧张局面就会迎刃而解。

劳动者就业空间与其家庭永久居住空间的不一致还表现为农村空心空巢现象严重。随着外出务工的劳动力越来越多，一年中在外务工的时间越来越长，务工人员子女在城市就读的比例越来越高，农村住宅空置问题越来越突出。农村住宅的空置实际上意味着其所占的建设用地处于闲置状态，造成土地资源的巨大浪费，形成农村建设用地闲置与城镇建设用地供应紧张同时存在的"窘境"。

（三）退出渠道不畅通是农村宅基地大量闲置的主要原因

长期以来，我国农村宅基地具有身份性、从属性、无偿性、无固定期限性等特点，被视为与农民身份相联系的福利。由于具有无偿获得的属性，即使并不实际使用，基于行为理性，农民均倾向于取得和持有宅基地，从而形成农民工在城镇与农村"双重占地"格局，在农村常住人口大量减少的情况下农村宅基地总量不降反增大量闲置。

从法理的角度看，农村宅基地所有权属于农村集体经济组织，农民只有使用权，是一种不完全、不稳定、有条件、受限制的用益物权。长期以来，由于与农民身份紧紧相连，转户进城后农民宅基地使用权不仅不能转让、变现，而且还因被集体经济组织收回而白白失去，这事实上把农村宅基地退出的路堵住了，致使越来越多的进城农民，包括很多在城镇稳定就业、生活的农民工家庭因为不愿放弃农村宅基地而不愿转户进城。虽然他们并不打算回农村居住，但保留持有农村宅基地，让农村宅基地闲置成为这一群体保护自身权利的一种理性选择。

最近几年国家政策导向发生了变化，为了促进人口城镇化，提出农村承包地经营权、农村宅基地使用权和农村集体经济收益权等"三权"在农民户口迁出农村迁入城镇后仍然保留，这为农村宅基地的有偿退出创造了制度条件。但是，现行法律又规定农村宅基地使用权流转仅限于农村集体经济组织内部成员之间，流转给农村集体经济组织成员之外的其他主体的行为不受法律保护，这样由于交易主体狭窄，交易价值大大降低，制约了农民宅基地退出的积极性，很大一部分在城镇稳定就业、生活的农民工家庭转户进城后仍选择将农村宅基地闲置，而不是退出。

综上，中国农村建设用地闲置与城市建设用地供应紧张均是城镇化不彻底及农村宅基地退出渠道不通畅造成的，其深层根源是一致的。在特殊的国情与户籍政策下，我国城镇化不彻底，农民工在城镇与农村"双重占地"致使工业化与城镇化节约集约使用建设土地的效应发挥不出来，在农村人口大量向城镇转移时城市建设用地与农村建设用地均持续增加。农村常住人口减少，农村建设用地增加必然意味着农村建设用地远远超出正常的居住需求，而政策层面的限制与退出渠道的缺乏一方面导致农户理性地将农村宅基地闲置，造成土地资源浪费和农民福利损失，另一方面导致急需建设发展用地的区域和中心城市建设用地供应高度紧张，成为制约发展的瓶颈。

第十四章　传统农区农村宅基地
退出补偿的探索

为保护耕地，化解土地矛盾，解决工业化城镇化进程中的土地瓶颈问题，各地对农村宅基地退出进行了有益探索。从补偿方式来看，农村宅基地退出补偿可分为两类，一类是宅基地换房等形式的房屋安置补偿，另一类是地票、复垦券等类市场形式的货币补偿。

一　就地安置形式的退出补偿

（一）河南郑州市二七区合村并城

"合村并城"指的是随着城市规划区的扩张，对城市周边进入规划区但相对较为分散的村庄按照城市规划通过迁并与集中安置的形式进行城市化改造。与城中村不同，合村并城所涉及的村庄一般不是人口密集的城区，而是刚纳入城市规划区的农村地区，周边有大量农田，通过合村并城、集中安置后将村庄土地收储，为后续开发建设服务。

郑州二七区合村并城是由政府出资拆迁，将农村的宅基地和承包地统一收储，根据项目情况实施招拍挂供地。具体标准是：①对于宅基地上的住宅，3 层以下按照 1∶1 比例置换房屋，3 层以上按照建筑成本进行货币补偿。如果置换后家庭人均达不到 110 平方米，可按照 300 元建造成本增购至人均 110 平方米。②耕地、承包地等按照 18 万元/亩（地价 10 万元、附属物 8 万元）补偿，如地上附属物价值超过 8 万元可选择按照建筑成本补偿。综合测算，农民农户宅基地所获得的安置房超过 504 平方米。

（二）河南南召县商务中心区居民拆迁补偿

为推动县域服务业发展，南召县规划了商务中心区，其中黄鸭河以北、S331 以南、G55 高速以西、世纪大道以东范围内的 2355 亩土地需要征用，拆迁涉及董店村 18 个村民小组约 800 户 3000 人。

具体的拆迁补偿和新住宅分配办法如下。

（1）村民原住房，合法合理部分根据实际建筑面积按照 1∶0.7 的比例就地置换商务中心区内的搬迁安置高层住宅，但非法建筑及临时搭建的不予补偿，对原住宅内的树木等其他地上附属物按实际价值予以补偿。

（2）村民宅基地，按照每户原宅基地 200 平方米置换

110 平方米高层住宅标准执行。原宅基地超过或者不足 200 平方米的，按照商务中心区土地征收价及生产生活补偿费 67200 元/亩多退少补。同时规定，按照国家相关政策应该享有宅基地但实际未分配的，按照实际拥有 200 平方米宅基地给予 110 平方米安置房。

综合拆迁补偿和宅基地置换，原拥有 200 平方米宅基地且实际建筑 200 平方米的农户（平均水平），拆迁及置换后不需支出任何费用就可以得到 250 平方米左右的高层住宅。按照南召县建筑成本和高层住宅市场价格，村民 200 平方米原住宅的建筑成本在 10 万～12 万元，得到的 250 平方米高层商业住宅的市场价值约为 65 万元，村民宅基地实际得利超过 50 万元。

（三）许昌市魏都区尚集镇"拆村并点"

为推动工业化与城镇化协调发展，河南省许昌市在该市魏都区北外环路以北，长葛市（县）彭化公路以南，安信公路以东，京珠高速以西的狭长地带规划了许昌市城乡一体化推进区（以下简称推进区）。为了提高土地利用效率，推进区按照集中紧凑的发展方式对区域内农村居民点进行综合改造，通过"迁村并点"将分散的居民点向集镇和中心村集中。

以许昌县尚集镇邓庄为例，具体的拆迁补偿和新住宅分配办法如下。

（1）村民原住宅，每户按 460 元每平方补偿 200 平方米。原住宅实际建筑面积不足 200 平方米的，按 200 平方米给予补偿；超过 200 平方米的，超出部分也按 460 元每平方补偿，但临时搭建的不予补偿，对原住宅内的树木等其他地上附属物按实际价值予以补偿。

（2）新住宅的分配，每人可按每平方米 460 元成本价享受 45 平方米安置住房，但每户享受的安置住房最多不超过 200 平方米，超过 200 平方米的部分要按照市场价格购买。

综合拆迁补偿和新住宅分配，原住宅实际建筑面积为 200 平方米或者低于 200 平方米的本村农户，不需支出任何费用就可以得到 200 平方米的新房；原住宅实际建筑面积超过 200 平方米的本村农户，如果只需要 200 平方米的新住房，不但不需支出任何费用还可以得到一部分货币补偿，如果需要更多住房，超出 200 平方米的部分需要按照市场价购买。

（四）小结

河南省内上述三个案例均发生了农村宅基地事实上的退出，但不同城市层级、不同发展水平的区域，所获补偿相差很大。郑州市二七区合村并点每户宅基地退出后获得超过 504 平方米的商业住宅，该区域类似住宅市场均价 6000 元，实际补偿价值超过 300 万元。南召县商务中心区建设居民拆迁补偿每户宅基地退出后获得户均 250 平方米的商业住宅，该区域类似住宅市场均价 2700 元，实际补偿价值为 67.5 万元。许昌魏都区尚集镇"拆村并点"每户宅基地退出后获得户均 200 平方米的商业住宅,该区域类似住宅市场均价 1500元,实际补偿价值为 30 万元。面积大小基本相同的宅基地退出后所获补偿的实际价值差异如此巨大,主要是由土地增值的巨大差异造成的。郑州市地价高,郑州市二七区合村并点每户宅基地退出后不但置换的面积大,而且实际市场价值是许昌魏都区尚集镇"拆村并点"的 10 倍。经过深入分析,课题组还发现虽然村民所获实际补偿差异巨大但与当地的经济发展水平与土地价值相比对农村宅基地的补偿是合理的,而且越是发展水平低、土地价值低的区域,对农民宅基地的补偿在宅基地增值收益中占比越高。在与南召县商务中心区座谈时,相关人员介绍按照目前执行的拆迁补偿标准综合计算拆迁改造农民居民点的平均成本超过 45 万元/亩,而该县商业土地拍卖最高价格为 50 万元/亩、工业用地价格仅为 20多万元/亩,由于成本太高收益太低,如果不是商务中心区发展需要供地,地方政府根本不会去拆迁村庄。在后续产业聚集区和商务中心区发展过程中,如果规划区内其他土地可以使用,政府就会尽量避开村庄。而郑州市二七区虽然每户宅基地补偿实际价值超过 300 万元,每亩的拆迁补偿成本在500 万元左右,但由于土地拍卖价格更高,政府也会从中获益。而许昌魏都区尚集镇"拆村并点"每户宅基地退出后获得实际补偿价值仅为 30 万元,其中还包括农户自身原住宅的建设成本 10 万 ~ 15 万元,去掉以后更低。

二　"土地发展权转移"形式的退出补偿

除了通过就地房屋安置进行补偿的退出模式，还有利用"城乡建设用地增减挂钩"政策，通过"土地发展权转移"方式实现的农村宅基地退出：农民放弃农村宅基地的建设用地，通过整理、复垦将宅基地变成耕地，而农村宅基地的建设用地属性则以城镇建设用地指标的形式转让给城市政府，置换城市规划区内相应面积耕地，以此转变为建设用地的建设权，在土地一级市场上出让。也就是说，农民通过将宅基地的"土地发展权"即建设权退出，变成耕地的耕种权，获得相应的补偿。城市政府通过相应补偿获得土地发展权，并将发展权转移给城市规划区内的耕地，使城市规划区内的耕地获得建设权，从而实现农村宅基地的"土地发展权"从农村到城市的空间转移。重庆"地票"交易和河南"复垦券"交易均属于这种模式。

(一)重庆"地票"交易

作为全国统筹城乡综合配套改革试验区，重庆市基于城乡建设用地增减挂钩试点政策，探索性地推出农村宅基地退出的重庆"地票"模式。重庆"地票"是与市场交易较为接近的退出和补偿模式，基本做法是以重庆市农村土地交易所为平台对农村宅基地退出复耕后形成的建设用地指标以"地票"的形式挂牌拍卖。

根据重庆市政府 2008 年 12 月出台的《农村土地交易所管理暂行办法》,有稳定生活来源、拥有农村宅基地以外其他固定住所的农民,可以将其宅基地从居住功能退出、复垦为耕地,经国土资源管理部门验收后获得等量面积可交易的建设用地指标,即"地票"。利用重庆市农村土地交易所这一交易平台,"地票"可以在全市范围内公开拍卖上市交易。土地开发者通过竞标购入"地票",凭借"地票"获得竞买相应面积城市建设用地的资格,并在竞买成功后用于所占用耕地的占补平衡。

"地票"是类似国外土地发展权转移的交易形式。为保障农民利益,2010 年重庆市出台了《重庆市人民政府关于统筹城乡户籍制度改革的意见》等文件,规定"地票"交易价格扣除复垦成本后 85% 归农户 15% 归村集体的分配比较,使农民宅基地退出补偿和土地溢价分配进一步明晰。截止到 2013 年底,重庆累计完成"地票"交易 12 万亩,成交均价为 19.8 万元/亩,成交总额 237.5 亿元,农民从农村宅基地退出和"地票"交易中获得了每户数十万元的退地收益。

(二)河南"复垦券"交易

借鉴重庆"地票"交易模式,结合扶贫搬迁工作,河南省推出了农村宅基地退出的"复垦券"交易。河南省国土厅、河南省发改委、河南省财政厅、河南省扶贫办联合发出了《关于我省宅基地复垦券在省域内公开交易全力支持易地扶贫搬迁等工作有关问题的通知》，明确河南全省范围内属于集中连片特困区、国家级贫困县、贫困老区等条件的县，可以结合扶贫搬迁，将搬迁村庄宅基地和其他集体建设用地用于自身安置后的节余部分复耕，退出建设权，以宅基地"复垦券"的形式经过省域内公开交易、异地转移使用。"复垦券"兼具新增建设用地指标、占补平衡指标等功能。

具体来看，"复垦券"有两类，即A券和B券。易地扶贫搬迁贫困户和同步搬迁户农村宅基地及与上述宅基地紧密相关的其他集体建设用地拆旧复垦后形成的复垦券为A类复垦券，其他农村宅基地及农村建设用地拆旧复垦后形成的复垦券为宅基地B类复垦券。全省范围内的市、县（市、区）政府（含政府批准的园区）可根据实际用地需求购买A类或者B类复垦券，用于农业用地转用方式新增建设用地的增减挂钩、占补平衡。郑州金水区、中原区、二七区、管城区、惠济区、郑东新区、郑州经济开发区、郑州高新区等主城区范围内的房地产企业于2017年1月15日后必须预先购买A类复垦券才能参与竞拍商品住宅用地（除棚户区改造等特殊民生项目用地），实行"持券准入"。

从实施情况看，2016年12月20日，首批6148.59亩宅基地A类复垦券被105家房地产企业以每亩30万元的"封顶价"全部买走，总成交额超过18.4亿元；2017年3月20

日至 21 日，经过网上竞拍和现场摇号两个环节，第二批 3142.8096 亩宅基地 A 类复垦券被 59 家房地产企业以每亩 30 万元的"封顶价"全部买走，交易总额 9.4284 亿元。

（三）小结

重庆市"地票"交易和河南"复垦券"交易均是在国土资源部城乡建设用地增减挂钩政策试点基础上的大胆探索，突破了城乡建设用地增减挂钩对交易区域的限制，是农村宅基地使用权在更大范围内退出和交易的有益探索。

以"建设用地指标"交易形式实现土地发展权城乡转移，使农村宅基地的发展权成为可在市场上流动的建设用地指标，增强了农村宅基地退出补偿的市场化程度、交易性更强，有利于农村宅基地价值的实现。但这种形式也存在一些问题，最为明显的是价格偏低。无论是重庆的地票交易还是河南"复垦券"交易，最高交易价格为每亩 30 万元，相当于上述三个就地安置案例中的最低安置补偿，农民受益偏低。河南"复垦券"交易购买方为郑州的房地产企业，与郑州 1000 万元/亩的土地价格相比，30 万元的价格确实偏低。

综上，随着农民权利意识增强和地方政府对社会稳定的重视，就地安置形式农村宅基地退出中农民利益受损的可能性已经大大降低了，但由于土地价值低，发展水平低的城市和区域就地安置式的农村宅基地退出补偿偏低，除了当地建设急需外，这类区域不宜也不可能（地方政府和农民均没有

积极性）大范围推进就地安置式的农村宅基地退出补偿。而
在经济发展水平高、土地价值高的城市和区域进行安置补偿
式宅基地退出政府收益高，农民权益能够较好实现，容易推
进，同时通过"土地发展权转移"将建设权转移到经济发展
水平高、态势好、土地价值高的城市和区域，也容易推进。

三　农村宅基地增值收益分配格局渐趋理性

（一）不同区位宅基地转用后增值幅度不同导致所获补偿差异巨大

1. 城市规划区宅基地退出转用后价值较高，所获补偿较高

城市规划区宅基地是指随着城市空间规模的扩张被卷入
城市建成区和规划区的原农村宅基地。由于城市空间规模扩
张和大量外来人口进入，对居住和经营用地需求较大，城市
规划区宅基地原村民自用居住功能所占的比重越来越小，建
房出租、建房出售及政府征用等其他使用方式占比越来越
高[1]。目前城市规划区宅基地退出建房自住功能后主要转向
三种用途。一是原农户自建房出租或宅基地直接出租，即农
民在宅基地上建成房屋后出租给务工人员或者其他人作为住
宅、办公、仓库或其他经营服务场所，或者农民将本人宅基

---

[1]　由于农村宅基地的初始功能就是农民建房自住，笔者将除建房自住以外的其他用途均称为退出和转用。

地出租给投资者，由投资者出资建住宅、办公、仓库或其他经营服务场所。二是农村集体经济组织建房出售，即各级城市大量存在的小产权房。三是被国家统一征用后用于工业或者城市建设。

不管是自建房出租出售、集体建房出售还是国家征用，城市规划区内的农村宅基地退出后绝大多数均转用于工业及城市建设，其使用效率大大提高，土地价值大大增长，退出的农村宅基地所获补偿相对较高。

2. 纯农区宅基地退出转用后价值较低，所获补偿较少

与城市规划区不同，纯农区内农村宅基地可能的工业和城镇建设用途很少，除了极少数用于工业和城镇建设，绝大多数仍然是农业用地，或者转让给其他村民，或者复耕。即使用于工业和城镇建设，由于其供应量大且不具有稀缺性，土地溢价程度也很低，退出的农村宅基地所获补偿相对较低。

（二）地方政府主导的农村宅基地退出中所确定退出补偿标准基本反映了当地的经济发展水平与土地市场价值

通过前文的梳理和总结可以看出，在地方政府主导的农村宅基地退出实践中，一般由地方政府设计具体政策和补偿方案，对退出宅基地农民进行补偿或者安置。在制定退出补偿方案时，地方政府只能在土地增值总量范围内确定补偿标准，不可能对超过土地增值的部分进行补偿，所以土地增值的幅度决定了农村宅基地退出所获补偿的上限。这是评估宅基地补偿标准时必须充分考虑的因素。保持社会和谐稳定是政府的重要责任，宅基地退出涉及面广，地方政府制定退出补偿标准时需要考虑群众的接受程度，以减少推进的阻力。尤其是近几年随着农民权利保护意识的增强，地方政府维稳压力增大，拆迁过程中农户所得比例有逐渐增加的趋势。

不管是政府还是拆迁群众，对拆迁补偿标准的理解与接受是与当地经济发展水平、土地收益现值、土地市场价值、人均收入水平等因素密切相关的。在大城市，换算成货币现值的补偿总量已经很高，但与土地收益现值相比并不高、与整个土地增值收益相比也并不高。在中小城市，换算成货币现值的补偿总量与大城市比较虽然很低，但占整个土地增值收益的比例已经较高，而且与当地居民的收入与生活水平相比也不低。

综上，仅讨论农民宅基地退出所获补偿的绝对值是不完全的。如果只考虑宅基地转用后的本地用途，纯农业地区退出补偿必然很低，所以农村宅基地退出模式的选择要紧密结合当地经济发展水平和土地需求，在有价值的用途较少时，不宜大范围推进置换式退出，应以发展权转移方式退出。只有土地增值达到一定程度，才能推进置换式退出，土地增值程度越高，农民所获得的补偿越多。

四 近期农村宅基地退出和补偿相关改革进展

(一)《中华人民共和国土地管理法》修订

现行土地征收补偿的主要法律依据是 2004 年 8 月修正的土地管理法，由于是根据当时经济社会发展水平制定的，诸多条款已经不适应新形势、新情况下经济社会发展的客观要求，近些年修订土地管理法、提高补偿标准、保护农民利益的呼声越来越高。在这样的背景下，学者们对土地管理法修订进行了研究，提出了大量建议，概括起来有如下方面。①提高征收补偿标准，删除"按被征收土地的原用途给予补偿和 30 倍补偿上限"的规定。学者普遍认为，原用途基础上年产值 30 倍的补偿上限，没有综合考虑土地区位、土地对农民的生产生活方式的重大影响等其他因素，无法体现公平补偿原则。②增加社会保障补偿内容。由于农村宅基地承担着农民的住房保障功能，建议在征收农民宅基地时要充分考虑农民的住房保障，对城市规划区内被征地农民和城市规划区外被征地农民的住房保障分别给予针对性安排。③针对普遍出现的补偿资金不足额、不到位问题，学者建议增加相应条款规范征地程序。为防止补偿资金不足额、不到位情况下开始征地引发的一系列社会矛盾甚至群体性事件等现象，保护农民利益，应细化并严格征地程序，加强对政府征地行为的约束。

回应群众期盼和各界呼吁，《中华人民共和国土地管理法修正案（草案）》于 2012 年 11 月 28 日提交国务院常务会议讨论并通过。修改的基本思路是，在不改变现行法律基本原则和制度框架基础上，坚持以耕地保护为核心以用途管制为手段的基本制度，对现行法律制度进行完善，重点是完善集体土地征收，突出安置和保障。主要修订内容如下。①提高补偿标准。删除现行《土地管理法》第 47 条中"30 倍上限"相关内容，强调公平补偿，按照生活有改善、长远生计有保障原则进行补偿。②增加住房保障补偿内容。把住宅从地上附着物中单独列出，对于城市规划区内被征收宅基地的原农户，提供具有合法国有产权的房屋或者按照市场价给予货币补偿，对于城市规划区外被征收宅基地的农户，安排重建住房所需宅基地，对拆迁房屋按照新建房屋成本给予补偿。③进一步规范征地程序。加强对政府征地行为的约束，按照合法、公正、公开的原则严格制定征地程序，建立违法违规征地行政问责制度。

但是，由于土地制度改革关系重大，涉及问题复杂，2012 年 11 月 28 日国务院常务会议讨论通过的《中华人民共和国土地管理法修正案（草案）》并未真正提交全国人大讨论通过，直到 2017 年仍然列在全国人大立法计划。

（二）农村土地征收、集体经营性建设用地入市、宅基地制度改革试点工作

为进一步推进土地制度改革，2015 年 1 月中办、国办联

合印发了《关于农村土地征收、集体经营性建设用地入市、宅基地制度改革试点工作的意见》，选择北京大兴区、天津蓟县等33个县市区进行试点，探索集体经营性建设用地入市和宅基地制度改革。具体内容如下。

（1）探索从征地范围界定、规范征地程序、强化被征地农民保障等方面进一步完善土地征收制度。一是探索更清晰地界定公共利益用地范围，制定土地征收目录，缩小征收范围；二是探索公开土地征收信息，建立社会稳定风险评估制度和矛盾纠纷调处机制，进一步规范土地征收程序；三是探索按照合理、规范、多元的思路进一步完善对被征地农民保障机制。

（2）针对不能同等入市、交易规则不健全等问题，对农村集体经营性建设用地权能改革和入市交易进行探索。一是扩大农村集体经营性建设用地权能，使其能够入股、租赁、出让；二是明确入市范围和途径，对农村集体经营性建设用地入市进行探索；三是探索农村集体经营性建设用地入市交易的监管服务制度，明确市场交易规则。

（3）对于农户宅基地取得困难、利用粗放、退出不畅等问题，探索通过进一步完善农村宅基地制度来解决。一是对宅基地取得方式和权益保障进行改革，在不同区域探索农民住房保障的多种实现形式；二是尊重历史、尊重现实，通过有偿使用等形式探索妥善解决超标准占用宅基地和一户多宅等问题。

（4）兼顾国家、集体和个人利益，探索建立健全各主体利益均衡的土地增值收益分配机制。农村土地征收、集体经营性建设用地入市、宅基地制度改革试点工作是对深化农村土地制度改革、建立城乡统一建设用地市场的又一次重要尝试，其主要目的是提高土地转用的市场化成分，完善被征地农民的利益补偿机制，建立兼顾各方利益的土地增值收益分配机制。其中探索"在符合规划和用途管制前提下，允许农村集体经营性建设用地出让、租赁、入股，实行与国有土地同等入市、同权同价"，"完善对被征地农民合理、规范、多元保障机制"，"建立兼顾国家、集体、个人的土地增值收益分配机制"等提法吸收了各方对土地制度改革的建议，顺应了经济社会发展的客观要求，但试点的范围仍然较窄，只允许集体经营性建设用地入市，非经营性集体建设用地不得入市，宅基地转让仍限制在本集体经济组织内部。

第十五章 农村宅基地退出补偿面临的制度瓶颈

农村宅基地属于农村建设用地，退出并获得合理补偿的前提是能够实现价值更高的用途，否则既没有退出的必要，也不可能获得比现有用途更高的经济回报。农村宅基地实现价值更高用途的主要途径是用于城镇建设，但在现行建设用地制度框架下，农村宅基地转用于城镇建设受到诸多制约。

一 建设用地制度改革的历史回顾

改革开放以前，中国建设用地供应实行行政划拨，具有无偿、无限期、无流通特征。改革开放后土地制度改革的基本取向是不断强化市场机制的作用，逐步实现有偿、有限期、有流通。具体来看建设用地使用方面的制度经历了三次大的变革：1982 年开始允许用农村集体土地兴办乡镇企业、1988

年开始允许利用国有与集体土地兴办外资企业与民营企业、1990 年城市土地向各经济主体全面放开，每一次变革均对中国经济发展产生了重大而深远的影响。

（一）始于 1982 年的第一次建设用地制度改革：允许利用农村集体土地兴办乡镇企业

改革开放后，为促进经济发展，政策层面允许农村兴办乡镇企业，为大一统的工业体制注入活力。

1982 年宪法首先明确了"城市土地属于国家所有"的基本性质，而农村和城市郊区的土地以及农村的宅基地和自留地、自留山属于集体所有。除了对土地所有权进行规定，宪法还规定国家为了公共利益可以征用土地，而其他组织和个人不得以任何其他形式转让土地。由于通过宪法条款限制了政府以外的其他组织和个人"转让土地"的合法空间，所以当时土地管理相关法规甚至包括刑法，都对非法转让土地进行了禁止，刑法把"以牟利为目的，非法转让、买卖、出租土地"的行为列为刑事犯罪。

在城市建设用地方面，只有各级政府、全民所有制单位、集体所有制单位才能使用国有建设用地。1982 年《国家建设征用土地条例》根据宪法精神进一步明确只有国家进行各项建设才能征用土地，其他任何单位均无权征用土地，也不能直接向农村集体经济组织和农民个人购地、租地或变相购地、租地，农村集体经济组织和农民个人也不得以土地入股的形式参与任何企业、事业的经营。

农村建设用地方面，1982 年《村镇建房用地管理条例》为用农村集体土地建设乡镇企业开了口子，但农村建设用地非农用途仅限于乡镇企业，而其他类型企业（当时主要是全民所有制和集体所有制企业）必须使用国有土地。1986 年正式出台了土地管理法，进一步明确了可以利用农村集体所有土地建设乡镇企业，并且将范围扩大，其他企业同农业集体经济组织合资举办的联营企业也可将农业集体土地作为联营条件。

从 1982 年开始允许利用农村建设用地发展乡镇企业，到 1986 年进一步放开允许农村集体经济组织可以利用集体土地与其他企业举办联营企业，是我国建设用地制度改革迈出的一大步，为乡镇企业的大发展大繁荣提供了政策空间。

从图 15 - 1、图 15 - 2 可以看出，1982 年农村集体土地经批准可以用于兴办乡镇企业的正式法律依据出台以后，农村兴办工业的热情被点燃。从发展速度看，1983 年全国乡镇企业总产值年增长率提高至 19.1%，1984 年更是飞跃至 68.3%，1984 ~ 1995 年乡镇企业总产值的年增长率均在 30% 以上。从总量看，1982 年乡镇企业总产值占工农业总产值的比重仅为 10.3%，10 年后的 1993 年这一比重已经超过 50%（53.1%，也就是说通常说的乡镇企业占国民经济的一半），1995 年这一比值进一步达到 61.4%。全国乡镇企业总产值与乡镇企业工业总产值见表 15 - 1。

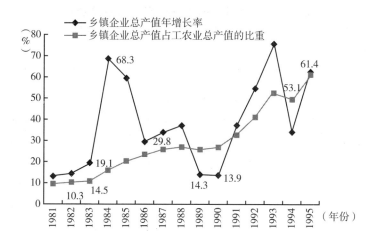

**图 15 - 1　全国乡镇企业总产值年增长率及其在工农业
总产值中的占比（1981～1995）**

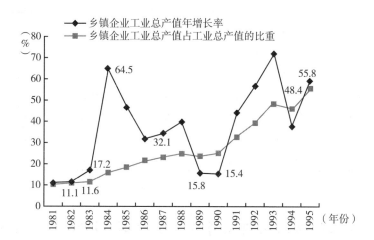

**图 15 - 2　全国乡镇企业工业总产值年增长率及其在
工农业总产值中的占比（1981～1995）**

表 15 - 1   全国乡镇企业总产值与乡镇企业
工业总产值（1978～1995）

单位：万元

年份	乡镇企业 总产值	乡镇企业 工业总产值	农业 总产值	工业 总产值	工农业 总产值
1978	493	385	1397	4237	5634
1979	548	424	1689	4681	6370
1980	657	509	1923	5154	7077
1981	745	579	2181	5400	7581
1982	853	646	2483	5811	8294
1983	1016	757	2750	6461	9211
1984	1710	1245	3214	7617	10831
1985	2728	1827	3619	9716	13335
1986	3541	2413	4013	11194	15207
1987	4743	3243	4676	13813	18489
1988	6496	4529	5865	18224	24089
1989	7428	5244	6535	22017	28552
1990	8462	6050	7662	23924	31586
1991	11622	8709	8157	26625	34782
1992	17975	13635	9085	34599	43684
1993	31541	23447	10996	48402	59398
1994	42589	32336	15750	70176	85926
1995	68915	51259	20341	91894	112235

（二）第二次建设用地制度改革：1988 年开始允许将国有与集体土地使用权转让给外资和民营等私营经济使用

1987 年中国经济对外资正式开放，民营企业也可以合法注册登记，非公经济发展被提上日程。为解决内外"非公经济"合法落地问题，1988 年宪法修正案增加了土地使用权可以依法转让条款，为土地出租和土地使用权转让开拓了法律空间。相应地，1988 年土地管理法也增加了国有土地和集体土地使用权可以依法转让的条款。

　　这样通过对宪法和土地管理法两个法律的修改，解决了外资企业、民营企业落地的法律障碍，促进了非公经济的大发展。以实际利用外资为例，1988 年以前全国实际利用外资总额很低（从未超过 100 亿美元），土地制度放开后在短短的三年内（1991 年）即超过 100 亿美元，1992 年将近 200 亿美元（192 亿美元），1993 年一跃达到 390 亿美元，1997 年超过 600 亿元，达到了 644 亿美元。1988～1997 年短短 10 年内增加了 5 倍之多（见图 15 - 3）。全国全社会固定资产投资中的外资部分状况见图 15 - 4。

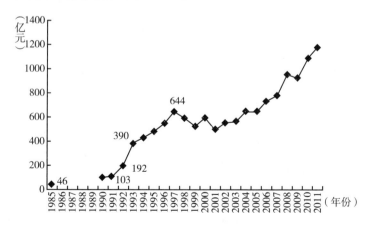

图 15 - 3　全国实际利用外资状况（1985～2011）

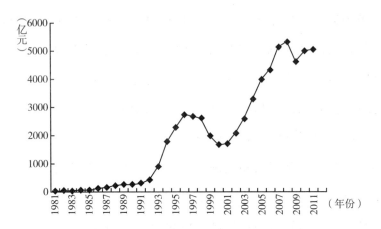

图 15 - 4   全国全社会固定资产投资中的外资
部分状况（1981 ~ 2011）

（三）第三次建设用地制度改革：1990 年城市土地使用权开始向各经济主体全面放开

1988 年宪法修正案和土地管理法出台以后，公有制经济、乡镇企业、民营经济、外资企业等各种所有制经济使用工业用地均有了合法渠道，但城镇建设尤其是住房建设方面的土地使用没有放开。虽然深圳于 1987 年 12 月 1 日敲响了土地公开拍卖第一锤，通过国有土地使用权转让形式由房地产开发商进行商业住宅开发，开启了中国以公开拍卖的方式有偿转让国有土地使用权的先河，但当时并没有充足的法律依据，仅仅是在深圳特区进行的试验。

为加快城市基础设施投资及住房建设，改善居住条件，满足城镇居民不断增长的住房需求，1990 年 5 月，国务院出台了《中华人民共和国城镇国有土地使用权出让和转让暂行条例》，规定境内外的合法经济组织、其他组织和个人，均可遵循合法程序取得土地使用权，进行土地经营开发。至此，各种经济组织和个人使用国有土地进行房地产开发及其他各种经济活动的法律障碍基本解除。

1991 年 11 月，国务院办公厅下发了《关于全面进行城镇住房制度改革的意见》，系统提出住房投资和建设体制改革的目标。1994 年 7 月《国务院关于深化城镇住房制度改革的决定》进一步提出要"把各单位建设、分配、维修、管理住房的体制改变为社会化、专业化运行的体制"。1994 年 7 月通过的《城市房地产管理法》进一步明确了房地产开发企业的资质和商业地产开发的主体地位，并对城市建设用地使用权进行了较为系统的规定。2001 年 5 月 30 日，国务院下发了《关于加强国有土地资产管理的通知》，对国有土地招标拍卖的范围和界限进行了明确界定，对经营性建设用地协议出让进行约束。作为国有土地实行市场配置的首个国家政策，国务院出台的《关于加强国有土地资产管理的通知》成为经营性土地由非市场配置转向市场配置的标志性文件。至此，城市土地使用权向各经济主体全面放开。

城市土地使用权的全面放开促进了城镇固定资产投资和房地产投资的快速增长（见图 15 - 5）。尤其是 2001 年经营性土地由非市场配置向市场配置转变以后，房地产行业对 GDP 增长的贡献率维持在 10% 以上（见图 15 - 6），对整个经济的发展产生了至关重要的促进作用。

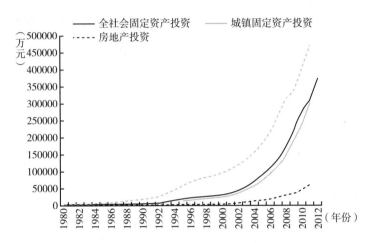

图 15 – 5　全国城镇固定资产投资与全社会固定
资产投资状况（1980～2012）

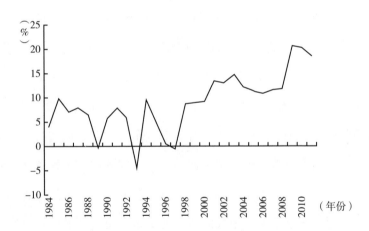

图 15 – 6　房地产投资对 GDP 增长的贡献率（1984～2011）

　　城市建设用地制度改革促进了房地产行业发展，有效解决了城镇居民的住房难问题。改革开放初期住房短期是普遍问题，城镇将近一半的家庭缺房或无房，1978 年中国城镇人均住房面积只有 6.7 平方米。至 1990 年，中国城镇人均住房

面积增长至 13.7 平方米，12 年仅增加了 7 平方米。1991 年
以后中国城镇人均住房面积持续增长，1991～2006 年增长率
仅为 4.5% （见图 15 − 7），至 2001 年超过人均 20 平方米
（见图 15 − 8），至 2009 年超过了 30 平方米。

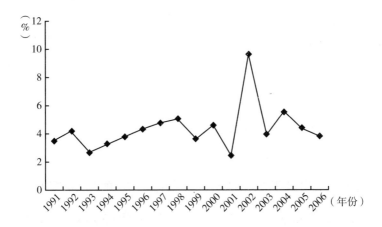

图 15 − 7 　全国城镇居民人均住房面积增长率（1991～2006）

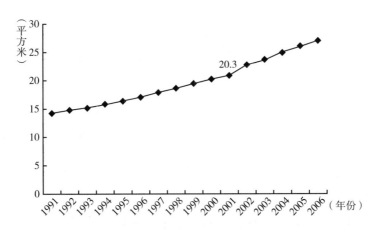

图 15 − 8 　全国城镇居民人均住房面积（1991～2006）

二 农村宅基地退出补偿面临的宏观经济
社会环境发生深层次变革

通过文献梳理可以发现，理论界对农村宅基地退出和补偿的相关研究集中在退出补偿现状的定量定性研究和土地制度本身，而对支撑土地制度的宏观经济社会环境研究不足。任何制度的产生都有其深刻的历史背景，经济发展大背景及社会发展面临的主要矛盾决定了一个社会的宏观制度环境，进而决定了具体的制度安排。

（一）改革开放初期中国面临严重的经济短缺，经济社会发展面临的主要矛盾是解决产品短缺，农地转用制度的主要目标是低成本土地支撑工业化快速发展

中国农地征收制度始于 20 世纪 50 年代，其大背景是新中国成立后采取的以重工业优先发展为主要特征的赶超战略。由于重工业优先发展并不符合中国当时资本稀缺的资源禀赋状况，要发展不具备比较优势的重工业，只能通过超低的农产品价格最大限度地转移农业部门剩余，支持城市工业低成本发展。这一时期工业发展所用土地全部为划拨，没有资金成本。

改革开放以后中国经济社会发展环境发生了变化。经济建设成为党和国家的工作重心，重工业优先发展的赶超战略被扭转，解决经济短缺问题成为发展主题，率先通过家庭联

产承包制分产到户，通过农村土地制度改革解决了农业生产激励问题，短短几年内解决了粮食严重短缺问题。20 世纪 80 年代中期以后，改革向工业推进，农村乡镇企业异军突起，工业建设用地需求大幅度增加。乡镇企业之所以能够高速发展在于其满足了短缺经济下人民群众的消费需求，但相对宽松的集体建设用地制度下的低成本土地供给也起了重要的支撑作用。

从 20 世纪 80 年代中期到整个 90 年代，中国经济社会发展面临的主要矛盾是落后的社会生产不能满足人民群众的生活需要，快速推进工业化，生产出更多的消费品、工业品是政策制定时考量的核心因素，而土地制度包括农地转用均围绕这一核心政策目标，保护耕地、保护农民利益让位于以低成本农村建设用地支撑农村工业化快速推进。

（二）1998 年以后中国经济短缺局面反转，政策关注重点从低地价支撑工业化变成了保护耕地、保护农民利益

1997 年亚洲金融危机爆发后，中国的经济社会环境发生深刻变化。长期困扰中国的短缺经济现象有了很大改善，开始进入产品、产能相对过剩时期，以价格低廉、产品低端为主要特征的乡镇企业竞争力下降、经营困难，乡村工业发展的必要性下降，中国工业经济进入城市主导阶段。与此同时，长期低地价支撑工业化造成用地粗放、耕地锐减，保护耕地、

保障国家粮食安全的任务开始进入宏观政策目标的核心。在这样的背景下，在 1998 年土地管理法修订时土地制度开始调整方向，强调耕地保护，通过用途管制和用地计划指标控制建设用地供应的规模和节奏。

十六大以后，中国宏观经济环境再次出现重大转折，农业支持工业、为工业提供积累的情况彻底反转，进入以工促农、以城带乡新阶段，破除城乡二元结构、缩小城乡差距成为宏观政策的核心目标之一。提高农民收入、缩小城乡差距成为政策关注的重点，全面取消农业税，不断深化户籍制度改革、劳动就业和社会保障制度改革等均是如此。保护耕地、保护农民利益，提高农民财产性收入等成为农地制度改革研究和政策热点，学者们也围绕相关问题进行了大量研究。

与经济高速发展相比，土地制度虽然也在不断改革，但由于二元土地制度没有根本改变，农村人口已经在城乡之间、发达地区与欠发达地区之间大范围流动与迁移，不同区域、不同层级城市之间存在巨大发展差异，涉及农村宅基地退出补偿的工业区扩张、迁村并点、城中村改造、城市更新等面临的利益关系越来越复杂，相关制度在解决矛盾冲突时越来越力不从心。

（三）随着中国经济进入新常态，粗放的土地利用方式难以为继，需要在保障农民利益与保证土地征收效率上取得平衡

中国经济进入新常态以后，虽然工业用地需求增长放缓，

但城市化仍处于快速发展期，对土地的需求量仍然很大，而且与过去低成本工业化、城镇化不同，现在土地转用后升值幅度很大。随着保护农民利益的法律制度不断完善，农民自身权利意识不断增长，补偿标准与土地的实际市场价值出现严重偏差必然会引起土地权利人的抵制。如何在保障农民利益的同时，保障政府和土地开发者的利益，是土地制度改革必须权衡的。如何在赋予农民更多权利、更多利益的同时，确保土地征收的效率，也是土地制度改革必须权衡的。

三　城市规划区内农村宅基地退出与补偿的制度约束

按照目前的制度框架，我国建设用地有城市建设用地和农村建设用地两种类型。农村宅基地退出与补偿制度机制的建立，既与城市建设用地制度有关，也与农村建设用地制度有关。

(一) 政府是城市土地一级市场唯一合法需求主体

目前，中国城市建设用地的二级市场已经完全放开，开发建设单位可以通过政府组织的土地公开拍卖竞拍土地，也可以通过受让其他开发建设单位已经获得建设开发权的建设用地获得土地。但是，在土地一级市场政府是唯一合法需求主体。按照现行制度，在城市进行开发建设必须使用国有土地[①]，而纳入城市规划区的农业用地和农村建设用地在性质上属于非国有土地，其中农业用地只能用于农业用途，不能进行开发建设，而农村建设用地虽然具有建设用地性质，但只能用于建设农民自住宅和发展集体经济，不能用于其他性质的非农建设。纳入城市规划区的农业用地和农村建设用地进行上述使用范围外的商业开发必须转化为国有建设用地，而成为国有建设用地只有政府征收唯一一条途径，政府征收、补偿之后进行"七通一平"等整理和投入后再拿到土地二级市场进行拍卖。所以法律赋予了政府国土部门相关权力，使其成为城市规划区内农业用地和农村建设用地转化为国有建设用地唯一合法操作主体。而农业用地和农村建设用地又是城市建设用地最主要的来源，这就决定了政府在土地一级市场上的垄断地位。

（二）土地征收环节与土地出让环节定价机制不统一

1. 在土地征收环节政府具有定价权，按照土地原用途给予补偿

现行 2004 年《土地管理法》明确规定政府征收土地时按照土地原用途补偿。其中征收耕地的补偿费用包括土地补偿费、安置补助费以及地上附着物和青苗的补偿费，具体补

---

① 现行的 2004 年《土地管理法》第 43 条明确规定，"任何单位和个人进行建设，需要使用土地的，必须依法申请使用国有土地"。

充标准由省、自治区、直辖市规定，但土地补偿费和安置补助费总和不能超过土地被征收前 3 年平均年产值的 30 倍。土地管理法从法律层面赋予了地方政府在土地征收过程中的定价权，农民的权利主体地位被削弱。

2. 在土地出让环节实行市场定价，土地使用者通过竞价获得土地开发建设权

2002 年 4 月 3 日国土资源部第 4 次部务会议通过、2007 年 9 月 21 日国土资源部第 3 次部务会议修订的《招标拍卖挂牌出让国有建设用地使用权规定》对土地招拍挂做了详细规定，包括土地招拍挂的条件、程序，招拍挂后的土地出让程序。至此，土地出让环节的市场交易和市场定价机制正式形成，土地使用者通过价格竞争获得土地建设开发权。

（三）土地增值收益分配矛盾突出

由于政府是土地一级市场上的唯一合法行为主体，在土地征收环节实行政府定价，而在出让环节实行市场竞价，会导致土地增值收益分配矛盾十分突出。

一方面，城市规划区内农业用地与农村建设用地转化为国有土地过程中，土地征收环节按照原用途补偿定价偏低，而土地出让环节充分的市场竞争使得土地市场价值得以充分实现、出让价格较高，土地出让金达到征地补偿的几倍、几十倍甚至几百倍。虽然土地出让金较高于政府规划的调整，并与政府在土地出让之前大量的基础设施投入密切相关，有其现实合理性，对农业用地按照原用途赔偿也是合理合法，城市规划区内农民宅基地征收安置费用已经很高，但二者绝对数量上的巨大差异仍然给社会公众带来农民利益受损的印象，农民自身也不满意。

另一方面，由于现行土地管理法对征收土地补偿的收益主体规定较为模糊，导致征收补偿在农民和农村集体经济组织中分配时矛盾突出。现行的2004年土地管理法没有对征地补偿的受益主体进行明确，只是简单通过规定"禁止侵占、挪用被征用土地单位的征地补偿费用和其他有关费用"来限制地方政府和其他单位侵占和挪用征地补偿费用，但农村集体经济组织既不是地方政府也不是其他单位，而是土地所有者的代表，有权利获得土地征地补偿费用。法律对征地补偿属于农村集体经济组织还是属于农户，或者在农村集体经济组织和农户之间如何分割均没有明确规定，造成征地补偿金分配时经常被层层截留，不但村级留用份额较大，一些县、乡（镇）政府往往也参与补偿收益的分配，导致农民个人获取的补偿收益减少，并缺乏相应的审慎监管机制。

四 农村建设用地制度存在的问题

（一）用途单一

农村宅基地是最主要的农村建设用地，在农村建设用地总量中比例较高。按照现有法规对土地用途的管制，农村建设用地虽然在土地属性上属于建设用地，但其用途被限制在建设农村住宅与兴办乡镇企业两个方面，不能用于其他用途，更不能进行商业开发。乡镇企业是一个老概念，经过多轮企业产权制度改革，目前存量乡镇企业已经很少，而随着市场经济的深度发展乡镇企业作为市场主体已经很难适应经济社会发展的要求，基本已经退出历史舞台。目前新办乡镇企业的经济社会条件已经不复存在，农村建设用地可以用于兴办乡镇企业的法定用途的实际意义已经很小。随着唯一非农建设用途的弱化与名存实亡，农村建设用地的法定用途事实上已经蜕变为单一的农村住宅功能。而且，法律还对农村宅基地住宅功能的交易进行了严格限制，只能在本集体经济组织内部进行交易，交易对象狭窄，严重限制了农村宅基地的资产功能。

（二）发展权交易存在地域限制

2008 年 6 月国土资源部发布的《城乡建设用地增减挂钩试点管理办法》，通过建设用地指标的形式扩大了农村建设用地的用途，即农村宅基地退出、复垦后其原有的建设用地属性可以通过建设用地指标的形式进行转让，用于增加城市的建设用地指标和征用耕地的"占补平衡"。这一规定在原用途之外为农村建设用地拓展了一定的发展空间，为农村宅基地退出和分享土地增值收益提供了一定的政策空间。在城乡建设用地增减挂钩政策框架下，地方政府进行了建设用地指标异地使用各种尝试，如"两分两换"（浙江嘉兴）、宅基地换房（天津）、地票交易（重庆）、复垦券交易（河南）等。

从《城乡建设用地增减挂钩试点管理办法》的具体规定看，虽然对农村建设用地附带的建设用地指标可异地转移使用放开了口子，但可以使用的合法空间范围仅限于县域内。随着中国经济进入新时期、新阶段、新常态，区域空间布局正在发生大范围调整，产业与人口向发达经济空间（东部发达地区和中西部大中城市）集聚的趋势非常明显，发达经济空间对建设用地需求量相应增大，土地价格高，而中西部多数经济发展水平不高的县，非农产业总量小、集聚人口动力不足，对建设用地的需求较少，地价也低。所以，城乡建设用地增减挂钩一方面赋予农村建设用地一定的建设权，但将使用范围限制在县域内的规定大大降低了这一政策给农村建设用地增值带来的空间，既不利于解决土地供求矛盾，不利于让更需要建设用地的发展空间获得建设用地指标，也不利于农民通过宅基地退出获得更多财产性收入。

第十六章　农村宅基地退出意愿的
微观分析

作为农村宅基地退出的微观行为主体，农民退出宅基地不仅是一个经济行为和一个经济补偿问题，而且是一个复杂的社会行为。宅基地承担着农民的住房保障功能，与城镇化相伴的宅基地退出不仅意味着居住空间变化，更重要的是生产方式、居住方式与生活方式的根本改变。农民退出宅基地的意愿不可避免地要受年龄、受教育水平、职业种类、收入水平、认知水平等多种因素的影响，本章根据对豫北三市1105户农户的问卷调查和非正式访谈，从微观层面对农户退出宅基地的主观意愿进行分析。

一　农户自身因素对宅基地退出意愿的影响

（一）户主年龄越大宅基地退出意愿越低

从户主年龄看，年龄不同宅基地退出意愿差别较大。根据调查，在给予一定的货币补偿或安置补偿情况下，户主年龄为 55 岁以上的农户仅有 46.7% 愿意退出宅基地，户主年龄为 30 ~ 55 岁的农户有 51.6% 愿意退出，户主年龄为 30 岁以下农户中 77.3% 的农户愿意退出（见表 16 - 1）。课题组分析，户主年龄越大宅基地退出意愿越低至少有两个方面的原因：一是年龄大的农民眷恋故土，习惯了农村的生产与生活方式，对农村宅基地感情深，融入城市的主观意愿低；二是年龄大的农民非农就业能力降低，在城市稳定就业与生活的难度大，客观上不具备融入城市的能力，对农村宅基地依赖强。相反，年龄小的农民非农就业能力强，主客观方面融入城市的意愿和能力较强，所以退出宅基地的意愿也较强。

表 16 -1　户主年龄与宅基地退出决策

单位：个

问题	决策	年龄组别数据			合计
		30 岁以下	30 ~ 55 岁	55 岁以上	
如果给予一定的货币补偿或安置补偿,您是否愿意退出宅基地	是	191	221	199	611
	否	60	207	227	494
样本数	合计	251	428	426	1105

（二）农户兼业程度越高宅基地退出意愿越强

从从业状况与收入来源看，农户兼业程度越高、收入来源中非农业收入占比越高，其宅基地退出意愿越强烈。调查表明，从事纯农业生产的农户中愿意退出宅基地的比例为

39.3%，农业主导型农户愿意退出的比例 63.8%，非农业主导型农户愿退出的比例高达 89.3%（见表 16 - 2）。笔者分析农户兼业程度越高、收入来源中的非农业收入比例越大，宅基地退出意愿越强至少有两个方面的原因，一是农户兼业程度越高、收入来源中的非农业收入比例越大，对农业的依赖越低，与农村生产方式的联系越不紧密，居住在农村的可能性越低、时间越短，农村宅基地原有的居住功能越弱化；二是农户兼业程度越高、收入来源中的非农业收入比例越大，在城市就业与生活的能力越强、融入城市意愿强烈，通过宅基地退出获得货币补偿更好融入城市的意愿越强。

表 16 - 2　农户从业状况与宅基地退出决策

单位：个

问题	决策	从业状况组别数据			合计
		纯农业	农业主导型兼业	非农业主导型兼业	
如果给予一定的货币补偿或安置补偿,您是否愿意退出宅基地	是	176	339	226	611
	否	272	192	30	494
样本数	合计	448	531	256	1105

（三）农户受教育程度越高宅基地退出意愿越强

从农户受教育程度来看，初中及以下文化程度的农户愿意退出宅基地的比例为 48.9%，高中及中专愿意退出的比例为 58.7%，大专以上的高达 89.1%（见表 16 - 3），表明受教育程度与宅基地退出决策呈正相关关系。笔者分析受教育程度对农户宅基地退出意愿的影响与年龄、就业因素的影响类似，教育程度越高，非农就业能力越强，与农村生产与生活方式的联系越不紧密，居住在农村的可能性越低、时间越短，农村宅基地原有的居住功能越弱化，同时在城市就业与生活的能力越强，融入城市意愿强烈，通过宅基地退出获得货币补偿更好融入城市的意愿越强。

表 16 - 3 农户受教育程度与宅基地退出决策

单位：个

问题	决策	受教育程度组别数据			合计
		初中及以下	高中及中专	大专以上	
如果给予一定的货币补偿或安置补偿,您是否愿意退出宅基地	是	287	267	57	611
	否	299	188	7	494
样本数	合计	586	455	64	1105

二 农户心理偏好对宅基地退出意愿的影响

（一）使用年限越长宅基地退出意愿越低

从宅基地使用年限看，年限越长退出意愿越低。根据调查，使用年限在 5 年以下农户愿意退出宅基地的比例为 60.2%，使用年限为 5 ~ 10 年农户愿意退出的比例为 58.8%，使用年限为 10 ~ 20 年农户愿意退出的比例为 53.7%，使用年限为 20 年以上的仅为 47.3%（见表 16 - 4）。

笔者认为使用年限越长宅基地退出的意愿越低既于主观心理感受有关，也与前述的年龄、就业、教育程度等具有同样的作用机理。从主观心理感受来看，作为社会的人对长期拥有的物品具有情感依赖，在个人偏好、物品价值既定情况下，拥有时间越久投入感情越深，依赖程度越强，放弃后带来的负效用越大，越不愿意交易所拥有的物品。从另一个角度看，宅基地使用年限越长的农户，一般其年龄也较大，而年龄较大的农民一般受教育程度低、非农就业能力下降，未来在农村居住的可能性大、时间长，农村宅基地居住功能对其来说非常重要，退出宅基地的意愿自然不强。

表 16 – 4 宅基地使用年限与退出决策

单位：个

问题	决策	宅基地使用年限				合计
		5 年以下	5 ~ 10 年	10 ~ 20 年	20 年以上	
如果给予一定的货币补偿或安置补偿，您是否愿意退出宅基地	是	127	191	200	93	611
	否	84	134	172	104	494
样本数	合计	211	325	372	197	1105

（二）农户当前生活、工作、社会地位满意度与宅基地退出意愿负相关

"当前生活、工作、社会地位满意度"选项中，"很满意"的农户中有18.4%愿意退出宅基地，"比较满意"的农户中有31.5%愿意退出宅基地，"基本满意"的农户有

50.5%愿意退出宅基地，比较不满意的农户中有68.3%愿意退出宅基地，而"很不满意"的农户中愿意退出宅基地的比例高达79.5%（见表16-5）。对"当前生活、工作、社会地位满意度"越高，宅基地退出意愿越低，说明对现状评价越高，越不愿意改变。在具体访谈中进一步发现，对当前生活、工作、社会地位"很满意"的农户多是在农村有自己的一份产业，来自农村当地的收入较高且比较稳定，宅基地对他们的重要性较高甚至是其收入来源的重要支撑，所以他们绝大多数不愿意改变现有的生产生活状态，不愿意退出宅基地。而对当前生活、工作、社会地位"很不满意"的农户多是来自当地的收入很低且在当地提高收入的可能性不大的人，其中较大一部分是年青的新生代农民工，他们从小到大基本没有参与过农业生产，受教育程度较高，成年后外出务工，憧憬城市化的生活，但是目前的就业和收入水平完全融入城市又比较困难，属于"进不了城、回不了乡"的农民工群体，对当

表16-5 当前生活、工作、社会地位满意度与宅基地退出意愿

单位：个

问题	退出意愿	当前生活、工作、社会地位满意度					合计
		很满意	比较满意	基本满意	比较不满意	很不满意	
如果给予一定的货币补偿或安置补偿,您是否愿意退出宅基地	是	19	66	123	210	193	611
	否	82	143	121	98	50	494
样本数	合计	101	209	244	308	243	1105

前生活、工作、社会地位"很不满意",融入城市的强烈愿望使他们退出宅基地的意愿较高,希望通过退出宅基地获得一定的货币补偿,提高其融入城市的能力和速度。

(三) 生活品质评价偏好对宅基地退出意愿影响较大

由于生活习惯及生活经验不同,农户对生活品质的理解存在认知差异,调查中有61.4%的农户认为农村生活更有品质,22.9%的农户认为农村生活与城市生活差别不大,只有15.7%的农户认为城市生活更有品质。具体到宅基地退出意愿,认为"农村生活更有品质"的农户中有50.2%愿意退出宅基地,认为"农村生活和城市生活差别不大"的农户中愿意退出宅基地的占58.4%,认为"城市生活更有品质的农户"中退出宅基地的高达70.5%(见表16-6)。

表16-6 农村生活品质评价与宅基地退出决策

单位:个

问题	决策	农村生活较城市生活的生活品质			合计
		农村生活更有品质	差别不大	城市生活更有品质	
如果给予一定的货币补偿或安置补偿,您是否愿意退出宅基地	是	340	148	122	611
	否	338	105	51	494
样本数	合计	678	253	173	1105

在具体访谈中了解到,认为农村生活更有品质的农民大概有两类。一类是其就业和收入来源主要来自农村,长

期在农村生产生活，偶尔进城感觉城市并不舒适，对城市居民的生活方式了解不深，想当然地认为农村生活更有品质，这类农民宅基地退出意愿较低，在认为农村生活更有品质的农民中占比不高。另一类是长期在城市工作的农民工，虽长期在城市工作居住，但居住和生活状态较差，他们认为自己目前在城市的生活不如老家的生活舒适，选择农村生活更有品质，实际上他们并不认为城市普通市民的生活品质比农村普通农民的生活品质高，而是长期的城市工作生活经历使他们向往城市生活、希望融入城市，所以其农民宅基地退出意愿较高。第二类在认为农村生活更有品质的农民中占比较高，实际上这类农民宅基地退出意愿与认为城市生活更有品质农民的宅基地退出意愿均较高，超过70%。

综合以上三项分析可以发现，农户的心理偏好对宅基地退出具有重要影响，长期在农村生产生活的农户，对农村宅基地依赖度高，心理上不愿意放弃宅基地；长期在城镇就业生活的农户，宅基地利用率低，心理上宅基地联系不紧密，放弃宅基地的意愿高。也就是说，农户的心理偏好与其现实生产生活是密切相关的，是以自身生活经历形成的认知为基础，对生活现状，对农村城市生活品质比较之后形成的，不能归结为简单的心理问题、感情问题。放在城镇化的大背景下才能更好地理解农户宅基地退出的心理偏好。

三　政策认知对宅基地退出意愿的影响

对于"宅基地退出的整体认识"给定的三个选项，37.1%的农户选择"宅基地退出是工业化、城镇化的必然趋势"，29.2%的农户认为其"意义一般"，33.7%的农户选择"宅基地退出损害农民利益，影响社会稳定"。这说明农户对宅基地退出意义和政策了解不够，政策认知方面有待宣传普及，政策了解越少的农户抵触情绪越大，越不愿意退出。

对于"如何评价宅基地退出中的冲突事件"，15.3%的农户选择"发生概率极小，可以忽略"，30.8%的农户选择"是偶然事件，不影响大局"，而高达53.9%的农户则选择"频繁发生，严重影响进程"（见表16-7）。虽然客观地讲暴力执法、冲突事件只是宅基地退出中的少数事件，然而农户对多数正常、合理

表 16 -7　政策认知对宅基地退出意愿的影响

问题	选项及所占百分比		
对宅基地退出的整体认识	工业化、城镇化的必然趋势，促进社会进步（37.1%）	意义一般（29.2%）	损害农民利益，导致社会不稳定（33.7%）
如何评价宅基地退出中的政府行为	充分考虑了农户利益，实现了社会和谐（16.1%）	基本满足农户需求，平稳推进（39.8%）	强政府，损害农户利益，暴力事件带来恶劣影响（44.1%）
如何评价宅基地退出中的冲突事件	发生概率极小，可以忽略（15.3%）	是偶然事件，不影响大局（30.8%）	频繁发生，严重影响发展进程（53.9%）

的拆迁补偿缺乏了解，只对少数事件印象深，形成认识偏差，利益受损、冲突事件被夸大，形成固化的偏差认知，片面地认为宅基地退出损害了农户根本利益，是政府追求财政收入、搞政绩工程的途径，忽略城镇化、工业化等宽泛的大背景。

对于"宅基地退出中的政府行为"给定的三个选项，有16.1%的农户选择"政府考虑了农户利益，实现了社会和谐"，44.1%的农户选择"政府损害农户利益，暴力事件带来恶劣影响"。可见，负面事件对宅基地退出的影响非常大。

四 从众行为对宅基地退出意愿的影响

消除钉子户阻力的方式选择中，69.2%的农户认为应该采取集体表决、少数服从多数，仅有18.7%的农户认为应集体表决、一致同意。当邻里中绝大部分认为宅基地退出是有意义时，有67.9%的农户选择会考虑进行宅基地退出。当退出成功者认为宅基地退出是值得的，有61.9%的农户选择会考虑退出宅基地，表明农户之间的从众效应以及成功者示范效应等对宅基地退出有着显著影响。

表16-8 从众行为对宅基地退出意愿的影响

单位：%

问题及选项	不会	不受影响	会
邻里中绝大部分认为宅基地退出有意义，您会考虑置换宅基地住进城镇吗	16.8	15.3	67.9
退出成功者认为宅基地退出是值得的，您会考虑置换宅基地住进城镇吗	19.0	19.1	61.9

五 农户不愿退出宅基地的主要顾虑

对于"您不愿意退出宅基地，是否因为有以下顾虑"所列的5个选项（可以多选），选择最多的顾虑首先是就业问题，占比高达71.1%；其次是养老及社会保障问题，占比为63.2%；再次是预期生活成本提高，占比为54.3%；选择失去土地的依赖的比例为49.7%，选择不能适应城市生活的比例为40.8%（见表16-9）。

可见，在就业、养老、生活成本、失去土地、不适应等影响宅基地退出意愿的因素中农民选择的最重要因素仍然是就业因素，再一次验证了生产方式决定生活方式，非农就业水平决定了城镇化的发展水平和发展速度，也验证了课题组关于要在城镇化的大背景下考虑农村宅基地退出问题，与人口城镇化、农民工市民化密切联系才能更好地理解农村宅基地退出问题。

表16-9 不愿意退出宅基地的主要顾虑

单位：%

问题	您不愿意退出宅基地,是否因为有以下顾虑 （多项选择）	有	没有
选项	不能适应城市生活	40.8	59.2
	失去土地的依赖	49.7	50.3
	就业问题	71.1	28.9
	养老及社会保障问题	63.2	36.8
	预期生活成本提高	54.3	45.7

六 影响农户宅基地退出意愿的其他因素

为了让孩子接受更好的教育，70.5%的农户选择退出宅基地住进城镇；为了尊重子女的意愿，获得城镇户口，有62.3%的农户选择退出宅基地；58.4%选择听从亲朋好友的赞同意见，退出宅基地。由此，验证了农户亲缘性利他等行为的广泛存在（见表16-10）。

表 16-10　宅基地退出中的利他互惠行为问题及选项

单位：%

问题及选项	不会	一般	会
孩子能够接受更好的教育,您会进行宅基地退出吗	17.9	12.6	70.5
子女能够获得城镇户口,您会进行宅基地退出吗	19.4	18.3	62.3
亲戚朋友持赞同意见,您会进行宅基地退出吗	21.5	20.1	58.4

七 宅基地退出意愿研究的基本结论

第一，农户年龄、从业状况、受教育程度直接影响农户的宅基地退出认知，农户年龄越大，宅基地退出意愿越低；农户受教育程度越高退出意愿越强；非农兼业程度越高，宅基地退出意愿越强。

第二，宅基地拥有时间越长，投入的感情越深，宅基地倾向于成为农户的人格财产，抬高农户对宅基地的主观估价，导致农户要求以高于商品房的价格进行补偿或者以大于1∶1的比例进行宅基地与城镇住房置换，产生农户估价与市场估价或政府估价的差距，负向影响宅基地退出。

第三，安于现状、厌恶损失等使农户不愿改变当前的生活状态，对当前工作、生活、社会地位满意度越高，对农村生活品质的评价越高宅基地退出意愿越低。

第四，未来状态的不确定性使得农户对未来就业、社会保障、生活成本产生顾虑，降低宅基地退出意愿。

第五，信息不完全下农户将见诸媒体的"暴力拆迁、冲突事件、强势政府"等偶然事件固化，形成宅基地退出的认知偏差，形成排斥宅基地退出的心理障碍，影响宅基地退出。

第六，农户是正式组织村集体或非正式组织中的一员，其社会性行为包括从众示范效应，农户通常会选择与村集体多数成员意见保持一致，宅基地退出会受到退出成功者的正向影响，也会受邻里的影响。

总体来看，在影响农户宅基地退出因素上，农户年龄越大宅基地退出意愿越低，农户兼业程度越高、受教育程度越高，宅基地退出意愿越强。农户对宅基地主观估价偏高，农户具有安于现状、害怕损失的心理，农户对未来生活、工作状态不确定的忧虑，关注负面事件，对政府行为认知偏差等，均不利于宅基地退出。农户宅基地退出还受到从众、示范、攀比效应的影响。

第十七章　传统农区农村宅基地退出和补偿机制设计

　　目前城市规划区内的农业用地和农村建设用地均无法直接进入土地市场，地方政府是城市建设用地唯一提供方，由地方政府来主导土地增值收益分配格局是客观现实。但由于不同区域、不同层级城市土地增值差异巨大，在缺乏国家层面统筹协调的背景下，地方政府尤其是基层政府在本区域统筹协调的能力和空间十分有限，很难处理好农民、政府、企业之间的关系，所以不仅导致征地拆迁补偿的矛盾与冲突屡屡发生，而且出现城市建设用地供应紧张与农村建设用地闲置并存的窘境，建设用地指标成为经济发展的瓶颈。课题组认为，深化土地制度改革应紧密结合新型城镇化推进的客观趋势，突破县域框架与区域约束，从国家层面对农村宅基地退出和城市建设用地增加进行统筹协调，按照让土地实现更高价值用途的原则确定土地使用方向，并从权利界定、价格形成、溢价分配三个方面设计相应的制度来平衡农民、政府、企业各方的利益关系，盘活农村闲置宅基地，增加城市建设用地供应，实现城市建设用地增加、耕地不减少、农民收入有提高三大政策目标。

一　构建农村宅基地退出和补偿机制需综合考量多方因素、实现利益均衡

（一）尊重"三个差异"

构建农村宅基地退出和补偿机制时要充分考虑城乡之间、不同层级城市之间宅基地退出转用后的增值程度差异，以及纳入城市规划区的耕地与宅基地的权利差异。

一是尊重城乡土地用途差异形成的增值程度差异。城市以非农产业为主，产业层次高、业态丰富，单位面积土地产值大，而农区以农业为主，产业结构单一，单位面积土地产值较小，所以纳入城市规划区的宅基地有价值的用途多、增值幅度大，而农区宅基地有价值的用途少、增值空间小。

二是尊重城市层级差异形成的增值程度差异。城市越大、城市层级越高，产业层次越高，生产要素集聚度越高，集聚的高端要素密度越大，土地单位面积产值越高，土地价格自然也越高，故纳入大城市规划区农村宅基地的增值幅度远远高于中小城市。

三是尊重耕地与宅基地的权利差异。耕地属于农用地，

不具有进行建设的权利，要进行建设必须转化为建设用地，需要"占补平衡"和建设用地指标。而宅基地具有建设用地属性，可以直接进行建设。所以要尊重耕地与宅基地权利差异，对不同权利给予相应不同的补偿。同是农村宅基地，在大城市、更高层级城市退出转用后其增值幅度巨大，在中小城市退出转用后增值幅度相对较小，而在农区增值幅度更小。农村宅基地增值幅度与区位、规划有关，与农户自身的努力程度并无太大关系。被纳入城市规划区的耕地与农村宅基地，虽然转化为国有建设用地后有其用途和价值没有实质性差异，但由于耕地与农村宅基地的权能是不同的，所以补偿也应该有所区别。在制定农村宅基地退出和补偿政策时要充分考虑上述三个差异，既要让城市规划区内的宅基地获得应得的、合理的土地增值收益，也要避免让城市规划区内的耕地转用获得超过耕地性质应用的补偿，力争通过土地发展权转移让农区的农民也有机会分享城市规划区土地增值收益，既不能损坏农民利益，也要避免大城市周边农民因为拆迁"一夜暴富"，造成新的不平等。

（二）坚持"三个统筹"

针对农村宅基地退出和补偿过程中事实上存在的"三个差异"，需要坚持"三个统筹"，实现相关各方利益均衡。

1. 统筹土地使用权和土地发展权

农民对农村宅基地和承包地均拥有使用权，但从使用权权能来看耕地只能用于农业用途，不能用于非农建设，而宅基地具有建设用地性质，可以用于非农建设，所以与耕地相比宅基地多了一种非农建设权利，这是一种发展权。这种发展权与区位无关，与可能的实际用途无关，农区宅基地虽然可能的非农建设用途不多，真正用于非农建设的比例也不高，但其具有非农建设的权利不容忽视。反过来，纳入城区的耕地虽然可能的非农建设用途较多，真正用于非农建设的比例较高，转用后的实际增值幅度也比较大，但其不具有非农建设权利的规定也不容忽视。纳入城市的耕地要进行建设必须获得建设权，即通过城乡建设用地增减挂钩与农村宅基地交易发展权（非农建设权），纳入城市的耕地转化为建设用地后增值部分中应拿出一部分用于购买农村宅基地的发展权。在构建农村宅基地退出和补偿机制时应统筹土地使用权和土地发展权，使农区宅基地能够通过退出发展权获得较高补偿，让农区农户与城市农户同样有机会分享经济社会发展带来的土地增值收益。

2. 统筹农村宅基地退出和农民工市民化

农村宅基地退出表面上看是宅基地功能发生变化，其背后是农民生产与生活方式的变化，即从传统农业的生产方式与传统农村的生活方式转变为现代非农生产方式和现代城镇化生活方式。如果农民的生产与生活方式没有发生相应的变化，宅基地就不需要也不可能退出，否则就会产生严重的后遗症。所以，农村宅基地退出的过程同时也是农民工市民化的过程，在构建农村宅基地退出和补偿机制时一定要充分考虑农民生产与生活方式变化的过程，通过统筹农村宅基地退出和农民工市民化，将宅基地的退出补偿与农民身份转换及相关的社会保障等结合起来，增强退宅农户市民化的能力，推进农民工市民化进程。

3. 统筹农村宅基地退出与人口空间迁移

农村宅基地退出意味着原住房屋从居住功能退出，但需要注意的是，原农户宅基地退出后仍然需要新的居住空间。如前文分析，农村宅基地随着农户生产与生活方式的变化，需要分析农户在何地实现这种转变，是就地、到附近县城还是到大中城市？最可能的实现地是其就业地。长三角、珠三角等发达地区和中西部大城市就业机会多，是农民工最主要的流入地，相应地其建设用地需求量大、缺口大、价格也较高。中西部地区县域产业发展水平较低、就业机会也较少，农民工大量外出务工。中西部地区县域是农村宅基地退出的主要区域，但其对建设用地的需求相对较少、价格较低。如果农村宅基地退出后的建设用地指标限制在本地县城使用，由于土地价格较低、增值空间较小，农民所获得补偿较少、利益往往得不到很好的保障。所以无论从化解建设用地瓶颈约束保障经济发展要素供给角度来看，还是从保护农民利益增加农民土地增值收益角度来看，均应将农民退宅产生的建设用地指标向发展态势好、土地需求量大、缺口大的发达地区和大中城市倾斜。相应的对策是应从国家层面统筹农村宅基地退出与人口空间迁移，农村宅基地退出的发展权（建设用地指标）应优先向产业发展态势好、创造就业机会多、建设用地需求量大的区域和城市转移，化解建设用地紧缺瓶颈，让退出宅基地农户得到更高补偿。这就要求突破现有政策对"城乡建设用地增减挂钩"的地域限制，从县域内挂钩扩大到全省、全国挂钩，探索宅基地退出后指标使用地与农户就业生活地挂钩，即"人地挂钩"。

二　按照各主体利益均衡原则设计农村宅基地退出和补偿机制

（一）进一步明确农村宅基地权利主体

当前土地权利权属方面的主要问题是土地权利主体不够明确，权能也不准确。虽然城市土地是国有的，国有土地使用权权能也非常明确，但在农村，农业用地与农村建设用地的所有权属于村集体、使用权属于农户，所有权与使用权的权利边界并不清楚，造成农村宅基地的权利主体和权能均不准确，所以在土地征收、转用、补偿时随意性较大，不利于农民利益的保护。

具体来看，农业用地与农村建设用地所有权均属于农村集体经济组织，使用权属于农户，在不转变土地用途时"所有权是虚的、使用权是实的"，而一旦土地被征用，转向价值更高的用途，获得较高的增值收益，"所有权是虚的、使用权是实的"的格局就受到冲击，在利益博弈时农民是分散的、组织能力较差，拥有所有权的村级集体经济组织，甚至乡镇政府会成为主导方，凭借土地所有权成为土地增值收益分配的主导方，从而所有权变实，使用权被虚化，拥有使用权的农户处于被主导地位，话语权小，权利往往得不到有效保障。

所有权与使用权的虚实变化还取决于土地增值的幅度与时间周期，当土地短期内增值幅度较大时，面对现实的巨大增值收益农民能够形成强大的组织与谈判能力，与地方政府进行利益博弈，所以在大城市、高层级城市城中村改造中农民往往能够从拆迁中得到巨额补偿，特大城市、大城市城中村农民由于拆迁一夜暴富早已不是什么新闻。相反，在小城市、小城镇，短期内尤其是可以预见的土地增值幅度不是很大（小城镇或者早期的城镇改造），农民往往被动接受安排，而且由于土地总体升值幅度较小，农民所获补偿总体较低。

在新一轮的土地制度改革中应进一步明确农村建设用地和农业用地的权利主体和权能，对征收转用后的土地增值收益分配在集体和农户之间的分配比例要明确，从政策法律层面彻底虚化农村集体经济组织对农业用地与农村建设用地的所有权，由农村集体经济组织代表国家行使最终所有权，或者直接将农村土地所有权收归国有。坐实农户的使用权，农户凭借土地使用权享有农业用地与农村建设用地转用增值收益中原来属于村集体和农户个体的全部份额。这样农户、村级集体经济组织、地方政府、企业四方利益分配变为农户、地方政府和企业三方，减少农村土地集体所有造成的土地增值收益分配格局扭曲。

之所以提出虚化农村集体经济组织的农村土地所有权，是因为农村集体经济组织拥有农村建设用地和农业用地所有权是特定时期形成的，是对农村集体化和人民公社进行改革时的过渡性举措，其目的是保留集体所有的名义，降低改革的阻力，缓解改革对群众的心理冲击，保障改革顺利进行。在工业化城镇化发展缓慢时，农村土地主要用于农业和农民居住，土地交易发生率很低，所有权对农户影响不大，事实上已经虚化。但是随着工业化城镇化快速推进，越来越多的农村土地被纳入城市规划区，转向城市和工业用途，土地交易越来越频繁，所有权带来的问题越来越突出，不但直接导致农民利益受损，而且引发更多的矛盾冲突。在新型城镇化加速推进的背景下，农村集体经济组织拥有农村建设用地和农业用地所有权的实际意义已经不大，已经不能适应当前经济社会发展的客观要求。新型城镇化的核心是人的城镇化，即农民进城，城镇人口大量增加的同时是农村人口大幅度减少，越来越多的农村人口转化为城市人口，同时越来越多的农村村级组织对农村人口的服务与管理将变成城市社区对社区居民的服务与管理，农村村级组织总量将减少，职能将弱化。在这样的背景下，农村集体经济组织的主要职能应转变为服务于农村居民向城镇转移，随着所服务农村人口的减少部分农村集体经济组织会消失或者合并。所以大多数农村集体经济组织本身并没有发展壮大的必要，也没有必要分享土地增值收益，相反，将土地增值最大限度地分配给农户，提高农户支付能力帮助其更好更快地融入城市，更符合新型城镇化背景下农村集体经济组织的发展趋势。所以，当前土地制度改革应顺应新型城镇化快速推进背景下农村人口向城镇大幅度转移的客观要求，虚化农村集体经济组织对农业用地与农村建设用地的所有权，从政策法律层面将农业用地与农村建设用地转用增值收益中原来属于村集体和农户个体的全部份额全部赋予农民，形成新的土地增值收益分配格局，为农村宅基地顺畅退出与合理补偿创造制度条件。

（二）严格执行农业用地用途管制

从世界各国的经验来看，利用土地规划对土地用途进行管制是一般规律。大多数国家对土地利用都有规划，对建设用地转让进行一定的限制，对土地用途进行管制。如美国通过土地分区对土地用途进行管制，日本也规定不经土地事务所批准不能改变土地的规划用途。我国也应严格农业用地的用途管制，同时扩大农村建设用地使用权权能，为农区农户分享土地增值收益创造条件。

一是严格执行对农业用地的用途管制，将农户农业用地使用权权能限制在农业用途范围内。①不管是城区还是农区，农户对农业用地的使用权包括按照农业用途使用该土地、在农业用途范围内进行流转获得流转收益等权利。②纳入城市规划区的农业用地，转向非农用途时，对农户的补偿仅限于农业用途，不给予超过非农用途的补偿。③纳入城市规划区的农业用地转向非农建设时，必须通过购买建设用地指标获得非农建设的发展权。

　　提出严格农业用地用途管制的目的是让城市规划区外的农村建设用地有机会获得土地增值收益。中国城镇化推进速度很快，城市建设区和城市规划区面积扩展也很快，但同时人口向城市迁移的速度也很快，所以城市规划区尤其是大中城市的建设强度已经很大，区内可供开发的存量国有建设用地数量已经很少，新增建设用地主要来源为城市周边的农业用地与农村建设用地。从土地增值角度看，虽然中国绝大多数农户均拥有一定数量的农业用地（承包地）与农村建设用地（宅基地）使用权，但远离城市规划区的土地，不论是农业用地（承包地）还是农村建设用地（宅基地），受空间位置限制非农建设用途很少，相应的增值空间也很小。城镇化过程中土地增值主要是纳入城市规划区内用于非农建设的土地增值。在土地增值收益总量既定的情况下，如果将城市规划区内农业用地转用增值收益中政府和开发企业以外的份额全部给予该农业用地使用权所有者，就没有另外的份额用于购买建设用地指标。政府和开发企业在土地增值收益中的合理份额应得到保证，而且土地增值的主要原因是规划调整和政府与企业的开发投入，和农户自身的行为并不相干，所以给农户农业用途内的补偿是合理的，这样多出的部分用于购买农区宅基地退出产生的建设用地指标，从制度层面为农区农户通过转让建设用地指标和土地发展权得到土地增值收益创造条件。

基于上述考虑，我们不赞成笼统地推行"同地同权同价"。简单的"同地同权同价"并不能使占中国农村人口绝大多数的、城市规划区外的农民能够有机会分享土地增值收益。相反，为更好地体现社会公平，让城市规划区外的农户有机会分享土地增值收益，应在严格用途管制层面严格执行"同地同权同价"：只要是农业用地，不论是城市规划区内的农业用地还是农区的农业用地，其权能是相同的——均限定在农业用途范围内，退出转用的补偿也是相同的——在农业用途范围内给予补偿，超过农业用途的增值部分，用于购买非农建设发展权和"占补平衡"指标，将该部分土地增值让渡给农区农民。

二是扩大农村建设用地使用权权能，赋予农村建设用地与国有建设用地同等的开发建设权利。①纳入城市规划区的农村建设用地，在服从土地利用规划和城市规划的前提下，直接进入土地一级市场转让，用于开发建设，土地增值收益分配权赋予农户，由农户和开发企业共同负担该开发区域的基础设施建设，共同分享开发收益。②城市规划区外的农村建设用地，除享有和城市规划区内农村建设用地同样的权能，在服从土地利用规划和城市规划的前提下可以直接进入土地一级市场转让用于开发建设外（由于非农建设用途不多，此项权能对城市规划区外农村建设用地意义并不大），还可以退出非农建设权复垦为耕地，通过建设用地指标交易的形式转移发展权，用于城市规划区内农业用地转用的建设用地指标和"占补平衡"（此项权能对城市规划区外的农村建设用地意义更大）。

纳入城市规划区农村宅基地的征收、拆迁、补偿、开发、建设等方面存在诸多问题。既有很多纳入大中城市的农民由于拆迁一夜暴富，也有很多纳入小城市、小城镇的农民被拆迁、被上楼、利益受损，还产生了具有违法建筑性质的巨量小产权房。让纳入城市规划区的农村建设用地直接进入土地一级市场，让市场本身在土地资源配置中发挥决定性作用，不但能够提高资源配置的效率，而且可以减少政府主导所产生的一系列矛盾，减轻政府负担，改变政府既当运动员又当裁判员的尴尬状况，让政府从运动员的身份中解脱出来专门当裁判员，强化对土地规划的执行、市场秩序、建设质量等的监督，对于农村建设用地直接进入市场产生的超额土地增值收益，利用累进阶梯税率进行调节，确保政府相关收入保持在合理区间内。城市规划区外的农村建设用地，将复垦与建设用地指标的交易权直接赋予农户，在全省、全国进行交易，不再对地域空间与指标规模进行限制。

（三）严格执行新增建设用地的"占补平衡"要求

城市规划区外农村建设用地能够通过建设用地指标的形

式将发展权转移到城市规划区内的关键是建设用地指标稀缺。在目前的制度框架下，每年建设用地指标的投放由中央政府总体控制，而且要求增加建设用地必须实现占补平衡，即如果通过耕地转用的形式增加建设用地供应，必须同时通过土地整理、开垦未利用地、宅基地复耕等形式增加相应面积的耕地，保证耕地不减少。现在通过土地整理、开垦未利用地方式实现占补平衡的比例较高（事实上弄虚作假的情况较多），实际上这方面潜力已经很小，而宅基地复耕的潜力很大。在这种情况下，应对政策进行调整，把农村宅基地复耕作为增加城市建设用地供应的主渠道，国家不再批准建设用地指标，强调各地进行非农建设必须通过农村宅基地复耕挖潜，实现真正的"占补平衡"。通过这种方式强化"占补平衡"政策，土地需求方就有动力从建设用地指标市场购买指标，从而推动农村宅基地退出、复耕并获得合理补偿。如果地方政府能够通过审批或者其他方式以较低的成本将农业用地转化为建设用地，就会失去推进农村宅基地退出和复耕的动力，城市规划区外农户通过出让建设用地指标获取土地增值收益的目标也就无法实现。

（四）完善农村宅基地复垦标准和监督验收制度

对于农村宅基地发展过程中形成的一些历史问题，在制定复垦标准和监督验收时要实事求是地对待，尊重事实，最大限度地保护农民利益。对于实际利用中为农村宅基地而在最新土地领域现状图板上为非建设用地的，要实事求是地进行核查，除了明显为非法占用之外均予以确认为可退出复垦宅基地，并在退出复垦完成后给予建设用地指标交易权利。

为保证土地复垦的质量，可以由乡镇人民政府牵头负责农村宅基地退出后的整治复垦。宅基地退出地块一律都要整治复垦成耕地，对零星分散的宅基地整治复垦项目，可以由原宅基地使用人实施整治复垦。宅基地整治复垦地块质量要达到 5 个标准：一是净，即复垦地表上的砖瓦、木料和根基石等建筑物要拆除彻底，并及时清运干净；二是平，即复垦地表要平整，有一定坡度的地块应采取梯田平整方式，不能随坡就坡，对高差较大的田坎要采取护坡等加固措施；三是厚，即耕作层至少要达到 30 厘米，耕作层土壤应满足耕种条件，并及时进行耕种，对因雨水冲刷等原因造成耕作层破坏的，应及时采取措施，补缺补差；四是细，即复垦地表土地不能板结，土质要细密，没有未打碎的"土疙瘩"；五是齐，即复垦地块护坡、沟渠、道路等配套设施要齐全，确保排灌畅通，通行方便。宅基地整治复垦后，要尽快明确耕种主体，加强后期管护。

应科学设定宅基地复垦验收的程序和标准，保证土地复垦的顺利进行。宅基地退出地块土地复垦工程全部竣工后，先由乡镇政府组织自验，自验合格的，分批次组织申报材料向县政府申请验收。验收申报材料通过审查后，由县政府组织国土、农业、财政、环保、水利、林业、监察等部门进行验收。验收通过听取乡镇政府复垦情况的汇报、查阅有关资料、实地核查土地复垦情况、听取腾退地块农民群众意见等方法，提出验收意见。对验收合格的，由县政府下达验收批复，并报省、市国土资源主管部门备案，同时做好省、市国土资源主管部门的抽查验收。

（五）构建建设用地指标集散和交易平台，形成市场主导的定价机制

构建省级和全国的多层次农村宅基地退出复垦建设用地指标交易中心。农村宅基地退出、复垦并经相关部门验收合格后，原地块非农建设权终止，相应面积的建设用地指标以"复垦券"形式归原地块农户所有。退宅后获得的"复垦券"，农户可根据就业地和经常居住地选择到省级或全国性"复垦券"交易中心挂牌，通过公开网络直接进行集合竞价交易，出价最高者获得建设用地指标。开发建设单位要进行土地开发，必须先到全国"复垦券"交易中心购买指标，获得相应面积建设用地的开发权，但不指向具体地块。在具体城市意向开发土地公开进行招拍挂时，拥有复垦券者才有机会参加土地公开拍卖，竞价成功后所持有复垦券用于占补平衡，在缴纳土地出让金后获得具体地块的开发建设权。

（六）政府以税收方式调节土地溢价分配格局，实现各主体利益均衡

在进一步明确土地权属、严格执行用途管制、市场定价

交易的基础上，不同区位宅基地获得相应的增值收益，政府再以税收方式对土地增值收益进行二次调节，实现政府、企业与农户三方利益均衡。

一是城市规划区内的农村宅基地退出转用后获得土地增值的全部收益。在严格遵守土地利用规划和城市规划的前提下，城市规划区内的农村建设用地直接进入土地一级市场转让，用于开发建设，土地增值收益分配权全部赋予农户，由农户和开发企业共同负担该开发区域的基础设施建设，共同分享开发收益。对于农村宅基地直接入市产生的超高增值收益，按照累进阶梯税率征收土地增值税，对过高的增值收益进行调节，确保政府相关收入保持在合理区间。

二是城市规划区外的农村宅基地退出转用后获得土地增值的全部收益或建设用地指标转让的全部收益。城市规划区外的农村宅基地，在遵守土地利用规划的前提下，可以自用或者转让给他人用于非农建设，直接获得本地非农用途范围内的全部增值收益；也可以通过复垦为耕地的形式退出发展权，换取对应面积的建设用地指标，到全国建设用地指标交易平台进行交易，获得指标转让的全部收益，复垦后的耕地使用权仍归退宅农户。

三是城市规划区内的农业用地转向非农用途后的土地增值收益由参与各方共同分享。地方政府有权按照城市规划与建设的进度，对城市规划区内的农业用地进行征用和补偿。纳入城市规划区的农业用地在城市建设用地中的比重最大，是在农村宅基地退出和补偿过程中实现参与各方利益均衡的关键抓手。可通过以下分配过程实现四方主体利益均衡。①被征用的城市规划区内农业用地使用权人，严格按照原农业用途进行补偿①。②建设用地指标所有权人，即城市规划区外的农户出让土地发展权（非农建设权），通过建设用地指标交易市场获得相应补偿，占补平衡得以实现。③地方政府获得土地出让金，实际上是城市内不同地块的级差收益，城市内不同地块的级差收益主要是政府规划和建设导致的，自然应归于地方政府，用于支付农户补偿、前期基础设施和公共服务建设成本与城市可持续发展。如果是地方政府直接购买的建设用地指标，还要从土地出让金中支付该成本。④开发建设方获得正常的开发经营利润。城市规划区外农户转让土地发展权（非农建设权）获得的收益应来源于原来政策框架性城市规划区内农业用地使用权人获得的超过农业用途的补偿及政府土地出让金，而不是开发建设方，制定新的政策框架时应保证开发建设方的正常经营利润不减少。

上述对城市规划区内农村建设用地和农业用地分别补偿、市场主导与政府税收调节相结合的土地增值收益分配框架，目的是最大限度地保护城市规划区内农民、城市规划区外农民、地方政府、开发建设方的利益，有效实现参与四方利益均衡增长，降低改革阻力，保证农村宅基地退出和补偿的顺

---

① 由于已经允许城市规划区内宅基地之间入市，农户已经通过宅基地退出和转用获得较高补偿，其利益已经得到了保障。对其农业用地按照农业用途进行补偿为了防止城市规划区内农民获得过高收益，因土地升值成为暴发户、食利者，造成社会不公。

利推进。一是城市规划区内农民获得宅基地退出转用的全部增值收益和农业用地按农业用途的补偿，其收入大体不减少。二是城市规划区外农民获得农村宅基地附带建设用地指标转让收益和复垦后相应面积农业用地的使用权，通过分享土地增值收益获得了平等分享社会发展成果的机会。这样城市规划区内的农民和城市规划区外的农民均获得了较高且大致平衡的土地增值收益，增加了更多农民的财产性收入，有利于促进人的城镇化。三是政府获得城市规划区内农业用地的部分出让金（即现行全部出让金减去购买建设用地指标费用），并通过对城市规划区内农村建设用地征收土地增值税获得税收收入，相关收入仍可以保持在合理区间。政府的收益还在于土地征收相关环节的简化，一方面不再负责农村建设用地征用，而是直接征收土地增值税，另一方面由于农业用地征收程序更加简单、补偿更加明确规范，大大降低传统征地过程中谈判成本、时间成本，减少不必要的矛盾。四是开发建设方支出不会增加，正常开发利润有保障，但其竞买土地的渠道大大拓宽，既可以直接受让城市规划区内的农村建设用地，又可以通过购买建设用地指标竞买城市规划区内的农业用地，市场竞争更加充分，发展前景更加广阔。

三　促进农村宅基地退出、人口转移的配套政策

为保障农村宅基地退出和补偿的顺利推进，还应结合农

业转移人口市民化和人口空间迁移，创造农村宅基地退出的社会条件。

（一）制定退宅农户进城落户衔接政策

应鼓励和支持农民退出宅基地后到就业地安家落户，为退宅农民在就业地长期稳定生活制定相应的落户衔接政策。以稳定就业和稳定住所为条件，将城市人口增量指标与土地增量指标相结合，将接纳农民工入户与"城乡建设用地增减挂钩"相结合，优先安排退宅农民在就业地落户，将其退宅后的建设用地指标转移到就业落户地，并由就业落户的政府按照当地土地转让价格的一定比例给予相应补偿。

对于外来人口落户压力大的城市和区域，为缓解接纳退宅农民落户的压力，可根据年度建设用地指标增量确定吸纳年度退宅农民总量，依据就业年限、居住年限、城镇社会保险参保年限等指标综合排序调控落户规模和节奏，吸纳退宅农民落户。其他人口落户压力不大的城市和区域，完全放开退宅农民落户限制，若接纳退宅农民退出宅基地的总量超过本地建设用地需求，多出的指标可以在全国范围内交易。

（二）制定退宅农户转入地、转出地教育衔接政策

目前我国教育资源配置仍保留静态特征，对人口大范围流动与迁移造成教育需求的空间变化并没有拿出有效的应对措施，尤其是缺乏中央层面的统筹，造成农村和城市之间的

教育资源配置和教育发展水平存在较大差距，城市学位短缺问题突出，退宅农民子女进城后入学难。

近年来各级政府强调加大农村教育投入，县域尤其是县域农村学校基础设施水平也有了较大提高，但在县域人均教育经费与本省中心城市的差距已经很小的情况下，由于农村地域广、人口密度小、学校规模小，投入效益低，农村优秀人才与优秀教师严重流失，县域农村教育总体水平与城市的差距不但没有缩小而且仍在加大，在县域农村就地上学的孩子仍然不得不接受较低水平的教育。

由于县域农村教育总体水平与城市的差距扩大，农村学校对学生的吸引力下降，再加上城镇化背景下农村人口不断向城镇迁移，农村孩子进城入学的比例越来越高、数量越来越大，形成农村校园大、水平低、学生少的窘境。此外，随着更多的农业转移人口子女进城入学，人口流入量大的各级城市教育供不应求现象突出，大班额、上学难问题突出，教育缺口较大。退宅农户子女恰恰是受城市教育缺口影响最大的群体。所以，要解决退宅农户子女入学问题，仅仅依靠加大对农村的教育投入、提高农村教育质量是不够的，增加各级城市的教育投入、增加学位更为重要。

所以，教育等公共资源要顺应农村人口向城镇迁移的趋势，充分考虑更多农村孩子要到更高级别城市就学的趋势，同时增加农村和城市的教育投入。农村要尊重农村人口减少、农村生源减少的趋势，考虑如何通过增加教育投入、优化空间布局、创新办学模式让留下来的孩子接受更好的教育。城市同样要尊重更多农村人口进城，更多农村孩子进城上学的趋势，增加教育投入、扩大办学规模、提高办学水平，让城市孩子和所有愿意进城就学的农村孩子都能便利地接受较好的教育，彻底解决大班额、上学难问题，解决退宅农民子女城镇入学问题。

一方面应根据学生数量变化的趋势，整合农村教育资源。集中投资在城镇布局寄宿制学校，解决缺乏父母照顾的孩子的学习、生活，以优质教育和人性化服务为外出务工人员解决后顾之忧。另一方面将随迁子女义务教育纳入务工地政府教育保障范畴，科学编制教育发展规划、科学调整学校布局、合理增加学校数量和学位，安排随迁人员子女跟随父母就近接受义务教育。

（三）加强退宅农户就业培训

一是针对退宅农民就业层次相对较低的现状，加大职业教育和实用技能培训的支持力度，鼓励各类职业院校、培训机构以产业发展趋势和就业为导向，积极开展针对性强的实用技能培训，通过公益投入、政府购买服务等形式使退宅农民能够低成本甚至免费掌握一门以上实用技术，提高其就业技能和就业层次。

二是进一步完善就业服务体系，提高退宅农民转移就业服务水平、扶持力度。进一步拓宽转移农民就业渠道，对本地企业实行不同程度的税收减免，鼓励企业雇用转移农民。城市基础设施和公共服务项目开发过程中优先吸纳转移农民就业。打造就业信息省际和全国信息联网，在更大范围内为转移农民提供就业信息、就业咨询。

（四）配套推进土地承包经营权流转制度改革

农户宅基地退出后进入城镇居住和生活，必然伴随土地承包经营权的流转。目前土地承包经营权流转面临的最关键的问题是农业比较效益较低与土地流转成本高之间的矛盾。农业本身就是比较效益相对较低的行业，在分散经营时效益很低，通过土地流转提高经营规模后效益有所提升，但是规模经营提高所提升的效益不足以补偿土地流转成本。按照一年两季种植大宗农作物计算，分散经营时两季每亩总收益2000元左右，去除不需现金支付的劳动力以外的其他成本，收益为每亩1000元，规模经营者每亩总收益可以提高至2500元，耕作成本也会从分散农户的1000元降至600~700元，但加上1000元左右的土地流转成本和必须现金支付的劳动力成本，每亩净收益一般为200~300元。规模经营者实际上是佃农，需支付每亩1000元左右的土地使用成本，对与每亩2500元左右的总收益来说是不可承受之重，这是中国农产品缺乏国际竞争力的重要原因，也是通过土地流转进行的规模经营可持续性差，主要转向非粮方向的主要原因。农村宅基地退出和土地承包经营权流转均是中国现代化的关键环节，二者相伴而行，具有紧密的相互促进关系，所以应把农村宅基地退出和土地承包经营权改革统筹考虑，整合农业补贴、农田水利等各种涉农资金成立土地流转基金，利用政府和社会资金支付土地流转成本，让土地规模经营者零成本使用土地，轻装上阵。

参考文献

宋伟：《2030 年河南城市人口空间格局的展望》，《经济经纬》2016 年第 4 期。

宋伟：《构建多主体利益均衡的建设用地制度框架》，《农业经济问题》2014 年第 2 期。

宋伟：《深度转型背景下中西部地区经济发展战略选择》，《学习论坛》2016 年第 5 期。

宋伟：《新常态下的需求、供给与改革》，《河南日报》2015 年 12 月 25 日。

宋伟：《河南产业集聚区提质转型发展问题研究》，《行政科学论坛》2016 年第 3 期。

宋伟：《中部地区县域经济"三化"协调发展问题研究》，《农村经济》2011 年第 5 期。

杨玉珍：《农户缘何不愿意进行宅基地的有偿腾退》，《经济学家》2015 年第 5 期。

杨玉珍：《农户闲置宅基地退出的影响因素及政策衔接——行为经济学视角》，《经济地理》2015 年第 7 期。

张桂芳、杨玉珍：《宅基地闲置程度及退出影响因素分析》，《中国土地》2016 年第 3 期。

张桂芳、杨玉珍：《宅基地闲置程度及退出影响因素分析》，《资源导刊》2016 年第 4 期。

蔡继明：《中国的城市化与土地制度改革》，《徐州师范大学学报》（哲学社会科学版）2011 年第 7 期。

蔡继明：《统筹城乡发展中的土地制度改革》，《学习论坛》2011 年第 4 期。

陈柏峰：《土地发展权的理论基础与制度前景》，《法学研究》2012 年第 4 期。

陈玫任、林卿：《中外征地制度变迁研究——兼议征地效率与公平》，《技术经济与管理研究》2011 年第 9 期。

陈美华：《中英土地制度的比较及借鉴》，《企业经济》2009 年第 7 期。

陈荣清等：《农村宅基地闲置的时空变化特征研究——以文登为例》，《中国农学通报》2010 年第 7 期。

陈小露、贾宁凤：《基于宁武县新堡乡赵家沟村的宅基地整理研究》，《华北国土资源》2016 年第 5 期。

陈绍方：《香港土地法律制度略论》，《求索》1997 年第 8 期。

戴燕燕：《上海农村宅基地退出机制研究》，《上海国土资源》2012 年第 1 期。

董祚继、田春华：《解读〈国土资源部关于推进土地节约集约利用的指导意见〉》，《地球》2014 年第 10 期。

党国英：《应建立不同的农地征收补偿机制》，《农村经营管理》2013 年第 1 期。

付标等：《河南省"空心村"治理与农村环境建设》，《生态经济》2004 年第 12 期。

傅介平：《宅基地退出机制解析——以江苏省为例》，《中国土地》2012 年第 12 期。

付娆：《农村宅基地：主要问题与对策建议——对四川省双流县的实证分析》，《农村经济》2008 年第 1 期。

高超：《上海农村宅基地置换模式探析——以松江区余山镇为例》，《中国房地产》2010 年第 7 期。

龚涛：《基于城乡统筹发展视角的农村宅基地使用权流转问题分析》，《农村经济》2011 年第 4 期。

国土资源部土地征用制度改革调研课题组：《台湾香港土地征用制度比较》，《中国国土资源报》2001 年 7 月 20 日。

黄贻芳：《农户参与宅基地退出的影响因素分析——以重庆市梁平县为例》，《华中农业大学学报》（社会科学版）2013 年第 3 期。

黄宇骁：《日本土地征收法制实践及对我国的启示——以公共利益与损失补偿为中心》，《环球法律评论》2015 年第 7 期。

黄志亮、滕飞：《重庆统筹城乡综合配套改革的经验及难点问题研究》，《当地经济研究》2011年第7期。

侯清香：《城镇化背景下农村宅基地问题之研究》，《山西财经大学学报》2011年第11期。

姜大明：《关于〈关于授权国务院在北京市大兴区等33个试点县（市、区）行政区域暂时调整实施有关法律规定的决定（草案）〉的说明——2015年2月25日在第十二届全国人民代表大会常务委员会第十三次会议上》，《中华人民共和国全国人民代表大会常务委员会公报》2015年04月15日。

李国健：《被征地农民的补偿安置研究》，博士学位论文，山东农业大学，2008。

李剑阁：《新中国农村建设调查》，上海远东出版社，2007。

李建平：《西方国家和我国港台地区界定公共利益的实践与启示》，硕士学位论文，东北大学，2011。

李克强：《协调推进城镇化是实现现代化的重大战略选择》，《行政管理改革》2012年第11期。

李增刚：《日本的土地产权与土地收用制度》，硕士学位论文，山东大学，2014。

李振华、毕于建：《城乡规划法框架内的城乡统筹、合村并居基本问题探讨》，《福州党校学报》2014年第2期。

李忠辉：《韩国征地补偿制度的启示》，《经济纵横》2011年第10期。

梁发超、袁立虎：《土地发展权视角下农村宅基地退出机制的构建》，《资源开发与市场》2014年第6期。

林依标、潘辉、石晨谊：《国有建设用地使用权出让合同法律性质探析》，《法学杂志》2011年第3期。

刘旦、陈赢：《农村宅基地置换模式及其效益评估——基于江西的调查和农户视角》，《湖南农业大学学报》（社会科学版）2009年第6期。

刘慧芳、郭青霞：《农村宅基地制度问题分析》，《山西农业大学学报》（社会科学版）2014年第5期。

刘守英：《中国的二元土地权利制度与土地市场残缺》，《经济研究考》2008年第5期。

刘同山、孔祥智：《参与意愿、实现机制与新型城镇化进程的农地退出》，《改革》2016年第6期。

刘卫柏、贺海波：《农村宅基地流转的模式与路径研究》，《经济地理》2012年第2期。

刘伟：《农村宅基地利用状况案例研究》，《华北国土资源》2016年第4期。

刘彦随：《中国东部沿海地区乡村转型发展与新农村建设》，《地理学报》2007年第6期。

刘彦随、刘玉、翟荣新：《中国农村空心化的地理学研究与整治实践》，《地理学报》2009年第10期。

刘彦随、刘玉：《中国农村空心化问题研究的进展与展望》，《地理研究》2010年第1期。

刘向民：《中美征收制度重要问题之比较》，《中国法学》2007 年第 6 期。

吕军书、李茂：《土地发展权转移视角下我国农户宅基地有偿退出的路径选择》，《河南师范大学学报》（哲学社会科学版）2014 年第 6 期。

吕军书、马亚伟：《鼓励和引导农户宅基地有偿退出的途径分析》，《农业经济》2015 年第 6 期。

陆铭：《建设用地使用权跨区域再配置：中国经济增长的新动力》，《世界经济》2011 年第 1 期。

卢吉勇、陈利根：《集体非农建设用地流转的主体与收益分配》，《中国土地》2002 年第 5 期。

罗伟玲、刘禹麒：《基于产权的宅基地退出机制研究》，《国土资源科技管理》2010 年第 3 期。

马智利等：《重庆农村宅基地流转中土地价格形成机制设计》，《安徽农业科学》2011 年第 32 期。

梅顺达：《发达城市周边农村城镇化路径选择》，博士学位论文，吉林大学，2014。

倪静等：《重庆市江津区农村宅基地流转收益分配探析》，《西南大学学报》（自然科学版）2010 年第 12 期。

欧阳安蛟、蔡锋铭、陈立定：《农村宅基地退出机制建立探讨》，《中国土地科学》2009 年第 10 期。

秦鹏、孟甜：《土地资源市场配置机制的完善：以土地管理法修改的视角》，《重庆大学学报》（社会科学版）2012

年第 1 期。

肖文韬、宋小敏：《论空心村成因及对策》，《农业经济》1999 年第 9 期。

彭长生、范子英：《农户宅基地退出意愿及其影响因素分析——基于安徽省 6 县 1413 个农户调查的实证研究》，《经济社会体制比较》2012 年第 2 期。

施建刚、黄晓峰、王万力：《对发达地区农村宅基地置换模式的思考》，《农村经济》2007 年第 4 期。

韦波等：《中国农村闲置宅基地治理研究进展》，《农村经济》2011 年第 12 期。

孙雪峰、朱新华、陈利根：《不同经济发展水平地区农户宅基地退出意愿及其影响机制研究》，《江苏社会科学》2016 年第 4 期。

谭峥嵘：《征地冲突与征地制度的完善》，《求实》2011 年第 1 期。

谭志哲、刘颖莹：《制度经济学视角下的农村建设用地使用权直接交易法律制度构建》《湖南科技大学学报》（社会科学版）2011 年第 11 期。

陶然、汪晖：《中国尚未完成之转型中的土地制度改革：挑战与出路》，《国际经济评论》2010 年第 3 期。

王守军、杨明洪：《农村宅基地使用权地票交易分析》，《财经科学》2009 年第 4 期。

王燕燕：《改革开放以来我国农地制度的变迁：回顾与

展望》，《华中农业大学学报》（社会科学版）2010 年第 6 期。

夏敏、林庶民、郭贯成：《不同经济发展水平地区农民宅基地退出意愿的影响因素——以江苏省 7 个市为例》，《资源科学》2016 年第 4 期。

夏正智：《农村现行宅基地制度的突出缺陷及改革取向》，《江汉学术》2015 年第 11 期。

肖碧林等：《我国农村宅基地置换模式、问题与对策建议》，《中国农业资源与区划》2011 年第 3 期。

许恒周等：《宅基地确权对不同代际农民工宅基地退出意愿影响分析——基于天津 248 份调查问卷的实证研究》，《资源科学》2013 年第 7 期。

许坚：《土地利用与生态文明建设——2015 年中国土地学会学术年会重要观点集萃》，《国土资源情报》2016 年 2 月 5 日。

徐绍史：《坚决守住 18 亿亩耕地红线》，《国家行政学院学报》2008 年第 1 期。

徐忠国：《浙江嘉兴市农户宅基地退出意愿的调查与分析》，《上海国土资源》2013 年第 1 期。

杨旭、李竣：《"村企合一"：农村集体经济组织形式能否存续》，《改革》2013 年第 12 期。

袁铖：《农村土地承包经营权流转效率问题研究》，《河北经贸大学学报》2014 年第 3 期。

袁铖：《农地征收制度改革模式的解析及创新路径的选择》，《湖南财经高等专科学校学报》2009年第5期。

袁铖：《城乡一体化进程中农地非农化问题研究》，《农业经济问题》2011年第7期。

张红宇：《中国农村的土地制度变迁》，中国农业出版社，2002。

张军扩、张云华：《关于深化农村宅基地制度改革的思考》，《中国经济时报》2017年4月27日。

张棉娴：《上海郊区宅基地置换试点模式及案例研究》，《城市规划》2010年第5期。

张世全等：《商丘市构建农村宅基地退出机制探讨》，《地域研究与开发》2012年第2期。

张明龙、池泽新：《中国农村人口与劳动力空间迁移发生机制研究》，《农村经济与科技》2015年第5期。

张竟竟：《城乡统筹背景下河南省农村宅基地流转问题研究》，《特区经济》2010年第9期。

张千帆：《农村土地集体所有的困惑与消解》，《法学研究》2012年第4期。

张秋琴等：《农村宅基地退出意愿调查与可行性评价——以贵州省样本区为例》，《国土资源科技管理》2014年第10期。

张秋琴等：《贵州省农村宅基地退出潜力评估研究——基于3个典型样本区的农户意愿调查分析》，《贵州大学学报》（社会科学版）2014 年第 1 期。

张秀智、丁锐：《经济欠发达与偏远农村地区宅基地退出机制分析：案例研究》，《中国农村观察》2009 年第 6 期。

张秀智、丁锐：《政府财政投资是影响宅基地退出的主要因素》，《经济研究参考》2010 年第 18 期。

张雅杰、梁传丹、刘洋：《分层建设用地使用权设立研究》，《国土资源科技管理》2009 年第 5 期。

张勇：《农村宅基地退出补偿与激励机制研究》，博士学位论文，中国矿业大学，2016。

张勇：《试论房地产征收及征收补偿中所有者权益的实现》，《北京房地产》2006 年第 1 期。

张勇、汪应宏：《农民工市民化与农村宅基地退出的互动关系研究》，《中州学刊》2016 年第 4 期。

张勇、汪应宏：《农村宅基地退出补偿研究综述》，《中国农业大学学报》2016 年第 3 期。

张正河：《农村宅基地长期闲置"空心村名副其实"》，《中国农村土地问题研讨会报道五》2005 年第 10 期。

赵涛：《中外土地产权政策比较分析》，《国际经济合作》2011 年第 4 期。

赵云海：《各国（地区）对土地征收中公共利益法律界定之比较》，《中国城市经济》2010 年第 11 期。

钟头朱：《中韩土地征收补偿制度比较研究》，《黑龙江省政法管理干部学院学报》2011 年第 3 期。

朱新华：《户籍制度对农户宅基地退出意愿的影响》，《中国人口·资源与环境》2014年第10期。

钟在明：《农村宅基地闲置原因与治理探析》，《农业经济》2008年第6期。

周诚：《我国农地转非自然增值分配的"私公兼顾论"》，《中国发展观察》2006年第9期。

周军辉、唐琰、孙浩：《基于城乡统筹的宅基地流转与退出机制研究》，《现代商贸工业》2014年第1期。

周其仁：《农地产权与征地制度——中国城市化面临的重大选择》，《经济学》2004年第1期。

图书在版编目（CIP）数据

转型背景下传统农区的创新发展：基于河南省的分析/宋伟著 . --北京：社会科学文献出版社，2017.10
（传统农区工业化与社会转型丛书）
ISBN 978 - 7 - 5201 - 1519 - 3

Ⅰ. ①转…　Ⅱ. ①宋…　Ⅲ. ①农业区 - 农业发展 - 研究 - 河南　Ⅳ. ①F327. 61

中国版本图书馆 CIP 数据核字（2017）第 244505 号

·传统农区工业化与社会转型丛书·

转型背景下传统农区的创新发展
——基于河南省的分析

著　　者／宋　伟

出 版 人／谢寿光
项目统筹／邓泳红　张　超
责任编辑／张　超　王蓓遥

出　　版／社会科学文献出版社·皮书出版分社　（010）59367127
　　　　　　地址：北京市北三环中路甲 29 号院华龙大厦　邮编：100029
　　　　　　网址：www. ssap. com. cn
发　　行／市场营销中心（010）59367081　59367018
印　　装／三河市尚艺印装有限公司

规　　格／开　本：787mm × 1092mm　1/16
　　　　　　印　张：23.25　字　数：229 千字
版　　次／2017 年 10 月第 1 版　2017 年 10 月第 1 次印刷
书　　号／ISBN 978 - 7 - 5201 - 1519 - 3
定　　价／89.00 元

本书如有印装质量问题，请与读者服务中心（010 - 59367028）联系